Jutta Ströter-Bender · Engel

Reich mir die Hand!
Die Wand
verschwand
zwischen dir und mir.

Reich mir die Hand!
Wir sind das Band,
die Brücke, der Bogen
zwischen unten und oben.

Gitta Mallasz
Die Antwort der Engel

Buchreihe Symbole

Jutta Ströter-Bender

Engel

Ihre Stimme, ihr Duft, ihr Gewand und ihr Tanz

Kreuz Verlag

CIP-Titelaufnahme der Deutschen Bibliothek

Ströter-Bender, Jutta:
Engel: ihre Stimme, ihr Duft, ihre Gewand u. ihr Tanz /
Jutta Ströter-Bender. – 1. Aufl. – Stuttgart: Kreuz-Verl., 1988
(Buchreihe Symbole)
ISBN 3-7831-0938-8

1. Auflage
Kreuz Verlag Stuttgart 1988
Umschlagbild: Die Gestalt eines Engels, Ausschnitt aus
dem Bild »Die Auferstehung Christi« von Krista Zmrtvýchvstání, Prag
Gestaltung: Hans Hug
Gesamtherstellung: Wilhelm Röck, Weinsberg
ISBN 3 7831 0938 8

Inhalt

Vorwort

Mit einem Museumsbesuch begann vor einigen Jahren, ganz unerwartet, ein neuer Abschnitt meiner wissenschaftlichen und künstlerischen Arbeit, die sich heute den Engeln widmet. Als ich vor einem spätmittelalterlichen Gemälde stand und die Farben von Licht und Schatten in den fließenden Gewändern einer schwebenden Engelgruppe nach maltechnischen Details untersuchte, erkannte ich plötzlich, daß diese Engel nicht Abbild einer phantasievollen Vorstellung waren, sondern höchste innere Erlebnisse wiedergaben. Ihre Flügel, Gesichter, Körper, Gewänder und ihr Haarschmuck, die Gestik, Körperhaltung und transparente Leuchtkraft ihrer Farben enthielten eine lebendige Sprache, die auf höhere Wahrheiten verwies und die ich nun kennenlernen wollte.

»Wenn Gott seinen Engel zur Seele sendet«, schreibt Meister Eckehart, »so wird sie wahrhaft erkennend. Nicht umsonst hat Gott Sankt Peter den Schlüssel anbefohlen, denn ›Petrus‹ besagt soviel wie Erkenntnis (vgl. Matth. 16,19). Erkenntnis aber hat den Schlüssel und schließt auf und dringt und bricht durch ... Alles, was am Engel ist, das ist nach Gott gebildet; denn Erkenntnis fließt aus der Gleichheit.«[1]

Mit welchen Fragestellungen und Ansätzen ist es möglich, sich heute dem Bild des Engels zu nähern? Stellt der Engel doch ein Symbol dar, das in seiner Beschreibung im wesentlichen aus Erfahrungen der übersinnlichen Wahrnehmung und der Mystik stammt, und Quellen dieser Art werden eher dem Bereich des persönlichen Glaubens als der Wissenschaft zugeordnet. Gerade aber bei der Durchsicht und Untersuchung von Engelbeschreibungen aus der Bibel, der Mystik und sogenannten Privatoffenbarungen ist es auffallend, daß sie oftmals verblüffende Ähnlichkeiten besitzen, unabhängig von Kultur, historischem Hintergrund und biographischer Konstellation.

So ist die Vorstellung vom geflügelten Geistwesen, das als Himmelsbote, als Abgesandter der Götter sich dem Menschen nähert, ein Urbild, ein Archetyp, der in fast allen Kulturen der Welt unter verschiedenen Bezeichnungen und Beschreibungen vorkommt. In Riten, Mythen und Symbolen, in Träumen, Visionen und Phantasien tauchen im Wandel der Jahrtausende bis in die Gegenwart hinein die Gestalten von Wesenheiten auf, die göttliche Botschaften mit Worten und Bildern zu den Menschen bringen und in der christlichen Welt als Engel bezeichnet werden.

Diese Universalität des Engelsymbols mag religiöse Menschen in ihrem Glauben an die Existenz von Engeln und geistigen Welten bestätigen, sie wird aber auch denjenigen, der diesen Schritt nicht nachvollzieht, in eine unmittelbar sinnliche und bildnerisch wie literarisch reiche Welt einführen. Der 1987 gedrehte Film »Der Himmel über Berlin« von Wim Wenders, der in poetischen Bildern die Geschichte eines Schutzengels zeigt, der sich in eine Menschenfrau verliebt, ist in diesem Sinne eine sichtbare Umsetzung der elementaren seelischen Bezüge, die das Bild des Engels auch heute noch enthalten kann und, wie es der breite Erfolg des Filmes bestätigt, im Betrachter auszulösen vermag.

Die Wirkung, die von einer Engel-Erscheinung ausgeht, ist oftmals so heftig, daß sie im betreffenden Menschen große Ergriffenheit auslöst. »Diese Wirkung erscheint in positiven und negativen Emotionen«, schreibt Erich Neumann zur Struktur des Archetyps, »in Faszinationen und Projektionen, aber auch in Angst, dem Gefühl des Überwältigtseins des Ich.«[2]

Auf der Suche nach der Symbolik von Engeln in der gängigen und recht umfangreichen Literatur zeigte es sich, daß diese nicht nur wesentliche Ausdrucksformen der Engel übersieht, sondern durch eine betont deskriptive und kategorisierende Vorgehensweise die Bildsprache und mögliche Aussagekraft von Engeln eher unzugänglich macht. Gerade bei der Erschließung eines Symbols geht es aber um die Erfassung seiner besonderen Wirkung auf die Ebenen der Seele und des Geistes. Daher wurden in den folgenden Ausführungen zahlreiche mystische Dokumente zu Engelerlebnissen hinzugezogen, um durch die unmittelbare sprachliche Umsetzung tiefer emotionaler und spiritueller Erfahrungen einen erweiterten Zugang zur Ausstrahlung von Engelgestalten zu ermöglichen.

Der Umgang mit dem Bild von Engeln ist in der Literatur durchaus zwiespältig. Die Besonderheit ihrer Erscheinungsweise und Gestalt, ihre Dynamik löst nicht nur Freude, sondern oftmals Beunruhigung und Abwehr aus, was den Umgang mit dem »Phänomen Engel« für zahlreiche Autoren und Chronisten eher schwierig macht. Diese Problematik mag unter anderem ein Grund dafür sein, daß in der Glaubenspraxis aller christlichen Konfessionen die Frage nach den Engeln heute ganz am Rande steht.

Je intensiver ich begann, mich mit den Erscheinungsweisen von Engeln auch in künstlerischer Weise auseinanderzusetzen, um so stärker wurde die Konfrontation mit dem Unbehagen, das allein schon eine unmittelbare sinnliche Darstellung von Engeln hervorrufen kann. Die spontane, heftige Ablehnung des Engelmotives kam hauptsächlich von männlichen Theologen und Kollegen der Kunstszene, die wohl die Darstellung eines Engels als abstraktes Symbol, beispielsweise reduziert auf Schwingen, akzeptieren konnten, nicht aber konkrete körperliche Darstellungsformen, die auch das Gesicht eines Engels mit einbeziehen. So scheint die Gestalt von Engeln, ihr konkret wahrgenommener Körper mit Gewändern, Farbigkeit und Schmuck zwar ein reiches Thema für Mystiker, Visionäre und manchen spirituellen Künstler zu sein. Im breiten Schrifttum zur Engelkunde werden jedoch gerade diese in ihrer Symbolik wesentlichen Elemente zumeist übersehen.

Diesen bislang nur am Rande wahrgenommenen Erscheinungsebenen von Engeln in Raum und Zeit, der umfangreichen Symbolik und der geistigen Entsprechung ihrer Körpersprache, ihrer Gewänder und Attribute widmen sich die folgenden Ausführungen. Sie schließen unter anderem auch die Frage mit ein, warum gerade die sinnliche Gestalt des Engels, trotz ihrer unbestrittenen religiösen Aussagekraft, im theologischen Rahmen bis heute ein Unbehagen auslöst, das oftmals zur Verdrängung geführt hat. Die Symbolsprache der Engelgestalt ist in ihrer Komplexität – bei der Vielzahl von Überblendungen, Überschneidungen und Verwebungen ganz unterschiedlicher Aspekte und Ebenen – so vielfältig, daß sie hier nicht ausgeschöpft werden kann. Als Teil der breiten Wiederentdeckung der Engelmystik[3], die in den letzten Jahren begonnen hat, begreift sich die folgende Arbeit als Beitrag, um die Gestalt des Engels in der christlichen Mystik neu wahrzunehmen.

Im Licht der göttlichen Sonne

Sein Antlitz war von solcher Schönheit und Klarheit,
daß ich leichter in die Sonne hätte blicken können
als in dieses Gesicht.
Die Gestalt sprach also:
Ich, die höchste und feurige Kraft,
Ich habe jedweden Funken von Leben entzündet,
und nichts Tödliches sprühe Ich aus.
Ich entscheide über alle Wirklichkeit.
Mit meinen höheren Flügeln umfliege Ich den Erdkreis,
denn mit Weisheit habe Ich das All recht geordnet.

Hildegard von Bingen

Gustave Doré, Paradiso, 31. Gesang, Vers 1–3.
Buchillustration zu Dantes »Göttlicher Komödie« (Holzstich)

Engelwelten

Wo sind die Engelwelten, von denen in mystischen Schriften und Zeugnissen immer wieder berichtet wird? In welchem Kontext werden sie beschrieben? In der bildreichen Sprache der christlichen Mystik werden der Engelkosmos, die himmlischen Sphären meist im »Licht der göttlichen Sonne« gesehen, die das Zentrum bildet, die Mitte des ewigen Seins, nicht nur im Universum, sondern im Herzen eines jeden Menschen. Hildegard von Bingen (1098–1179) schreibt in ihrer Vision »Vom Werden im Licht«: »Und ich schaute im Geheimnisse Gottes inmitten der südlichen Lüfte ein wunderschönes Bild. Es hatte die Gestalt eines Menschen. Sein Antlitz war von solcher Schönheit und Klarheit, daß ich leichter in die Sonne hätte blicken können als in dieses Gesicht. Ein weiter Reif aus Gold umgab ringsum sein Haupt... Die Gestalt sprach also: Ich, die höchste und feurige Kraft, Ich habe jedweden Funken von Leben entzündet, und nichts Tödliches sprühe Ich aus. Ich entscheide über alle Wirklichkeit. Mit meinen höheren Flügeln umfliege Ich den Erdkreis, denn mit Weisheit habe Ich das All recht geordnet... Und so ruhe Ich in aller Wirklichkeit verborgen als feurige Kraft. Alles brennt allein durch Mich, so wie der Atem den Menschen unablässig bewegt, gleich der windbewegten Flamme im Feuer... Denn Ich bin das Leben.«[1]

Das Bild der irdischen Sonne im Kosmos gilt seit Jahrtausenden als Symbol der Gottheit, als Zeichen für Wärme und Licht, Leben in Glanz und Fülle, Sinnbild der Ganzheit ohne Anfang und Ende, der göttlichen Vollständigkeit[2]. »Da sieh einmal empor und betrachte diese von hier aus gar nieder stehende Sonne«, spricht Gott durch die innere Stimme zu Jakob Lorber (1800–1864), »in dieser Sonne bin Ich ureigentümlich vollkommen zu Hause. Diese Sonne befindet sich im ewigen unverrückten Zentrum Meines göttlichen Seins. Die Strahlen, die von dieser Sonne ausgehen, erfüllen in ihrer Art die ganze Unendlichkeit und sind in sich selbst nichts anderes als Mein Liebewille und die aus demselben ewig ausgehende Weisheit. Diese Strahlen sind demnach allenthalben vollkommen lebendig und sind allenthalben vollkommen gleich Meiner Wesenheit.«[3] Die Strahlen der göttlichen Sonne verschen-

Der Urkreis
mit dem heiligen Laut OM

ken Wärme und Licht, wobei in geistiger Dimension ihre Wärme als göttliche Liebe, ihr Licht als göttliche Weisheit gelten.

Dem Bild des alles durchdringenden Lichtes, der stets gegenwärtigen Schöpferkraft, entspricht in der tibetischen Mystik die tiefe und alles umfassende Schwingung des heiligen Lautes OM, der seiner Natur nach das Unendliche schlechthin ist. Er symbolisiert jenen überbewußten Geisteszustand, in dem alles individuelle Streben im grenzenlosen Raum der Unendlichkeit einfließt[4].

Um das Zentrum der geistigen Sonne, in ihren Strahlen, weiten sich die himmlischen Sphären. »Als Gott nämlich sprach: Es werde Licht! da entstand das Licht der Vernunft. Das sind die Engel.«[5] In konzentrischen Ringen kreisen die Welten der neun Engelchöre um den ewigen Mittelpunkt, in drei sogenannten Hierarchien zusammengefaßt. In diese Ordnung eingebettet, voneinander verschieden und dennoch verbunden, gleichen die unzähligen Engelscharen Spiegeln, die je

Hildegard von Bingen, Die Chöre der Engel,
aus »Wisse die Wege – Scivias«

nach ihrer Stellung in den unterschiedlichsten Facetten die Strahlen der göttlichen Gegenwart auffangen, wiedergeben und vervielfältigen. Aus dieser Anschauung heraus schreibt Augustinus (354–430), daß Gott »im Engel« sei und sich durch ihn den Menschen zeige[6].

In den Vorstellungen der christlichen Kunst des frühen Mittelalters erscheint der Aufbau der Engelchöre im himmlischen Universum häufig als eine runde, sich mehr und mehr nach außen entfaltende Blüte, deren wohlgeordnete Blätter aus verschiedenen Engelpersönlichkeiten oder Gruppen bestehen. Die Blätterkreise beschreiben die unterschiedlichen Wirkungsfelder der Engel, ihre Nähe und jeweilige Stellung zur Mitte, zu Gott. Im Gegensatz zur Spirale, die eine Bewegung vom Zentrum nach außen und rückläufig von den äußeren Grenzbereichen zur Mitte ermöglicht, sind die Engelchöre nach dieser Vorstellung in ihrem Bewegungsfeld klar umrissen. Wie Sterne am Firmament umkreisen sie in festgefügten Bahnen das innere Licht.

Die mittelalterlichen Darstellungen des Engelkosmos in seinen ringförmigen Ausdehnungen ähneln in ungewöhnlicher Weise indischen und tibetanischen Mandalas, die im asiatischen Raum seit Jahrtausenden eine wichtige Grundlage der Meditationspraxis sind. C. G. Jung hat die Bildekräfte und Strukturen dieser geistigen Schaubilder untersucht und ihre tiefgreifende Wirkung auf die menschliche Seele ausführlich beschrieben[7]. Als Hilfsmittel der Kontemplation führen Mandalas den Betrachtenden in eine wachsende, zielgerichtete Konzentration zur Bildmitte. Die Struktur eines Mandalas ist universell. Wir finden sie weltweit, in fast allen Kulturen, in den Sandbildern der australischen Ureinwohner ebenso wie in den Tempelfresken der Azteken und Mayas.

In seinem klassischen Grundschema beinhaltet ein Mandala gewöhnlich die Form eines Kreises (als Symbol des Ewig-Seienden), der von einem Quadrat (als Symbol der materiellen Schöpfung) umschlossen ist. Diesem Aufbau nach ist es ein idealisierter Plan des Kosmos, der durch die äußere Begrenzung vor desintegrierenden Kräften bewahrt wird. Oftmals erscheint der Mittelpunkt des Mandala in der Form einer geöffneten, vier-, acht- oder sechzehnblättrigen Lotosblüte, wobei die Lotosblume als eines der wichtigsten Symbole für die geistige Entfaltung des Reinen, ewig Heiligen gilt[8]. Ähnlich wie in den Darstellungsweisen der sich blütenartig entfaltenden Engelhierarchien tragen die um das Zentrum der Lotosblüte geöffneten Blätter die Abbildungen verschiedener Buddhas oder anderer himmlischer Gestalten, die die wichtigsten Aspekte der alles durchstrahlenden Weisheit verkörpern.

Das Quadrat, das in den klassischen Mandalas die innere Blüte umschließt, wird als Symbol der Festigkeit und des ausgemessenen und gestalteten Erdenraumes häufig als eine Festungsburg von prachtvoller Ausgestaltung verstanden, einem himmlischen Palast gleich, von dessen vier Seiten vier Wege in das innere Heiligtum führen. In diesem Sinnbild finden wir Analogien zu den vielgeflügelten Cherubim-Engeln der Bibel, die die vier Himmelsrichtungen bewachen. Ebenso enthält es Anklänge an das Bild der vier Evangelisten, die, in zahlreichen Darstellungen der christlichen Kunst um die Mitte (Christus) gruppiert, jeweils die vier Aspekte der göttlichen Wortverkündigung repräsentieren. Das himmlische Universum wird von christlichen Mystikern häufig als »Haus« oder »Burg Gottes« (Teresa von Avila) beschrieben, das von den Engeln getragen und gestützt wird und dessen Säulen in die irdische Schöpfung hineinragen. Vorläufer dieser Vorstellungen finden sich bereits im apokryphen Henochbuch:

»Wolken und Winde trugen mich (Henoch) hinein in den Himmel. Ich trat ein, bis ich mich einer Mauer näherte, die aus Kristallsteinen gebaut und von feurigen Zungen umgeben war; und sie begann mir Furcht einzujagen. Ich trat in die feurigen Zungen hinein und näherte mich einem großen aus Kristallsteinen gebauten Hause ... Seine Decke war wie die Bahn der Sterne und Blitze, dazwischen feurige Cherube, und ihr Himmel bestand aus Wasser. Ein Feuermeer umgab seine Wände, und seine Türen brannten von Feuer. Ich trat in jenes Haus, das heiß war wie Feuer und kalt wie Schnee ... Ich gewahrte darin einen hohen Thron. Sein Aussehen war wie Reif; um ihn herum war etwas, das der Sonne glich und das Aussehen von Cheruben hatte. Unterhalb des Thrones kamen Ströme lodernden Feuers hervor, und ich konnte nicht hineinsehen. Die große Majestät saß darauf, sein Gewand war glänzender als die Sonne und weißer als der Schnee.«[9]

Auch die mystische Ordensfrau Mechthild von Magdeburg, die im 13. Jahrhundert lebte, erschaut die himmlische Hierarchie als gewaltiges Haus: »Da ergriffen sie die Engel und führten sie zu einem wunderschönen Hause von erstaunlicher Größe. Als sie es betrat, sah sie darin die neun Chöre der Engel, aufgestellt und geordnet in wunderbarer, unaussprechlicher Weise, einer über dem anderen nach Art einer Wölbung. In der Höhe aber über dem Chor der Seraphim ragten strahlend der Thron Gottes und der seligen Jungfrau auf. – Auch sah sie aus dem Herzen Gottes neun Strahlen auf die einzelnen Chöre fallen und wie jeder Chor seinen Strahl allen anderen Chören mitteilte. Der Strahl der flammenden Liebe, der unmittelbar von Gott ausging, erleuchtete den Chor der Seraphim und durchdrang sodann alle anderen Chöre.«[10]

Der schwedische Wissenschaftler und Mystiker Emanuel Swedenborg (1688–1772), dessen umfangreiches Werk einen großen Einfluß auf seine Zeitgenossen und die ihm nachfolgende Generation hatte, wurde oftmals von einem Engel in himmlische Sphären entführt und erhielt dort zahlreiche Anschauungen. In einer geistigen Läuterungsebene für verstorbene Menschen hörte er dem Unterricht eines Engels zu: »Der Engel sprach: Folget mir, so werde ich euch in eure Freude einführen. – Und er führte sie in eine kleine Stadt, mitten darin lag ein Tempel, und alle Wohnungen daselbst hießen Gotteshäuser ... Sie sagten, die Stadt sei eine Vorhalle des Himmels, und der Tempel der Stadt sei der Eingang zu dem prächtigen, herrlichen Tempel im Himmel, dort werde Gott von den Engeln unter Lob und Preis ewig angebetet.«[11]

Nach Swedenborg unterteilt sich die himmlische Wohnung Gottes in drei große Ebenen, wobei nach der christlichen Engellehre jeder dieser Bereiche eine Hierarchie repräsentiert:

1. Hierarchie: Seraphim, Cherubim, Throne
2. Hierarchie: Herrschaften, Fürstentümer, Gewalten
3. Hierarchie: Mächte, Erzengel, Engel.

Diese Engelsphären werden in ihrer Aufteilung auch als Geheimnis der Heiligen Dreifaltigkeit gedeutet. Die Kraftströme, die aus dem dreifaltigen Leben Gottes fließen, bilden dabei die Grundstruktur der gesamten kosmischen Ordnung[12] und somit auch der Engelhierarchien:

Die 1. Hierarchie entspricht dem Schöpfergott.
Die 2. Hierarchie entspricht Jesus Christus.
Die 3. Hierarchie entspricht dem Heiligen Geist.

Da aber die einzelnen Hierarchien wiederum in je drei Engelchöre aufgeteilt sind, spiegeln sich die einzelnen Aspekte der Heiligen Dreifaltigkeit noch einmal untergliedert im Wirkungsfeld der einzelnen Engel. In diesem Sinne verkörpern die Seraphim die Ausstrahlung des Schöpfergottes, die Cherubim die von Jesus Christus, die Throne das Ausströmen des Heiligen Geistes.

Die Bezeichnung einer Engelgruppe als Hierarchie meint nicht Macht und Institutionalisierung im weltlichen Sinne. Mit diesem unvollkommenen Begriff werden die verschiedenen Aspekte des Göttlichen zusammengefaßt, die sich im gegenseitigen Zusammenwirken ergänzen. Je höher die Stellung eines Engelchores ist, um so mehr Aufgabenbereiche hat dieser zu tragen. »Ihr wißt«, sagt Jesus Christus zu seinen Jüngern, die nach einer hohen Stellung im Himmel streben, »daß die Herrscher ihre Völker unterdrücken und die Mächtigen ihre

Macht über die Menschen mißbrauchen. Bei euch soll es nicht so sein, sondern wer bei euch groß sein will, der soll euer Diener sein« (Matthäus 20,26–27). Daher sagt auch der Chor der Engel, dessen Worte Gitta Mallasz und ihre Freunde kurz vor Ende des Zweiten Weltkrieges hören und aufzeichnen:

Alle Engel, Seraphim und Cherubim,
alle himmlischen Kräfte,
die Singenden, die Dienenden,
sie kommen und dienen Ihm in euch!
Ruft! und wir kommen.
Wir sind ja schon beinahe eins.«[13]

Das Wirken der Engelchöre hat, wie auch in diesen Engelworten angedeutet wird, eine Entsprechung zum geistigen Leben der Menschenseele. So wie die einzelnen Engelwelten unterschiedliche Aspekte und Grade der Erleuchtung versinnbildlichen, gleichen die wachsenden geistigen Wahrnehmungsstufen der Seele dem Emporsteigen auf einer Leiter, wobei jede Stufe von einem Engelchor flankiert wird[14]. Das Bild der Himmelsleiter, ein Motiv zahlreicher Visionen, ist vom Traum Jakobs geprägt, in dem diesem von Gott der Weg in das verheißene Land gezeigt und versprochen wird. Das versprochene Land kann nicht nur als irdischer Besitz, sondern auch als Verheißung der himmlischen Heimat gedeutet werden. »Er (Jakob) sah eine Treppe, die auf der Erde stand und bis zum Himmel reichte. Auf ihr stiegen Engel Gottes auf und nieder. Und siehe, der Herr stand oben und sprach: Ich bin der Herr, der Gott deines Vaters Abraham und der Gott Isaaks. Das Land, auf dem du liegst, will ich dir und deinen Nachkommen geben ... Ich bin mit dir, ich behüte dich, wohin du auch gehst, und bringe dich zurück in dieses Land. Denn ich verlasse dich nicht, bis ich vollbringe, was ich dir versprochen habe« (1. Mose 28,12–16). In symbolhafter Sprache wird mit dem Bild der Leiter Jakob und damit allen Menschen die Entwicklung der Seele gezeigt. Um die einzelnen Stufen emporzusteigen, muß der Geist bereit sein, Mühen und Anstrengungen auf sich zu nehmen. Damit die Seele aber nicht auf einer Stufe stehenbleibt, sendet Gott Engel herab, die dem aufsteigenden Menschen helfend zur Seite stehen[15].

Die erste Hierarchie: Seraphim, Cherubim, Throne

Seraphim

Von den Engeln der ersten Hierarchie sind die Seraphim der göttlichen Sonne am nächsten. Einer feurigen Aura vergleichbar, bilden sie einen Flammenring um die ewige Mitte. Aus dieser Anschauung heraus hat sich ihr Name entwickelt, der aus dem hebräischen Begriff »saraph«, »brennen« stammt. Eine Vision der Seraphim ist im Alten Testament durch den Propheten Jesaja (etwa 740–701 v. Chr.) aufgezeichnet:

»Im Todesjahr des Königs Usija sah ich den Herrn. Er saß auf einem hohen und erhabenen Thron. Der Saum seines Gewandes füllte den Tempel aus. Seraphim standen über ihm. Jeder hatte sechs Flügel: Mit zwei Flügeln bedeckten sie ihr Gesicht, mit zwei bedeckten sie ihre Füße, und mit zwei flogen sie. Sie riefen einander zu: Heilig, heilig, heilig ist der Herr der Heere. Von seiner Herrlichkeit ist die ganze Erde erfüllt. Die Türschwellen bebten bei ihrem lauten Ruf, und der Tempel füllte sich mit Rauch.

Da sagte ich: Weh mir, ich bin verloren. Denn ich bin ein Mann mit unreinen Lippen und lebe mitten in einem Volk mit unreinen Lippen, und meine Augen haben den König, den Herrn der Heere, gesehen. Da flog ein Seraphim zu mir; er trug in seiner Hand eine glühende Kohle, die er mit einer Zange vom Altar genommen hatte. Er berührte damit meinen Mund und sagte: Das hier hat deine Lippen berührt: Deine Schuld ist getilgt, deine Sünde gesühnt« (Jesaja 6,1–7).

Im Gegensatz zu den anderen Engelgestalten geben die Seraphim durch ihre Flammenhülle von ihrem eigentlichen Körper nichts preis. So wie sie den unsichtbaren Gott umhüllen, so verdeckt ihr feuriges Flügelkleid den eigenen Leib. Hildegard von Bingen, die in einer ihrer Schauungen die Seraphim ebenfalls mit sehr vielen Flügeln und brennend wie Feuer erblickte, deutet diese Erscheinungsform als Ausdruck unzähliger himmlischer Geheimnisse, die der Mensch noch nicht erfassen kann und die deshalb vor ihm verhüllt werden[16].

Gleichzeitig verweist dieses Eingehüllt-Sein der Seraphim noch auf einen Aspekt, den Rudolf Steiner nennt. Er charakterisiert sie als Wesenheiten, »bei denen es nicht Subjekt und

Seraph.
Nach einer Darstellung im Gewölbezwickel der Hagia Sophia, Konstantinopel, 10. Jh.

Objekt gibt, sondern bei denen Subjekt und Objekt zusammenfällt«. Sie sagen nicht: »Außer mir sind Gegenstände, sondern: Die Welt ist, und ich bin die Welt, und die Welt ist Ich.«[17] Steiner meint, daß die Seraphim von sich wissen durch ein Erlebnis, das dem ähnlich ist, das man beim Menschen glühende Begeisterung nennt. Damit erinnert Steiner auch an das Loben und Preisen, das immer wieder mit dem höchsten Engelchor in Verbindung gebracht wird.

Im Alten Testament bezeichnet der Begriff »saraph« jedoch auch jene glühenden Schlangen, die den Israeliten bei ihrem Zug durch die Wüste als todbringendes Strafgericht Gottes geschickt wurden. Diese Schlangen werden mit den himmlischen Seraphim gleichgesetzt, wobei die Symbolverknüpfung der Schlange mit der höchsten Engelgruppe besonders bedeutsam ist. In den Schöpfungsmythen der Völker wird die erste Phase der Weltenentwicklung häufig durch das Bild der Schlange beschrieben. »Sie ist das Symbol für das völlige Enthaltensein des Ich im Unbewußten, für das Umschlossensein von der Welt, in der sich der Mensch nur hin und wieder und nur momentweise als sich selbst erfährt. Ich und Unbewußtes, einzelner und Gruppe, Mensch und Welt sind noch ununterscheidbar miteinander verbunden.«[18]

Die Übereinstimmung der beginnenden Gefühlsentwicklung der Menschen mit der oben zitierten Beschreibung des »seraphischen« Lebensgefühls verweist auch auf die Symbolik in der Erscheinungsform dieser Engel. Einem Neugeborenen gleich sind sie umhüllt von wärmender Liebe. Als beginnendes Leben stehen sie Gott am nächsten, wie in der Entsprechung des menschlichen Werdens das gerade geborene Kind noch durch seine Eltern geborgen ist.

Das Symbol der feurigen, der seraphischen Schlange beinhaltet aber noch weitere Ebenen. In der klassischen indischen Yogatradition gilt die Schlange als Bild der primären Lebenskraft des Menschen, die ihren Sitz an der Basis des Rückgrates innehat und als Kundalini-Kraft bezeichnet wird. Diese repräsentiert die göttliche kosmische Energie im Körper. Aus sieben Schichten oder sieben Stärkegraden bestehend, am Grunde der Wirbelsäule liegend, gilt das »Schlangenfeuer« als eine auf der physischen Ebene manifest gewordene Energieform der Logoskräfte[19].

Arthur Avalon (Sir John Woodroffe), einer der bedeutendsten Kenner des Yoga, beschreibt in seinem Werk »Die Schlangenkraft« das Erlebnis eines Freundes, der die Kundalini-Kraft in sich spürte: »Als er sich eines Nachts durch körperliche Begierden unbehelligt und außergewöhnlich frei fühlte, merkte er, wie die Schlange sich entrollte und nach oben stieß, er fand sich in ›eine Feuerlohe‹ gehüllt und fühlte – berichtgemäß – ›wie sich die Flammen wie Schwingen um meinen Kopf herum ausbreiteten; ich vernahm ein musikartiges Geräusch, wie von Cymbeln, während etliche dieser Flammen sich wie Emanationen zu entfalten und wie zusammenschlagende Fittiche über meinem Kopf zu treffen schienen . . . Ich war richtiggehend erschrocken, weil die Wirklichkeit etwas zu sein schien, das mich verzehren könnte!‹«[20]

Im erweckten Zustand wird die Kundalini auch »Weltenmutter« genannt, da sie den irdischen Körper mit dem Seelen- und Geistleib verbindet und sie belebend durchfließt, somit dem menschlichen Erfahren die höheren Welten öffnet. Normalerweise ist jedoch diese Kraft beim Menschen nur latent wirksam. Eine vorzeitige Erweckung, die mit der geistig-seelischen Reife eines Menschen nicht übereinstimmt und durch den Eigenwillen hervorgerufen wird, ist, wie zahlreiche Beispiele aus der Yoga-Praxis schildern, sogar mehr als gefährlich. Sie kann tödlich sein, da im betreffenden Menschen diese feurige Kraft statt aufwärts abwärts drängt. Im Menschen werden dann nicht nur die unliebsamsten Leidenschaften im höchsten Maße gesteigert, sondern er empfindet ein inneres, nicht zu löschendes Brandgefühl, das bis zum Kopf aufsteigt, ihn im Inneren zu verbrennen scheint[21]. In diesem Kontext sind Assoziationen zu Luzifer als »falsche Schlange« naheliegend, der als gefallener Engel den Menschen zur Abwendung von Gott durch verderbende Leidenschaften führt[22]. Selbst Anklänge an das oftmals belächelte »Höllenfeuer« werden wach, das in bezug auf die zerstörerischen Energien der Kundalini-Kraft eine bedeutungsvolle Bildsprache enthält.

Durch eine besondere Energieschwingung, die sich abwechselnd in den Feuerfarben Rot und Orange manifestiert, macht das Zentrum der Kundalini-Schlange dem hellsichtigen Menschen durchaus den Eindruck, als ob es mit dem Zeichen des Kreuzes versiegelt wäre. Daher steht dem Sinnbild der Schlange auch ein flammendes Kreuz nahe. In diesem Symbolbezug erweitert sich die Deutungsmöglichkeit der seraphischen Schlangen, die den Israeliten den Tod brachten, denn sie können als vernichtendes Hervorbrechen der Kundalini-Kraft gesehen werden:

»Unterwegs aber verlor das Volk den Mut, es lehnte sich gegen Gott und gegen Mose auf und sagte: Warum habt ihr uns aus Ägypten heraufgeführt? Etwa damit wir in der Wüste sterben? Es gibt weder Brot noch Wasser. Dieser elenden Nahrung sind wir überdrüssig. Da schickte der Herr Giftschlangen unter das Volk. Sie bissen die Menschen, und viele Israeliten starben. Die Leute kamen zu Mose und sagten: Wir haben gesündigt, denn wir haben uns gegen den Herrn und gegen dich aufgelehnt. Bete zum Herrn, damit fr uns von den Schlangen befreit. Da betete Mose für das Volk. Der Herr antwortete Mose: Mach dir eine Schlange, und hänge sie an einer Fahnenstange auf. Wenn nun jemand von einer Schlange gebissen wurde und zu der Kupferschlange aufblickte, blieb er am Leben« (4. Mose 21,5–9).

Die mystischen Zusammenhänge, die zwischen der biblischen Beschreibung der Schlangen und den Kräften der Kundalini-Energie bestehen, verweisen auf die gewaltigen Kraftströme der göttlichen Liebe, die nicht nur lebensspendend wirken, sondern auch zerstörend für denjenigen sind, der sich in Hochmut und Anmaßung gegen den göttlichen Willen wendet.

Die geistige Bedeutung der Schlange war auch den Israeliten nicht unbekannt. In den religiösen Kulten der Ägypter trug der Sonnengott das Zeichen der Uräus-Schlange an seiner Stirn. Als machtvolle Beschützerin haucht sie dem Angreifer ihren giftigen Atem entgegen, speit ihr Feuer gegen den Widersacher aus.

Die Schlange aus Kupfer, die Mose zur Heilung der Kranken an das Kreuz der Fahnenstange hängt und deren Anblick lebensrettend wirkt, ist nicht nur ein aus der Situation heraus gegebenes Heilzeichen, das den aus der Ordnung herausgefallenen und damit erkrankten Menschen zu neuen Lebenskräften durch Gott verhilft, sondern sie gilt schon in frühen christlichen Schriften als Andeutung der Kreuzigung von Jesus Christus. Der Apostel Johannes schreibt: »Und wie Mose die Schlange in der Wüste erhöht hat, so muß der Menschensohn erhöht werden, damit jeder, der an ihn glaubt, in ihm das ewige Leben hat. Denn Gott hat die Welt so sehr geliebt, daß er seinen einzigen Sohn hingab, damit jeder, der an ihn glaubt, nicht zugrunde geht, sondern das ewige Leben hat« (Johannes 3,14–16).

Das Bild der seraphischen Schlange, Zeichen für die göttliche Lebenskraft und Liebesglut, wird zum Symbol für den gekreuzigten Jesus Christus. Am Fest der Kreuzerhöhung im September 1224 hat Franz von Assisi nach einer im Gebet durchwachten Nacht die Vision des leidenden Christus, der ihm in der Gestalt eines gekreuzigten Seraph mit sechs Flügeln erscheint. Mit ausgespannten Armen und geschlossenen Beinen ist der Seraph an das Kreuz genagelt. Mit zwei Flügeln bedeckt er sein Haupt, zwei schlägt er über dem Leib zusammen, zwei strecken sich im Fluge aus. »Und es kam die Hand des Herrn auf ihn.«[23] Als Franz von Assisi nach dieser Schau sein Wachbewußtsein wiederfindet, erkennt er die fünf Wunden des gekreuzigten Seraph an seinem eigenen Körper.

Stigmatisierung des Heiligen Franziskus durch einen Seraph

In zahlreichen religiösen Schriften werden Menschen wie Franz von Assisi, die sich ganz in die Liebe Gottes hineinvertiefen und dann wärmend nach außen strahlen, »seraphisch« genannt[24]. So ruft die zwanzigjährige Gemma Galgani (1878–1903), deren Leben aus einer Kette von mystischen Anschauungen bestand, in einer ihrer Visionen aus: »Jesus, ich öffne dir mein Herz, wirf dein göttliches Feuer hinein. Du bist Feuer, in Feuer und in Flammen soll sich auch mein Herz verwandeln.«[25]

Seraph mit Flügeln in Herzform.
(In der christlichen Ikonographie verschwimmen oft die Gestaltungsformen der Seraphim und Cherubim miteinander.)

Und so hat die glühende Gestalt der Seraphim noch eine weitere Entsprechung: die des geflügelten Herzens, das seine flammengleichen Schwingen nach oben (zum Himmel), nach links und rechts (Richtungsbezeichnungen für Innen und Außen) ausstreckt, um so die allumfassende Liebe Gottes wiederzugeben, ein Bild, das mit der sogenannten Herz-Jesu-Verehrung und den mystischen Formen ihrer Kontemplationspraxis in engster Verbindung steht[26].

Geflügeltes Herz Gottes.
Ausschnitt aus dem medialen Bild »Vom Diesseits ins Jenseits« von Maria Magdalena Hafenscheer

Cherubim

Den Seraphim folgt in der ersten Hierarchie der Chor der vielbeflügelten, über und über mit Augen bedeckten Cherubim. Diese gelten in verschiedenen Schulen der christlichen Mystik als wesenhafte Verkörperungen der göttlichen Weisheit. In enger Wechselbeziehung ergänzen sich die Aspekte der Liebe (Seraphim) und der Weisheit (Cherubim) zum göttlichen Paar.

Heilige Sophia, die göttliche Weisheit.
Ausschnitt aus einem Ikonenschema
nach Heinz Skrobucha (Hrsg.),
Die Ikonenmalerei

Als Sophia, die göttliche Weisheit, Bild des Ewig-Weiblichen und Himmelsbraut des (seraphischen) Sohnes Jesus Christus, nimmt die Weisheit im orthodoxen Christentum eine hohe Stellung ein, die fast unmittelbar nach der Gottesmutter Maria kommt.

Als Verkörperung der Göttlichen Weisheit werden die Cherubim auch im Alten Testament als höchste Engel neben den Seraphim genannt. Da sie den Herrn der Heerscharen auf gewaltigen Schwingen durch das Weltall tragen, ist die Vision von Cheruben immer ein Zeichen, daß Gott nahe ist. Die Sophia sagt von sich:

»Der Herr hat mich geschaffen
im Anfang Seiner Wege,
vor Seinen Werken in der Urzeit;
in frühster Zeit wurde ich gebildet,
am Anfang, beim Ursprung der Erde ...

Als Er den Himmel baute,
war ich dabei,
als Er den Erdkreis abmaß über den Wassern,
als Er droben die Wolken befestigte
und Quellen strömen ließ aus dem Urmeer...
Als Er die Fundamente der Erde abmaß,
da war ich Sein geliebtes Kind bei Ihm.
Ich war Seine Freude Tag für Tag
und spielte vor Ihm allezeit.
Ich spielte auf seinem Erdenrund,
und meine Freude war es,
bei den Menschen zu sein« (Sprüche 8,22–31).

Im Unterschied zu den Seraphim, die das Umschlossensein von der Welt, das Enthaltensein des Ich im Unbewußten, die symbiotische Verbindung mit der Schöpferkraft in Entsprechung zur frühesten kindlichen Entwicklung des Menschen kennzeichnen, enthält die Beschreibung des cherubinischen Weltempfindens bereits ein klares Bewußtsein des Ich, in dem sich das Geschöpf als Kind erlebt, das zu seinem Schöpfer ein Vater/Mutter-Verhältnis einnimmt. Religionsgeschichtlich gesehen, ist der Cherub Symbol für das Zeitalter »der Kulturen der Muttergottheiten und der mit ihnen verbundenen Dominanz der Erde (Ackerbau) und des Wachstums (Zeit der großen Erd- und Naturabhängigkeit), psychologisch gesehen für die Herrschaft des Unbewußten, demgegenüber sich das Bewußtsein als klein und ohnmächtig empfindet. – In der Entwicklung des einzelnen ist diese Phase geprägt durch das Abhängigkeitsverhältnis des Kleinkindes von seiner Mutter, die es ernährt und schützt«[27], wobei der Schöpfungsprozeß der Erde mit den Augen eines Kindes erlebt wird, das durch sein freudiges Spiel in tiefster Weisheit die Erfüllung in sich findet.

Mit unzähligen Augen, die seine Flügel übersäen, nimmt der Cherub die Weisheit seines Schöpfers auf und spiegelt sie wider. Das Symbol des Auges gilt schon in der ägyptischen Mythologie als umfassendes Zeichen für Sonne und Mond. Der Weltengott Haroeris wurde auch Gott der beiden Augen genannt. Er trägt und vereint die Gegensätze des Männlichen (Sonne) und Weiblichen (Mond), von Zeugen und Gebären, von Tag und Nacht[28]. Die ständig geöffneten Augen der Cheru-

Cherub, nach einem Mosaik aus der Kathedrale von Monreale, 12. Jh.

bim beinhalten somit auch die Aussage, daß sie alle Gegensätze im Spiegel ihrer Blicke aufnehmen und zu Gott tragen, daß sie die Tag- und Nachtbereiche der Schöpfung durchblicken und niemals schlafen vor Gottes Thron.

Im Jahre 593 v. Chr. schaut der Prophet Ezechiel in seiner Vision Gott, getragen von Cherubim: »Ich sah: Ein Sturmwind kam von Norden, eine große Wolke mit flackerndem Feuer, umgeben von einem hellen Schein. Aus dem Feuer strahlte es wie glänzendes Gold. Mitten darin erschien etwas wie vier Lebewesen. Und das war ihre Gestalt: Sie sahen aus wie Menschen. Jedes der Lebewesen hatte vier Gesichter und vier Flügel. Ihre Beine waren gerade und ihre Füße wie die Füße eines Stieres; sie glänzten wie glatte und blinkende Bronze. Unter den Flügeln an ihren vier Seiten hatten sie Menschenhände ... Ihre Flügel berührten einander. Die Lebewesen änderten beim Gehen ihre Richtung nicht: Jedes ging in die

Cherub, nach einem Mosaik
im Gewölbe der Apsis des Doms zu Cefalù,
Sizilien, um 1148

Richtung, in die eines seiner Gesichter wies. Und ihre Gesichter sahen so aus: Ein Menschengesicht..., ein Löwengesicht..., ein Stiergesicht..., ein Adlergesicht. Ihre Flügel waren nach oben ausgespannt. Mit zwei Flügeln berührten sie einander, und mit zwei bedeckten sie ihren Leib« (Ezechiel 1,4–11).

Die Vierzahl, die in der Erscheinung der Cherubim sichtbar wird, entspricht im Sinne der altorientalischen Zahlenmystik der irdischen Ganzheit und Vollkommenheit, die sich aus der ewigen Mitte Gottes in die vier Richtungen des Himmels, in die vier Jahreszeiten und die vier Tageszeiten ergießt[29]. Die Cherubim besitzen die Gesichtsformen der vier mächtigsten Geschöpfe, die im Altertum bekannt waren, und fassen damit auf geistiger Ebene alle körperlichen Kräfte, die auf Erden existieren, zusammen. In den zahlreichen Deutungen der Vision Ezechiels gelten die Cherubim auch als Repräsentanten der Reiche der Gesteine, Tiere, Pflanzen und Geistwesen, als Herren der vier Elemente, als Symbole der vier kardinalen Tierkreiszeichen aus der astrologischen Lehre der Babylonier und Sumerer, in der das Bild des Stieres für den Frühling, des Löwen für den Sommer, des Adlers für den Herbst und des Menschen für den Winter steht. Damit werden die Cherubim zu den vier planetarischen Herren der vier Weltrichtungen, und sie werden in der christlichen Tradition als Vorbilder der vier Evangelisten gedeutet, wobei der Löwe auf Markus, der Stier auf Lukas, das Menschenantlitz auf Matthäus und der Adler auf Johannes hinweist[30].

Als Thron-Engel und Herrscher der Weltenenden wird den Cherubim auch das geistige Wächteramt zugeschrieben. Sie wachen als »Hüter der Schwelle« über die Eingänge zum Himmel. In dieser Funktion sind sie bereits den Sumerern, Babyloniern und Assyrern bekannt, die gewaltige Cherub-Skulpturen als mächtige, geflügelte Mischwesen aus Mensch und Tier vor die Eingänge ihrer Tempel und Paläste stellten, die als Bewacher der heiligen Schwelle galten[31]. Im Alten Testament erscheinen die Cherubim als Wächter des Zugangs zum Paradies: »Gott, der Herr ... vertrieb den Menschen und stellte östlich des Gartens von Eden die Cherubim auf und das lodernde Flammenschwert, damit sie den Weg zum Baum des Lebens bewachten« (1. Mose 3,23–24).

Nicht die Seraphim, Sinnbilder der göttlichen Liebesglut, sondern die höchsten Repräsentanten der göttlichen Weisheit also bewachen den Weg zum Baum des Lebens, der auch Baum der Erkenntnis genannt wird. Damit wird ausgesagt, daß das Ringen um und mit der Weisheit, zentrales Anliegen der alt-orientalischen und antiken Religionen und Mysterienkulte, den Weg zurück in den Paradiesgarten nicht mehr zu öffnen vermag. Der einzige Weg, der die Rückführung des Menschen ermöglicht, ist – im Sinne christlicher Deutung – der Weg der Liebe. Der seraphische Jesus Christus hat sich aus Liebe am Kreuz für die Verfehlungen der Menschen geopfert. Das Kreuz ist zum Zeichen eines neuen Lebensbaumes geworden, an dem die Früchte des ewigen Lebens wachsen. Nicht mehr Weisheit ist das letzte Ziel des geistig Strebenden, sondern Liebe, die alle Weisheit mit einschließt, was wiederum die mystische Hochzeit zwischen Liebe (Seraphim) und

Weisheit (Cherubim) bedeutet. Mit diesem Wissen schreibt der Apostel Paulus: »Und wenn ich ... alle Geheimnisse wüßte und alle Erkenntnis hätte, wenn ich alle Glaubenskraft besäße und Berge damit versetzen könnte, hätte aber die Liebe nicht, wäre ich nichts« (1. Korinther 13,2).

Diese Aussage wird in der Beschreibung der Vertreibung aus dem Paradies durch den ausdrücklichen Hinweis auf die Himmelsrichtung Osten verstärkt. Im Osten geht die Sonne auf, ist der Ursprung des täglichen Lichtes, das Reich auch des geistigen Morgenrotes, aus dem der Erzengel Gabriel das Wort der verheißenen Erlösung zu Maria bringen wird.

Auch das Flammenschwert, das mit den Cherubim den Eingang bewacht, kann als Sinnbild eines lebendigen Engels gedeutet werden, als Symbol der göttlichen Gerechtigkeit, die in den Händen der Weisheit ruht. Bei den Propheten des Alten Testaments wird dieser Schwertengel immer wieder genannt[32]. »Wehe«, ruft Jeremia aus, »Schwert des Herrn! Wann wirst du endlich zur Ruhe kommen?« (Jeremia 47,6).

In den Visionen christlicher Mystiker kommen die Cherubim selten vor. In den Beschreibungen des Märtyrers Dionysius Areopagita, der im 1. Jahrhundert nach Christus lebte und als der wichtigste Begründer der christlichen Engellehre gilt, werden die Engel der Weisheit in menschlicher Gestalt beschrieben. Sie tragen nur ein einziges Paar blaue Flügel und sind prächtig gekleidet[33] in bischöfliche Gewänder. Zumeist aber werden sie in der christlichen Kunst in Anlehnung an die Visionen von Ezechiel dargestellt. Mit sechs Flügeln umkleidet, deutet das untere Flügelpaar herzförmig mit seinen Spitzen nach unten und läßt nur die nackten Füße frei, nackte Füße deshalb, weil sie auf heiligem Himmelsboden stehen. Das menschliche Antlitz der Cherubim, das in der Mitte der Gestalt erscheint, trägt kronenartig ein gewaltiges Flügelpaar auf dem Stirnansatz. Diese Schwingen ergeben umgedreht eine weitere Herzform oder gleichen einem riesigen Gewölbe, das den Einblick in eine andere Welt kosmischen Ausmaßes gewährt. Durch diese Flügelanordnung entsteht häufig die Zahl Acht in der Grundstruktur der frontal dargestellten Cherubim. Die christlichen Gnostiker sprachen von der Wiedergeburt in Jesus Christus als einer Verwandlung in die Achtzahl. Auch galt die Acht als Symbol für das Obere Jerusalem, das

Land, in dem Milch und Honig fließen, das Land des Herrn. In anderen mystischen Schulen war die Acht die Zahl von Jesus Christus[34].

Oftmals können die Cherubimdarstellungen auch mit geöffneten Blütenformen, wie beispielsweise Orchideen, verglichen werden. Die häufig seitlich ausgestreckten Hände und die sich darüber erhebenden Flügel der Cherubim ergeben die Struktur des Kreuzes, das diese Engel, wie auch oftmals die Seraphim, mit ihren Schwingen nachbilden, die Weisheit der christlichen Botschaft betonend.

Die Kirchenlehrerin und Prophetin Teresa von Avila (1515–1582), deren geistiger Auftrag ganz besonders von der göttlichen Weisheit gekennzeichnet war, hat ihre Berufung durch die Erscheinung eines Cherub erhalten. Zu diesem Zeitpunkt (1559) war sie eine einfache Ordensfrau, die unter Krankheiten und seelischer Ermattung litt: »Hier aber wollte der Herr, daß ich den Engel in leiblicher Gestalt sehen sollte. – Er war nicht groß, eher klein, aber sehr schön. Sein Antlitz war so entflammt, daß er mir als einer der erhabensten Engel vorkam, die ganz in Flammen zu stehen scheinen. Es müssen dies jene sein, die man Cherubim nennt. Sie sagen mir zwar ihre Namen nicht, aber ich sehe gut, daß im Himmel zwischen den einen und anderen Engeln ein unaussprechlicher Unterschied ist. In den Händen des mir erschienenen Engels sah ich einen langen goldenen Pfeil; an der Spitze seines Eisens schien mir Feuer zu sein; es kam mir vor, als durchbohrte er mit dem Pfeil einige Male mein Herz bis ins Innerste, und wenn er den Pfeil wieder herauszog, war mir, als zöge er den innersten Teil meines Herzens mit heraus. Als er mich dann verließ, war ich ganz entzündet von feuriger Gottesliebe ... Der Liebesverkehr, der seither zwischen meiner Seele und Gott stattfindet, ist so beglückend, daß ich den gütigen Herrn anflehe, er wolle ihn dem zu kosten geben, der etwa meint, ich würde hier lügen.«[35]

Die stufenweise Entwicklung der menschlichen Seele geschieht im Einklang mit den Chören der Engel, schreibt Mechthild von Magdeburg: »Und jene, welche sich durch Wissenschaft und Einsicht vor anderen hervortun, die in einzigartiger Seligkeit Gott – im Geiste erleuchtet – von Angesicht zu Angesicht schauen, und das, was sie in aller

Weisheit aus dieser Quelle schöpfen, durch Unterweisung und Erleuchtung anderer wieder in Ihn zurückgießen: sie werden mit den Cherubim auf die achte Stufe der Leiter gestellt werden.«[36]

Throne (auch Räder oder Wirbel genannt)

Während sich in den Erscheinungsweisen der Cherubim erstmalig die Gestalt des Menschen in einem Flügelkleide andeutet, gelangen wir mit dem Chor der Throne, auch Räder genannt, in eine Sphäre von Himmelsgestalten, die den Wirkungskräften des Heiligen Geistes entsprechen. Der Prophet Ezechiel hat die Räder in Verbindung mit den Cherubim und der Erscheinung Gottes geschaut: »Die Räder sahen aus, als seien sie aus Chrysolith gemacht. Alle vier Räder hatten die gleiche Gestalt. Sie waren so gemacht, daß es aussah, als laufe ein Rad mit dem anderen. Sie konnten nach allen vier Seiten laufen und änderten beim Laufen ihre Richtung nicht. Ihre Felgen waren so hoch, daß ich erschrak; sie waren voll Augen, ringsum bei allen vier Rädern . . . Sie liefen, wohin der Geist sie trieb« (Ezechiel 1,15–21). An anderer Stelle schreibt Ezechiel: »Ihr ganzer Leib, ihr Rücken, ihre Hände und Flügel und auch die Räder waren bei allen vier ringsum voll Augen. Die Räder wurden, wie ich deutlich hörte, ›Wirbel‹ genannt« (Ezechiel 9,12–13).

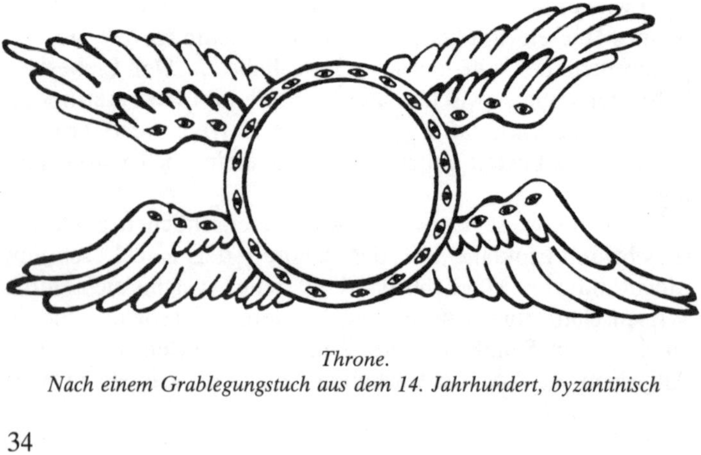

Throne.
Nach einem Grablegungstuch aus dem 14. Jahrhundert, byzantinisch

Die Symbolik des Rades entspricht der göttlichen Bewegung im Kosmos und in der äußeren und inneren Natur des Menschen. Seit Urzeiten gilt das Rad als Sinnbild des sich wandelnden Lebens, als Licht- und Lebenszeichen.

Das Bild des Rades ist eines der elementaren Symbole des Buddhismus. In seiner ganzen Form repräsentiert es die buddhistische Lehre, die durch die Offenbarungen des Buddha im Jahre 528 v. Chr. in Bewegung gesetzt worden ist. Das Rad der Lehre zeigt gewöhnlich acht Speichen, die den wichtigsten Regeln des sogenannten Achtfachen Weges entsprechen:

Rechte Ansicht,
Rechter Entschluß,
Rechte Rede,
Rechtes Verhalten,
Rechter Lebensunterhalt,
Rechte Anstrengung,
Rechte Achtsamkeit,
Rechte Meditation[37].

Die Radnabe versinnbildlicht nach buddhistischem Verständnis die Verwobenheit von Erlösung und Leid. Eine Änderung der geistigen Einstellung führt den Strebenden zur Einsicht in die »Leerheit« aller Dinge und auf den Weg der

Throne, nach einem Wandgemälde in der Klosterkirche des heiligen Naum am Ohridsee, Mazedonien, 17. Jh.

Erlösung[38]. Daneben gibt »das Rad des Werdens« im tibetanischen Buddhismus nicht Inhalte der Lehre, sondern Bilder der sechs Reiche oder Welten wieder, die den Kreislauf der Wiedergeburt darstellen, den der unerlöste Mensch durchschreitet[39].

In der christlichen Kunst des Mittelalters wird der Heilige Geist im Licht- oder Feuerrad dargestellt. Ohne Anfang und Ende, umgreift er die gesamte Schöpfung in der Bewegung seiner Speichen und erfaßt somit alle Bereiche[40]. Die Radform erweitert sich durch eines der ältesten Symbole der Menschheit, die Spirale. Sie deutet sich in der Beschreibung der Räder durch Ezechiel an, der sie auch als »Wirbel« charakterisiert, denn durch ihre Bewegung formen sich die wirbelnden Räder zu einer Spirale. So gleicht jedes menschliche Leben am Beginn seiner Entwicklung im Mutterleib einer Spirale, aus der sich der Körper entwickelt. Ebenso zeigen die kosmischen Nebel Spiralformen. Die Spirale beschreibt den Weg des Menschen von der göttlichen Mitte in die äußere Welt, in der rückläufigen Bewegung den Weg von außen in das innere Sein.

In dem Buch »Erscheinungsformen des Ätherischen«[41] wird der Ringwirbel, der den bewegten Formen der Räder entspricht, als das Urphänomen einer jeden Strömung charakterisiert: »Der Wirbel verwirklicht die Bildbewegung des Gleitens, indem er mühelos (ohne Schubkraft) durch das umgebende Medium hindurchschlüpft, fast ohne dasselbe zu stören. Man kennt dieses Phänomen beim Raucherring, dessen Gestalt durch Zigarettenrauch sichtbar gemacht ist.

Beim Ringwirbel induziert jeder Wirbelabschnitt an allen anderen Abschnitten Geschwindigkeit, und diese induzieren wieder Geschwindigkeit an ihm, so daß sich der Wirbel als ganzer selbst-induziert fortbewegt. Allein die Rotation um die eigene Achse läßt den Wirbel sich relativ zum umgebenden Medium bewegen, er fließt ganz aus sich selbst.

So bindet der Wirbel Materie an sich (innen) und verflacht sie zugleich (außen), so verdünnt er sie (innen) und läßt ihre Dichte zugleich bestehen (außen). So bewegt sich der Wirbel nur von sich aus und ist doch mit der Umgebung verbunden. Er verselbständigt lokal die Bewegung und fügt sie zugleich global in das Ganze des Strömungsfeldes ein.«[42]

In dieser detaillierten Beschreibung eines Phänomens der äußeren Natur wird auch etwas von den besonderen geistigen Energieformen sichtbar, die sich in der Gestalt der wirbelnden Engel-Räder manifestieren, als die der Heilige Geist das Leben der göttlichen Schöpfung durchzieht.

In der dreidimensionalen Betrachtungweise ergeben die Wirbel aber auch die Gestalt eines kreisenden Soges, die Form eines umgekehrten Berges. Dieser steht mit der Spitze nach unten und ist in sich leer, während die spiralförmige Strömung seine äußere Gestalt umschreibt. Somit kann man die Engel-Räder in ihrer Wirbelform auch mit umgekehrten himmlischen Bergen vergleichen, die spiralförmig in die Tiefen der irdischen Schöpfung hineinragen. Da sie sich als geistige Wirbel von oben (dem Himmel) nach unten (der materiellen Schöpfung) stürzen, kann die Gestalt der Engel-Räder mit dem Bild lebendiger Säulen assoziiert werden, die in gebündelter Kraft das Haus, den Tempel Gottes und der gesamten Schöpfung, tragen und die Bewegung nicht nur nach unten, sondern wieder zurück zum Himmel geben. In diesem Kontext soll bereits darauf hingewiesen werden, daß die Gestalt der Wirbel eine besondere Entsprechung in den Erscheinungsformen der geistigen Energiezentren des Menschen findet, den sogenannten Chakras (vgl. S. 154f.). Diese Zentren zeigen einen direkten Bezug zu der Gestalt der Wirbel-Engel auf, die in besonderem Maße Träger göttlicher Energieformen sind und ihr Abbild im Energiefeld des Menschen haben.

Das Urbild der Throne in Rad- und Spiralform ist auch symbolhaftes Zeichen und ornamentale Verzierung auf den Flügeln, Gewändern und Schmuckstücken zahlreicher Engeldarstellungen, die anderen Chören zugeordnet sind. Damit wird auf das Wirken der durchdringenden Kraft des Heiligen Geistes auf allen Ebenen hingewiesen.

Die medialen Bilder der bei München lebenden Malerin Gertrud Emde entwickeln sich oftmals aus der Spiralform. Frau Emde, die ihre Bilder durch direkte Anrührung von Engeln entstehen sieht, nennt die Spiralform »Urschrift des Lebens«, die alle Bereiche durchzieht (vgl. S. 165).

Das Abbild der Engel-Räder zeigt sich ebenso in unendlich vielen Formen der Natur wie in Schnecken- und Muschelhäusern, im Gehörgang unserer Ohren, in den zusammengerollten

Engel mit Spiralformen auf den Flügeln.
Nach einer Darstellung aus der Apokalypse des Beatus, 10. Jh.

Blättern der Farne. Es verdeutlicht, daß die elementaren göttlichen Kräfte, die von Engeln repräsentiert und weitergeleitet werden, nicht irgendwelche fernen Sphären durchziehen, sondern in unserer inneren und äußeren Welt lebendig sind und in ihren Entsprechungsformen wahrgenommen werden können.

Die zweite Hierarchie: Herrschaften, Gewalten, Fürstentümer

»Du machst dir die Winde zu Boten und lodernde Feuer zu deinen Dienern« (Psalm 104,4).

Die Engel der zweiten Hierarchie, die »Herrschaften«, »Gewalten« und »Fürstentümer«, erscheinen als personenhafte Mächte, die in die kosmischen Welten hinein die göttliche

Ordnung gestalten. Diesen gewaltigen Engeln wird die Verwaltung des gesamten Universums mit seinen unzähligen Sternensphären zugeschrieben. Ihr Wirken beschränkt sich aber nicht allein auf diese fernen Bereiche, sondern durchdringt die Kräfte der irdischen Natur und somit das Leben der Menschen. Dabei beziehen sich ihre Strahlungsfelder nicht nur auf den Bereich der Materie, sondern entsprechen auch seelischen und geistigen Prozessen im Schöpfungsablauf. Deshalb nennt sie der Apostel Paulus »Weltenlenker«.

Auf der Erde ist diesen Engel unter anderem das Behüten der Elemente Wasser, Feuer, Luft und Erde, der Mineral- und Rohstoffe, aber auch des Wachsens, Blühens und Reifens der Pflanzen anvertraut. Sie sind Engel der Ernte, im Irdischen wie im Geistigen. In der Offenbarung des Johannes erscheinen diese gewaltigen Ernte-Engel in erschreckender Gestalt. »Und ein anderer Engel trat aus dem himmlischen Tempel. Auch er hatte eine scharfe Sichel. Vom Altar her kam noch ein anderer Engel, der die Macht über das Feuer hatte. Dem, der die scharfe Sichel trug, rief er mit lauter Stimme zu: ›Schick deine scharfe Sichel aus und ernte die Trauben vom Weinstock der Erde! Seine Beeren sind reif geworden.‹ Da schleuderte der Engel seine Sichel auf die Erde, erntete den Weinstock der Erde ab und warf die Trauben in die große Kelter des Zornes Gottes« (Offenbarung 14,17–19).

Dem Aspekt der »Herrschaften« entspricht das Hineintragen und Verwirklichen der weisheitsvollen Gesetze von Schönheit und Harmonie in das Leben und Wirken der Schöpfung. Die »Gewalten« stehen als fünfter Engelchor in der Mitte zwischen oberen und unteren Engelwelten. Daher tragen sie die Dynamik, Kraft und Spannung der göttlichen Energieströme in alles Geschöpfliche. Den »Fürstentümern« ist die Verwaltung von Sternenwelten, Schöpfungsgebieten, Erdteilen, Ländern und Regionen anvertraut[43].

In bildreichen Botschaften aus den jenseitigen Welten hat der Geist eines verstorbenen Mannes mit dem Namen Josef zahlreiche Hinweise zum Engelwirken gegeben (ca. zwischen 1950 und 1975). Diese wurden von der Geistigen Loge in Zürich aufgezeichnet und veröffentlicht. In einer seiner Durchgaben beschreibt der Geist Josef die Tätigkeiten der Naturengel in geistiger Schau. Sie gehen aus von dem Altar Gottes, der im Hause Gottes steht[44]. Um diesen sind die schönsten Engel in reichem Glanz und in geschmückter Pracht versammelt. In ihrer Mitte ist Christus. In der Nähe des Altars stehen auch vier weiß gekleidete Engel. Ihre Gewänder scheinen wie von farbigem Tau. In ihren Händen tragen diese besonderen Engel goldene Schalen, in die über dem Altar eine goldene Flüssigkeit gegossen wird. Christus ruft diese Engel zu sich und gibt ihnen Anweisungen. Den einen Engel sendet er als Luftengel zur Erde, die anderen als Wasser-, Licht- und Sonnenengel. Ihre Schalen sind gefüllt mit göttlichen Kräften, die in die geistigen Felder der Menschen hineingetragen werden sollen.

Der Sonnenengel schüttet Fröhlichkeit, Lieblichkeit und Freundlichkeit in die Herzen der Menschen. Ein anderer Engel trägt heilende Kräfte in die frische Luft. Der Wasserengel schenkt dem Wasser Glanz und reinigende Fähigkeiten, die den Menschen an Leib und Seele erneuern. Der Engel des Lichtes gießt Licht auf das Tun der Menschen, um die guten Taten zu erhellen.

Auf der Suche nach Erscheinungsformen der zweiten Hierarchie ist auffallend, daß diese zwar in der christlichen Engellehre einen festen Platz einnehmen, in der Mystik jedoch selten von ihnen gesprochen wird. Finden sich Visionen der Herrschaften, Gewalten und Fürstentümer, so sind diese meist im direkten Zusammenhang mit der seelischen und geistigen Entwicklung des Menschen gesehen und weniger mit den Naturkräften und kosmischen Gewalten[45].

Durch die großen Schwierigkeiten des sich ausbreitenden Christentums, sich von den zahlreichen Kulten der antiken Religionen abzugrenzen, in denen die Anrufung und Verehrung der Natur- und Sternengottheiten einen wesentlichen Bestandteil bildete, wurde offenbar eine Verdrängung der Elementar-Engel eingeleitet. Von den zum Christentum übergetretenen Römern und Germanen wurden die Gestalten ihrer Naturgötter sehr schnell mit den Weltenengeln identifiziert, was rasch zur Ausbreitung zahlreicher Engelkulte führte, in denen die Mysterienkulte der alten Religionen im neuen Gewand Einlaß finden konnten. Das Christentum versuchte aber eine neue Einstellung zu den Engeln der zweiten Hierarchie zu vermitteln. Ihre Gunst sollte nun nicht mehr mit

Opfern und magischen Praktiken beschworen werden, sondern sie wurden jetzt als geistige Brüder und Schwestern im Erlösungswerk von Jesus Christus gesehen. Schon der Apostel Paulus verwahrt sich gegen die Anhänger der Engelverehrung[46]. Im Laufe der Jahrhunderte kämpfen die Vertreter der Kirche immer wieder mit allen Mitteln gegen das sogenannte heidnische Brauchtum an, so daß die Herrscher der Elemente in den Volksglauben, in die Märchen, Sagen und Mythen abgedrängt werden. Dort begegnen uns diese machtvollen Engel in der Gestalt von Gebietern und Gebieterinnen über die Elemente, als liebevolle Hüter von Wald und Flur. Dort erscheinen sie den Menschen, sprechen in vielerlei Gestalt zu ihnen.

Zur weiteren Verdrängung der himmlischen Schöpfungsverwalter aus dem Bewußtsein hat die Beherrschung von Naturkräften und die mit ihr verbundene Zerstörung des menschlichen Lebensraumes seit dem Beginn der Neuzeit geführt, die mit einer wachsenden Entfremdung von der eigenen Natur, der eigenen Körperlichkeit, einhergegangen ist[47].

In der christlichen Kunst werden die Herrschaften, Gewalten und Fürstentümer zumeist in menschlicher Gestalt, mit einem Flügelpaar und mit Rüstung und Helm bekleidet dargestellt. Diese Attribute weisen darauf hin, daß sie neben ihren kosmischen auch noch kämpferische Aufgaben haben. Sie verteidigen die göttliche Schöpfungsordnung gegen jene Engel, die sich nach christlicher Deutung den Heerscharen Luzifers angeschlossen haben und nun zum Schaden der Menschen die zerstörerischen Natur- und Elementarkräfte entfesseln. In dem Ringen, die entweihte Natur in allen Bereichen zu heilen und zu versöhnen und damit zu erlösen, wird eine besondere Entsprechung der zweiten Hierarchie zum Wirken von Jesus Christus sichtbar.

Im Märchen »Die Schneekönigin« beschreibt Hans Christian Andersen das hilfreiche Wirken der Naturkräfte in Engelgestalt: Auf der Suche nach Karl, dem geliebten Gefährten ihrer Kindheit, gelangt das kleine Gretchen zum Schloß der Schneekönigin. Karl ist dort in Kälte und Herzensverblendung zum Gefangenen der Schneekönigin (Sinnbild der Illusion und Täuschung) geworden, ohne sich seiner Situation bewußt zu sein.

Im Garten der Schneekönigin »stand das arme Gretchen ohne Schuhe, ohne Handschuh, mitten in dem fürchterlich eiskalten Finnmarken. Sie lief vorwärts, so schnell sie konnte; da kam ein ganzes Heer von Schneeflocken, aber sie fielen nicht vom Himmel herunter, der war klar und glänzte von Nordlichtern. Die Schneeflocken liefen gerade auf der Erde hin, und je näher sie kamen, desto größer wurden sie. Gretchen erinnerte sich noch, wie groß und künstlich sie damals ausgesehen hatten, als sie die Schneeflocken durch ein Brennglas betrachtet hatte, aber hier waren sie wahrlich noch viel größer und fürchterlicher, sie waren lebend, sie waren der Schneekönigin Vorposten. Sie hatten die sonderbarsten Gestalten; einige sahen aus wie häßliche, große Stachelschweine, andere wie ganze Knoten, gebildet von Schlangen, die nach allen Seiten ihre Köpfe hervorstreckten, ... alle glänzten weiß, alle waren lebendige Schneeflocken.

Da betete das kleine Gretchen, und die Kälte war so groß, daß sie ihren eigenen Atem sehen konnte; der wurde immer dichter und dichter und gestaltete sich zu kleinen, klaren Engeln, die mehr und mehr wuchsen, wenn sie die Erde berührten, und alle Helme auf dem Kopf und Spieß und Schild in den Händen hatten. Ihre Anzahl wurde größer und größer, und als Gretchen ihr Gebet beendet hatte, da war ein ganzes Heer um sie; sie stachen mit ihren Spießen gegen die greulichen Schneeflocken, so daß diese in hundert Stücke zersprangen, und das kleine Gretchen ging ganz sicher und froh vorwärts. Die Engel liebkosten ihre Hände und Füße, da fühlte sie weniger, wie kalt es war, und ging rasch gegen der Schneekönigin Schloß vor.«[48]

Die dritte Hierarchie: Mächte, Erzengel, Engel

Die Chöre der dritten Hierarchie bilden das Fundament des Himmelsgebäudes in der irdischen Welt. In die Gebundenheit der Materie tragen die Mächte (auch Kräfte genannt), die Erzengel und die Engel, die göttliche Liebe, Weisheit und Lebenskraft.

Sie gelten bereits in den Überlieferungen der Antike und der jüdischen Tradition als Streiter des Lichts gegen die Finsternis, wobei Finsternis im Christentum mit den personenhaften Wesen der gefallenen Engelscharen Luzifers identifiziert wird[49].

Nach Ansicht des steiermärkischen Mystikers Jakob Lorber (1800–1864) ist die Materie Folge des Engelsturzes, in dem sich der größte von Gott geschaffene Lichtträger in Eigenwillen und Hochmut gegen seinen Schöpfer erhob und sich mit einer unzähligen Engelschar von ihm abtrennte. Zu der sichtbaren Materialisation der Weltenschöpfung schreibt Lorber, durch die göttliche Stimme in seinem Herzen inspiriert: »Sehet, so wie die Menschen durch die Eigenliebe, die Selbstsucht, den Hochmut und die daraus hervorgehende Herrschsucht derartig aller Materie voll werden, daß sie viele Tausende von Jahren hindurch sich nicht völlig davon zu befreien imstande sein werden – ebenso gab es dereinst auch urgeschaffene Geister, die durch den ihnen verliehenen Reiz zu eigenliebig, selbstsüchtig, hochmütig und am Ende herrschsüchtig wurden. Die Folge davon war, daß sie sich in Materie verwandelten. Sie haben sich abgesondert in große Vereine und stellten sich in für euch undenkbar großen Entfernungen auf. Ein jeder Verein wollte von dem zweiten nichts mehr hören, sehen und erfahren, um nur der Eigenliebe so recht frönen zu können. Durch dieses stets wachsende Eingehen in die Eigenliebe und Selbstsucht, in den dadurch mehr und mehr erwachten Hochmut und in eine absolute Herrschsucht schrumpften die zahllos vielen Lebensformen endlich nach dem Gesetz der Schwere, das sich aus der Eigenliebe und Selbstsucht entwickelte, zu einem übergroßen Klumpen zusammen.«[50] Dennoch, so lesen wir weiter in den Schriften Lorbers, verstößt Gott die gefallenen Engel nicht. Aus den zahllosen, sich in Äonen verdichtenden Urnebelwolken der Materie gestaltet er in seiner Liebe und Weisheit die materielle Weltenordnung als sichtbare, wunderbare Neuordnung zu göttlichen Entwicklungs- und Heilszwecken[51].

In diesen Grenzbereichen zwischen »Himmel und Hölle«[52], zwischen Gut und Böse wirken die Engel der dritten Hierarchie mit dem Ziel, Liebe, Erkenntnis und Kraft den Seelen und Wesen zu bringen, die noch in der Dunkelheit leben, denjenigen Unterstützung zu geben, die nach dem Licht suchen.

Der schon genannte Geist Josef schildert in einer eindringlichen Botschaft aus dem Jenseits, wie er aus den geistigen Welten ein gewaltiges Heer auf der Erde wirken sieht, das nicht von Gott eingesetzt ist und keine Liebe, Güte und Barmherzigkeit kennt. Während diese Kräfte am Wirken sind, kommen auch Gottes Engel zu den Menschen und streuen dort ihren Samen aus. Ebenso gehen die Mächte der Finsternis über die Erde und säen Unkraut. Doch Gott gestattet seinen drängenden Engeln nicht, das Unkraut sofort auszureißen. Erst wenn die Zeit der Ernte kommt, ist eine Unterscheidung zwischen Frucht und Unkraut wirklich möglich. Dann werden die guten Früchte von den Engeln in die Scheunen gebracht, das Unkraut wird gesondert gesammelt und ins Feuer geworfen[53].

Damit wird ein weiterer Aspekt der den Menschen so nahen Engel angesprochen. Das Feuer, in das das »Unkraut« geworfen werden soll, entspricht den Sphären der Läuterung, dem glühenden Feuer der Reue, in dem die Menschenseele durch Umwandlung gereinigt wird, um der Liebe Gottes näher zu kommen.

Die Engel der dritten Hierarchie erfüllen ihre Aufgabe in drei Schritten: Die Mächte lenken die Ströme des Lebens und der göttlichen Liebe in die Schöpfung, die Erzengel verwalten alle Phasen der irdischen, seelischen und geistigen Entwicklung der Menschheit, und die Schutzengel begleiten jeden einzelnen Menschen[54]. Da die Engel der dritten Hierarchie den göttlichen Erlösungswillen an die Erde und die Menschheit vermitteln, werden sie auch »Ring der Erlösung« genannt.

Zahlreiche Menschen haben die Verbundenheit mit ihren Schutzengeln und Erzengeln gespürt und intensive Begegnungen mit ihnen gehabt. In ihren Erscheinungsformen spiegeln die Engel göttliche Wahrheiten in den verschiedensten Aspekten wider. Von ihren Erscheinungsweisen und ihrer Gestalt wird im folgenden die Rede sein.

Erscheinungsebenen

Der Engel des Herrn sagte zu Habakuk:
Bring das Essen, das du in der Hand hast,
dem Daniel nach Babylon in die Löwengrube!
Habakuk antwortete: Herr, ich habe Babylon nie gesehen,
und die Grube kenne ich nicht.
Da faßte ihn der Engel des Herrn am Schopf,
trug ihn an seinen Haaren fort und versetzte ihn
mit der Gewalt seines Geistes nach Babylon
an den Rand der Grube.

Daniel 14

Engelwahrnehmungen

Im Gegensatz zu Traum- und Märchenbildern, die aus dem kollektiven Unbewußten auftauchen, bewegen sich die Wahrnehmungen von Engeln auf fast allen Schichten des menschlichen Bewußtseins und sinnlichen Erlebens. Das Urbild des Engels scheint von solcher Kraft und Intensität, daß es, aus den innersten Bereichen der Seele und des Geistes aufstrahlend, sich bis in die materiellen Erscheinungsebenen hinein manifestiert und sogar mit allen Sinnen wahrnehmbar ist.

In den vorliegenden Berichten zeigen sich folgende Wahrnehmungsebenen:

- im Traum,
- im sogenannten Wachtraum im Grenzbereich zwischen Schlaf und Wachbewußtsein,
- während eines Versenkungszustandes in Gebet, Meditation und Kontemplation,
- in wacher Schau (Vision), in der geistige Einsichten und unklare Erlebnisse ausgeleuchtet werden,
- in imaginativer Vision, in der der Visionär die Engel sieht, hört, ihre Berührung spürt,
- in direkter körperlicher Anschauung, wo der Engel körperlich anwesend ist und auch von anderen Personen sichtbar und fühlbar erlebt werden kann[1].

Auf allen diesen Ebenen wird das Erleben eines Engels durch die subjektive Wahrnehmung des Schauenden mit beeinflußt von seinem historischen, kulturellen und religiösen Hintergrund, der individuellen Biographie und aktuellen Situation. Dazu gehören auch die sprachliche Fähigkeit des Betreffenden, das Erlebte in Worte zu kleiden, und die spezifische Interpretation durch denjenigen, der es aufzeichnet[2]. Dennoch, und das ist das Phänomen bei Engelerfahrungen, finden sich durch die verschiedenen Jahrhunderte und über kulturelle Begrenzungen hinweg immer wieder Schilderungen von Engelerscheinungen, die zahlreiche Gemeinsamkeiten aufzeigen. Die formenden Kräfte, die durch alle Beschreibungen von Engelbegegnungen hindurchscheinen, haben in sich etwas Eigenes, Lebendiges. Sie inspirieren den wahrnehmenden Menschen zum Wachsen, zu inneren Reifungsprozessen. Dabei tut die Subjektivität der Engelwahrnehmungen ihrem

Wirklichkeitsgehalt keinen Abbruch, wie Lama Govinda im Hinblick auf die Kraft innerer Schaubilder ausführt. »Sie sind keine Halluzinationen, denn ihre Realität ist die Realität der menschlichen Psyche. Sie sind die Symbole, in denen die höchsten Erkenntnisse und Bestrebungen des menschlichen Geistes verkörpert sind. Ihre Visualisierung ist der schöpferische Vorgang geistiger Projektion, wodurch inneres Erleben in sichtbare Form verwandelt wird.«[3]

Die inneren Kräfte, die durch die Erscheinungsweisen der Engel in Zeit und Raum, ihre sinnliche Wahrnehmung in Stimme, Berührung und Gestalt zum Ausdruck kommen, sind Gegenstand der folgenden Ausführungen.

Ansprache und Sprache

Engel erscheinen nicht nur, sie sprechen auch. In Träumen, Visionen, aber auch im Wachbewußtsein vermitteln sie ihre göttliche Botschaft, indem sie sie in menschliche Sprache kleiden, damit sie gehört und verstanden wird. Mit der Aufforderung »Fürchte dich nicht«[4] oder mit einem Gruß sprechen sie ihr Gegenüber an. Diese Direktheit im Umgang mit dem Menschen und die Möglichkeit, miteinander Gespräche zu führen, ist von dem schon genannten schwedischen Mystiker Emanuel Swedenborg immer wieder reflektiert worden, zumal er zahlreiche Gespräche mit den verschiedensten Engeln führte. Er schreibt: »Weil sich aber der Mensch vom Himmel getrennt hat, ist vom Herrn vorgesehen worden, daß sich bei jedem Menschen Engel und Geister aufhalten, durch die der Mensch vom Herrn regiert wird, daher besteht eine so enge Verbindung... Die Rede eines Engels oder Geistes mit dem Menschen wird ebenso laut vernommen wie die zwischen zwei Menschen, freilich nicht von denen, die dabeistehen, sondern nur von ihm selbst. Der Grund liegt darin, daß die Rede des Engels oder Geistes zuerst in das Denken des Menschen einfließt und auf dem inneren Wege in sein Gehör gelangt, dieses von innen her bewegend. Die menschliche Sprache dagegen erreicht über die Luft und so auf dem äußeren Weg sein Gehör, es von außen her in Schwingung setzend. Daraus geht hervor, daß die Rede des Engels und Geistes mit dem

Menschen im Menschen gehört wird und, da sie ebenfalls die Gehörorgane bewegt, ebenso deutlich.«[5] Das innere Hören der Engelworte und die Intensität ihrer Sprachkraft wirken auf die geistigen Zentren des Körpers (Chakras), die sich dadurch öffnen und in Vibration geraten. Durch die Ausstrahlung der Engelworte öffnet sich oftmals auch das innere Ohr von anwesenden Personen, die dann die gleichen Worte mithören, erleben und wiedergeben können[6].

Neben zahlreichen Berichten von Engelbegegnungen, in denen die Engel mit Menschen in der Sprache der jeweiligen Zeit lange Gespräche führen oder in einfachen Worten Hilfe und Trost schenken[7], finden sich in allen Jahrhunderten auch Überlieferungen von Engelbotschaften, die in rhythmischen Versen und in symbolischer Sprache gehalten sind. Das Sprechen in Reimen galt in vielen Kulturen als Zeichen göttlicher Inspiration; Poesie und Dichtung formten sich während kultischer Feiern[8]. Platon schreibt: »Alle guten Dichter verfassen ihre Gesänge nicht als Künstler, sondern von Gott ergriffen oder besessen. Ebenso verhält es sich mit den Lyrikern... Sobald sie in Harmonie und Rhythmus verfallen, geraten sie außer sich...«[9]

So beeinflußte nach der germanischen Mythologie Gott Odin, der in christlicher Zeit mit dem Erzengel Michael identifiziert wurde[10], die Sprachkraft der Sänger, die unter unmittelbarer Inspiration ihre Dichtungen im Stabreim formulierten. Nur durch intensive, langjährige Schulung gelangten die Sänger zu Versen, wie sie zum Teil in den Liedern der Edda überliefert sind. Im Trancezustand verband sich Odin mit dem Sänger und sprach unmittelbar durch ihn. Als Genius der nordischen Sprache formte er ihre Rhythmen und Worte und wirkte damit auf die Zuhörenden ein. »Der Zweck des Rhythmus besteht in der Verlängerung des Augenblicks der sinnenden Betrachtung, des Augenblicks, in dem wir zugleich träumen und wachen. Das ist der einzig schöpferische Augenblick, da er uns mit einem verlockenden Gefühl der Gleichförmigkeit zum Schweigen bringt und doch zugleich durch einen ständigen Wechsel wach erhält und uns in einem vielleicht

Hans Memling, Die Verkündigung, 1482

tatsächlich eintretenden Trancezustand dahindämmern läßt, in dem sich das Gemüt, befreit vom Drang des Willens, in Sinnbildern entfalten kann.«[11] In diesem Zustand der beginnenden Trance werden die Kontrollmechanismen des Bewußtseins zurückgedrängt, wird die Seele frei, um Bilder und Worte aus ihren Tiefen aufsteigen zu lassen, können Engel und geistige Wesenheiten ihre Botschaft in die geöffnete Seele des Menschen hineingießen. Wie aus einem gefüllten Gefäß fließen die Engelworte aus dem Menschen heraus, erlebt und vermittelt er Bilder von ungeahnter Dichte, beginnt er zu singen und zu tanzen.

In einem Lied hat Odin seine enge Verbindung zu den Menschen und sein Wirken als Sprachformer ausgesprochen:

»Ich weiß, daß ich hing am windigen Baum
neun Nächte lang,
mit dem Ger verwundet, geweiht dem Odin,
ich selbst mir selbst,
an jenem Baum, da jedem fremd,
aus welcher Wurzel er wächst.

Sie spendeten mir nicht Speise noch Trank;
nieder neigt ich mich,
nahm auf die Stäbe, nahm sie stöhnend auf,
dann stürzte ich herab.

Zu wachsen begann ich und wohl zu gedeihn,
weise ward ich da,
Wort mich von Wort zu Wort führte,
Werk mich von Werk zu Werk führte.«[12]

Nora Chadwick, die in ihrem Buch »Poetry and Prophecy« die Verbindungen zwischen mündlich überlieferter Literatur und Schamanentum beschreibt, kommt zu der Schlußfolgerung: »Es hat den Anschein, daß die Dichtung – d. h. die Verbindung von Rhetorik und Musik – die Sprache des Gebets und der Magie und jeder Art von Kommunikation zwischen Menschen und Geistern ist.«[13]

Bis in die Neuzeit hinein waren sich Dichter und Volkssänger auch in der abendländischen Kultur der Nähe himmlischer Wesenheiten bewußt. Johannes Scheffler (1624–1677), der sich entsprechend seinem geistigen Auftrag »Angelus Silesius«, schlesischer Bote, nannte, verfaßte seine Reime oft innerhalb kürzester Zeit, was er dankbar als Inspiration durch Gott und seine Boten annahm[14]. »Ich kann überhaupt jedes Lied singen«, erklärt ein berühmter kirgisischer Volksdichter dem Forscher Radloff gegen Ende des 19. Jahrhunderts, »denn Gott hat mir diese Gesangesgabe ins Herz gepflanzt. Er gibt mir das Wort auf die Zunge, ohne daß ich zu suchen habe, ich habe keines meiner Lieder erlernt, alles entquillt meinem Innern, aus mir heraus.«[15]

Die Verbindung eines Engels mit einem Menschen, die so eng wird, daß der Engel nicht nur zum, sondern durch den Menschen spricht und ihn zum Vermittler göttlicher Worte macht, ist von Gitta Mallasz in ihren Aufzeichnungen der Engelbotschaften geschildert worden. Hannah, ihre Freundin, wird im Juni 1943 in einem persönlichen Gespräch mit Gitta über existentielle Fragen von einer geistigen Kraft ergriffen, einem Engel: »Ich höre Hannahs Stimme, aber gleichzeitig weiß ich mit völliger Gewißheit, daß sie jetzt nur ein Werkzeug ist. Ich habe das Gefühl, den, der diese strengen Worte zu mir spricht, zu kennen, und bin dementsprechend nicht so sehr erstaunt, sondern fühle, daß etwas ganz Natürliches, das geschehen mußte, nun endlich geschieht. Ein helles Licht erfüllt mich, aber es ist nichts Beglückendes dabei. Im Gegenteil: Es beleuchtet in unbarmherziger Klarheit meine dunklen Seiten und ich bin gezwungen, mich selbst ohne Lüge zu sehen . . . Ich bin tief erschüttert.«[16] »Während der Gespräche waren wir von einem spürbaren Kraftfeld umgeben, das von einer bisher unbekannten Intensität war und jede Zelle unseres Körpers zu erfassen schien. Wir fühlten uns von einer unbekannten Kraft durchdrungen. Manche Worte hatten beinahe greifbare Qualität und prägten sich uns so tief ein, daß es unmöglich war, sie zu vergessen.«[17] In der immer enger werdenden Verbindung von Hannah mit den Engeln verdichtet sich mehr und mehr der Rhythmus der Engelbotschaften, die in ihrer ungarischen Muttersprache übermittelt werden. Die Engel wählen Worte von archaischer Einfachheit und vermeiden Abstraktionen wie philosophische Begriffe. Sie offenbaren eine nicht mehr wahrgenommene Tiefe und Bildhaftigkeit der Sprache, die unmittelbar das Gefühl berührt. Dabei werden wichtige Aussagen in kurze Verse gefaßt, die sich, Mantras ähnlich, intensiv einprägen.

Ein solcher Anruf durch geistige Kräfte und innere Bilder wird im Buddhismus als »Hörbefreiung« oder Befreiung durch Hören bezeichnet. Nur wer die inneren wie äußeren Ohren bereithält, kann den Ruf der Erlösung vernehmen – wie hier durch die Engel – und auf dem Weg zur geistigen Vervollkommnung voranschreiten[18]. Im Zwiegespräch, im gegenseitigen Erfahren kommen sich Engel und Mensch näher, verbinden sich Himmel und Erde.

»Das Ziel ist nicht oben und nicht unten.
Er wohnt nicht oben und nicht unten.
Sein Platz ist das Ganze.
Das Ziel ist die Vereinigung.
Ohne die Vereinigung lebt nichts.
In die Materie versinken – ist Tod.
In den Geist entschweben – ist gewesen.
Jetzt aber formt sich der Bogen: Die Vereinigung.«[19]

Engelnamen

In ihrer Sendung erhalten die Engel Namen, die unterschiedliche Aspekte des Göttlichen widerspiegeln und Ausdruck der jeweiligen Aufgabe sind. Die Engel, die in den späten Schriften des Alten Testaments mit hebräischem Namen genannt werden, sind:

Michael – »Wer ist wie Gott« (Daniel 10,13.21; 12,1; Judith 9; Offenbarung 12,7),

Gabriel – »Kraft Gottes« (Daniel 8,16; 9,21; Lukas 1,19.26),

Raphael – »Gott heilt« (Tobias 3,17; 5,4, 12,15)[20].

Der Gottesname »El«, den die Erzengel in der Endsilbe führen, verweist auf ihre enge Zugehörigkeit zu Gott, von dem ihre Wirkung ausgeht. Die Übersetzung der Engelnamen ins Deutsche zeigt, daß die Namen die Wirkungsfelder der Engel nicht eingrenzen, sie lassen vielmehr ein weites Spektrum offen.

Der Name Michael »Wer ist wie Gott« umfaßt die Bereiche der Anbetung und Verherrlichung im Hinblick auf die Wesenheiten, die Gott nicht anerkennen.

Der Name Gabriel »Kraft Gottes« verweist auf die Macht Gottes als Heiliger Geist, der als Lebensstrom die gesamte Schöpfung durchzieht.

Der Name Raphael »Gott heilt« deutet auf die erlösenden Kräfte Gottes hin, die in die gefallene Schöpfung hinausstrahlen.

Die Namen anderer Engel, die sich in älteren Überlieferungen finden, werden vor allem in der apokryphen Literatur erwähnt; allein das jüdische Henochbuch nennt an die 150 Engelnamen, von denen einige ursprünglich in den Bereich der christlichen Engelverehrung eingegangen sind[21]. Dazu gehörte die im frühen Christentum praktizierte Anrufung der sieben Erzengel. Mit Mißtrauen und Argwohn sahen die offiziellen Kirchenvertreter jedoch ein heimliches Weiterleben antiker Mysterienkulte in der verbreiteten Engelverehrung, in der sich astrologisches und magisches Wissen mit christlichem Gedankengut vermischte. Daher verbot das Konzil von Rom (745) den Gläubigen, die Engel Uriel, Raguel, Adimis, Tophoaas, Sybaoth und Simiel anzurufen. Nur die Engel Michael, Gabriel und Raphael durften weiterhin namentlich in Gebeten erwähnt werden, da ihre Namen in den biblischen Schriften überliefert sind. Auf dem fränkischen Konzil von Aachen (789) wurde diese Entwicklung verstärkt und die namentliche Anrufung anderer Engel im gesamten Karolingerreich mit dem Bann belegt[22]. Die geistige Kraft, die mit der Anrufung von Engelnamen einhergeht, war also durchaus bekannt. Da aber diese Praxis eine Tendenz zur Verselbständigung aufwies, die die alles überragende Gestalt des Christus in den Hintergrund zu drängen drohte, wurde sie den Gläubigen untersagt. Damit wurde aber auch viel bedeutungsvolles Wissen über die Engel in den religiösen »Untergrund« verdrängt und geriet nach und nach in Vergessenheit. Diese historische Entwicklung mag dazu beigetragen haben, daß aus dem Bereich christlicher Engelerscheinungen nur wenige Namen der Engel überliefert sind, zumal in den Schriften des Alten Testaments Engel selten bereit sind, ihren Namen zu nennen, und dieser ein Geheimnis bleibt.

In der hebräischen Tradition wie in anderen alten Kulturen besteht ein inniger Zusammenhang zwischen der Seele eines Menschen oder auch Engels und seinem Namen. Die gesamte Persönlichkeit mit ihren Besonderheiten und ihrer spezifischen Identität wird im Namen gegenwärtig. Die Kenntnis des Namens bedeutet, eine Vertrautheit mit dem anderen zu erlangen, die Einblick und Macht über ihn gewährt.

Im Alten und später im Neuen Testament ist »es ein Geschehen von größter Vollmacht und Bedeutung, wenn jemand etwas im Namen eines anderen tut oder dessen Namen anruft, dann bedeutet dies, seine Person wirksam zu vergegenwärtigen. Man erfüllt einen Namen mit Leben, sobald man ihn anruft. Der Name ruft augenblicklich die Seele dessen herbei, der durch diesen Namen bezeichnet wird; deshalb kommt der bloßen Erwähnung eines Namens so große Bedeutung zu. Wenn all dies schon für menschliche Namen gilt, dann in unvergleichlich höherer Weise auch für den göttlichen Namen.«[23]

Diese Aussage enthält auch die biblische Erzählung vom Kampf Jakobs mit einem Engel an einem Flußufer, der eine ganze Nacht bis zum Morgen dauert. Am Ende des Kampfes, in dem Jakob nicht besiegt wird, sagt der Engel: »Laß mich los; denn die Morgenröte ist aufgestiegen. Jakob aber entgegnete: Ich lasse dich nicht los, wenn du mich nicht segnest. Jener fragte: Wie heißt du? Jakob, antwortete er. Da sprach der Mann: Nicht mehr Jakob wird man dich nennen, sondern Israel (Gottesstreiter); denn mit Gott und Menschen hast du gestritten und gewonnen. Nun fragte Jakob: Nenne mir doch deinen Namen! Jener entgegnete: Was fragst du mich nach meinem Namen? Dann segnete er ihn« (1. Mose 32,27–30). Diese Nacht des Ringens mit dem Engel, der seinen Namen nicht nennt, macht aus Jakob an einem Wendepunkt seines Lebens einen neuen Menschen. Sein alter Name wird nun abgelegt. Die ins Heimatland führende Furt durch den Fluß durchschreitet er jetzt mit dem neuen Namen Israel, den ihm der Engel gebracht hat.

Im Buch Richter fragt Manoach den Engel des Herrn nach seinem Namen, der ihm die Geburt eines Sohnes ankündigt. Der Engel erwidert: »Warum fragst du mich nach meinem Namen? Er ist wunderbar« (Richter 13,18).

Von der Unwilligkeit der Engel, ihren Namen zu nennen, berichtet auch Teresa von Avila in ihren Engelvisionen: »Sie nennen mir zwar ihre Namen nicht, aber ich sehe gut, daß im Himmel zwischen den einen und den anderen ein unaussprechlicher Unterschied ist.«[24] Dadurch, daß die meisten Engel ihren Namen nicht nennen, stellen sie ihre geistige Individualität hinter die Botschaft zurück und verstärken sie noch durch ihre Erscheinungsweisen (wie z. B. durch Zeit, Raum, Ort, Kleidung). So verweisen die Engel allein auf Gott, von dem sie gesandt sind. Sie zeigen damit dem Menschen, daß es die Kräfte Gottes sind, die durch sie wirken, daß seine Strahlung ihre Aufgabe bestimmt. So geht es nicht um die Anbindung an ihre Person, sondern die Einbindung in den göttlichen Willen, denn sie sind »Engel des Herrn«.

Auch in den Aufzeichnungen von Gitta Mallasz, in denen Gespräche mit verschiedenen Engeln niedergeschrieben sind, nennen sich die Engel nicht mit ihrem wahren geistigen Namen, sondern in bezug auf ihre Aufgabe als der »Helfende«, der »Messende«, der »Strahlende«, der »Bauende«. Nur ein einziger Engel, schreibt sie, gab das Geschenk seines Namens: »Ich weiß nicht, warum er als einziger unter den Engeln seinen Namen enthüllen durfte. Der wahre Name hat für mich etwas Geheimnisvolles. Er hat magische Kraft, denn er enthält das Wesentliche des Benannten.«[25] Der Engel, der sich nach seinem geistigen Zustand »Morgen« nennt, spricht:

»Ich geb dir meinen Namen.
Namen haben nur Einsame.
Sei Licht! Name ist keine Pflicht.
Name ist Same.
Heut geb ich dir meinen Namen.
Mein Name ist ›Morgen‹
ewig und ewiglich.«[26]

Im Sinne dieser Ausführungen erscheint es nicht als Widerspruch, wenn einzelne Menschen – zumeist von ihren Schutzengeln – deren Namen erfahren, weil sie mit diesen in ständiger Verbindung stehen[27]. Denn diese Namen repräsentieren höchstwahrscheinlich nicht den wahren geistigen Engelnamen, sondern charakterisieren dessen jeweiligen Auftrag für den betreffenden Menschen. Daher ist es von besonderem Interesse, daß Menschen, die mit ihrem Schutzengel bewußt zusammenwirken, die Namen dieser Engel kennen. Dann leben sie mit dem Auftrag »ihres« Engels, der nicht nur sie unterstützt, sondern der auch von ihnen unterstützt wird. Dabei geht es um das bewußte Zusammenwirken menschlicher und himmlischer Kräfte, die auf Gott gerichtet sind.

Ein Engel, dessen geistiger Name dem Menschen nicht bekannt ist, kann von diesem auch nicht festgelegt oder eingegrenzt werden. Denn eine Fixierung auf bestimmte Erscheinungsformen und Inhalte kann in der geistigen Entwicklung Stillstand oder sogar Verhärtung bedeuten, weil die unendlichen Möglichkeiten des göttlichen Geistes dadurch oft nicht mehr wahrgenommen werden. So liegt im Hinweis auf die ungenannten Engelnamen auch die Aufforderung, die göttliche Ansprache in ihrer Vielfältigkeit zuzulassen und jenseits von festgelegten Kategorien sich dem Reichtum des göttlichen Wirkens zu öffnen.

Engel, die als Mittler vom Himmel zur Erde kommen, lassen sich nicht festhalten, wenn ihre Aufgabe beendet ist; darauf verweisen ihre ungenannten Namen.

Berührungen

In allen Kulturen finden sich Berichte darüber, daß geistige Wesen den Menschen auch körperlich berühren. Selbst wenn Engel, nur dem geistigen Auge sichtbar, als transzendente Lichtgestalten wahrgenommen werden, strahlen sie doch in solcher Intensität Energie aus, daß dies beim Menschen als Körperberührung spürbar wird.

In den Erzählungen von Engelberührungen ist auffallend, daß sie sich auf sehr elementaren Empfindungsbereichen bewegen, die an Erlebnisse aus der frühen Kindheit erinnern, wie umhüllen, tragen, emporheben, oder ihre Erlebnisqualität innigen Liebesverbindungen ähnelt, wie küssen, fliegen, durchdringen, durchstrahlen.

Im seelischen Zustand von Kälte, Fremdheit, Ausgeliefertsein und Verlassenheit, der besonders den Körperempfindungen neugeborener Kinder[28] nahekommt, wird die Berührung der Engel häufig wie die eines liebevollen Helfers gespürt, der dem frierenden (Seelen-)Leib Wärme und Geborgenheit bringt. Dieses Umhülltwerden wird öfter mit dem Bild eines schützenden Mantels assoziiert, der auch Verbindungen zum Schutzmantel der Muttergottes nahelegt.

Als die Mystikerin Christina von Köln (gest. 1312) nachts von Ängsten gequält und großen Schmerzen ausgesetzt ist und hilflos wie ein Kind daliegt, spürt sie die Berührung der Engel, die sie in einen sehr warmen, aber leichten Mantel hüllen: »Mit ihren körperlichen Augen sah sie die Engel und den Mantel nicht. Wohl aber spürte sie wirklich die Wärme, die Lindheit und die Bedeckung des Mantels, und die pflegliche Sorgfalt und die Trostworte der Engel empfand sie geistig, mit der Kraft der Gewißheit in ihrem Herzen.«[29]

Die Heilige Agnes (gest. 304) wird der Legende nach im Alter von dreizehn Jahren der öffentlichen Vergewaltigung preisgegeben. Da das fromme Mädchen sein Leben Christus weihen möchte, hat sie den Heiratsantrag des Sohns des Prokonsuls abgelehnt, was ihr im Rahmen der Christenverfolgung die Verurteilung zur öffentlichen Schändung einträgt. Als sie vollkommen nackt über die Straße in ein Bordell geführt wird, läßt Gott ihre Haare in dichten Locken wie einen Mantel über den Körper wachsen. Am Ort ihres Leidens erwartet sie ein Engel, der ihr ein Oberkleid reicht »weißer als Schnee«[30], das sie vor den Blicken der wartenden Männer verhüllt.

Häufig taucht auch das Empfinden des Emporhebens und Getragenwerdens durch die Engel auf. Hier liegen enge Bezüge zu Kindheitserlebnissen nahe, als Eltern oder Freunde das Kind, das noch nicht laufen konnte, über Schwellen oder Treppen emporgehoben und in andere Räume getragen haben. So wird die Empfindung des Emporgehobenwerdens insbesondere beim Eintreten in veränderte Bewußtseinszustände beschrieben, die ohne geistige Hilfe nicht erreicht werden könnten, wie das Hinaufschwingen des Menschen in geistige Sphären durch Visionen und prophetische Schauungen.

Der Prophet Mohammed wird in einer Nacht, im Zustand zwischen Wachen und Schlafen, vom Erzengel Gabriel berührt. Sein Schlafraum wird durch das strahlend weiße Licht des Engels erleuchtet. Mohammed sieht das schöne Gesicht Gabriels durch ein Diadem aus Licht verziert, auf dem geschrieben steht: Es gibt keinen Gott außer Allah. Sein langes,

Al Buraq, das fliegende Pferd des Propheten Mohammed. Nach einer tunesischen Hinterglasmalerei, 20. Jh.

gewelltes Haar fällt in schweren Flechten herab. Sechshundert Flügel umgeben Gabriel, mit 70000 roten Crysolithsteinen übersät. Gabriel steigt mit dem Propheten auf ein geflügeltes Engelpferd, den sogenannten Buraq, der aber den Kopf einer Frau besitzt. Dieses Wesen ist Symbol für den Geist der Kontemplation, der vom Engel erst besänftigt werden muß, bevor sie sich emporheben können. Über den Himmel eilend, gelangen sie nach Jerusalem zum Felsendom, zu einer Versammlung von Engeln und Propheten. Danach darf Mohammed die verschiedenen Sphären des Himmels besuchen, wo er tiefste Einsichten erhält[31].

Von der christlichen Büßerin und Märtyrerin Eudoria (gest. 114) aus Samaria wird berichtet, daß sie am siebten Tag nach ihrer Bekehrung von einem Engel in den Himmel erhoben wurde. »Am siebten Tag«, so erzählt sie dem Mönch Germanus, »lag ich voll Reue auf der Erde und betete, da sah ich plötzlich einen glänzenden Jüngling neben mir, der hob mich auf und führte mich zum Himmel empor. Dort zeigte er mir eine Menge himmlischer Geister, die sich meiner freuten und mir Glück wünschten, daß ich nun zu ihrer Gesellschaft gehö-

Ein Engel schwebt mit der Seele des Verstorbenen zum Himmel. Nach dem »Triumph des Todes« auf dem Campo Santo in Pisa

re.«[32] Der Engel führte Eudoria nach intensivem Fasten und Beten in den Zustand der Vision. Er konnte seinen Schützling emporheben, da Eudorias Seele sich von irdischen Beschwernissen gelöst hatte und im Zustand des Gebetes leicht und frei geworden war.

Durch alle Jahrhunderte hindurch ziehen sich Berichte von Engeln, die die Seelen der Verstorbenen wie Neugeborene zum Himmel tragen[33]. Am Abend vor seinem Tod in der Arena sieht der christliche Märtyrer Satur (gest. 203) in einer Erscheinung das Emporheben seiner Seele durch Engel. In diese Vision, die im Gefängnis von anderen Christen aufgeschrieben wurde, bezieht Satur auch seine christlichen Freunde ein, die mit ihm sterben müssen. »Es schien mir«, erzählte er, »als sei unsere Marter geendet, und wir hätten unseren Leib verlassen, als vier Engel uns ergriffen und gegen Sonnenaufgang führten. Ihre Hände berührten uns nicht. Als wir die Erde aus dem Gesicht verloren hatten, sahen wir ein ungeheures Licht ... Wir kamen, immer von den Engeln getragen, in einen sehr großen Garten, besetzt mit Blumenbäumen und Rosenstöcken, so hoch wie Cypressen. Sanfte Lüftchen wehten über die weißen und roten Rosen, die wie duftende Schneeflocken zu Boden fielen. In diesem Garten saßen vier Engel, schöner noch als die, so uns führten, diese näherten sich uns grüßend und sagten zu den Engeln, die uns begleiteten: ›Da sind sie also angelangt, da sind sie also angekommen.‹«[34]

Mit Gewalt wird der Prophet Habakuk von einem Engel emporgehoben und entführt, nicht um in höherer Schau himmlische Visionen zu genießen, sondern um Gottes Willen an einem anderen Ort der Erde auszuführen. In dieser biblischen Erzählung geht es um die Rettung des Propheten Daniel. Um den Babyloniern die Allmacht des einzigen Gottes zu beweisen, hat Daniel mit List einen als Gott verehrten Drachen getötet, was einen allgemeinen Volksaufstand verursacht. Daniel wird von den aufgebrachten Massen ergriffen und in eine Grube mit sieben wilden Löwen geworfen. Gott verschließt aber den Mund der hungrigen Löwen und sorgt für den gefangenen Daniel. Hunderte Kilometer entfernt ist der Prophet Habakuk in Judäa gerade dabei, den Arbeitern auf dem Feld eine Mahlzeit zu bringen. »Da sagte der Engel des Herrn zu Habakuk: Bring das Essen, das du in der Hand hast, dem Daniel nach Babylon in die Löwengrube! Habakuk antwortete: Herr, ich habe Babylon nie gesehen, und die Grube kenne ich nicht. Da faßte ihn der Engel des Herrn am Schopf, trug ihn an seinen Haaren fort und versetzte ihn mit der Gewalt

Daniel in der Löwengrube wird von Schutzengeln beschützt. Aus einem Kommentar zum Buch der Offenbarung des spanischen Mönchs Beatus († 798)

seines Geistes nach Babylon an den Rand der Grube. Habakuk rief: Daniel, Daniel, nimm das Essen, das Gott dir geschickt hat. Da sagte Daniel: Gott, du hast also an mich gedacht; du läßt die nicht im Stich, die dich lieben. Dann stand Daniel auf und aß. Den Habakuk aber versetzte der Engel Gottes sogleich an seinen früheren Ort zurück« (Daniel 14,33–39).

In diesem Bericht wird Habakuk, der erst Schwierigkeiten hat, den Anruf Gottes anzunehmen, fast wie ein unwilliges Kind vom Engel am Schopf gepackt. Mit Geistesgewalt wird er zur Not des anderen geführt, um ihm Essen, das bedeutet auch Kraft und Stärkung zu bringen. Die Verbindung von geistigen und irdischen Ebenen, die in dieser Geschichte deutlich wird, ist auch ein Hinweis darauf, wie schwer es selbst für Gott zugewendete Menschen sein kann, offen für das Leid des anderen zu sein, der an einem Ort hinter dem Horizont der eigenen Vorstellungswelt lebt. Hier braucht es dann Engelgewalt, um den, der Nahrung hat, an den »Rand der Grube« des anderen zu stellen und Unterstützung zu bringen. Nach dieser Bewußtseinserweiterung durch das Emporheben des Engels ist der Mensch im Geistigen kein Kleinkind mehr, das mit dem Blick auf sich und seine vertraute Umgebung zufrieden ist. Durch die Engelberührung ist er in einen neuen Raum, die Nächstenliebe, gestellt, hat sich dem Du geöffnet und kann nun erst Gottes Wirken erkennen.

Um den Menschen zu wecken, ihn auf sein Fehlverhalten aufmerksam zu machen und ihn zur Konzentration auf die göttliche Führung zu lenken, wirken Engel auch erzieherisch im traditionellen Sinne. So finden sich Berichte von Engeln, die ihre Schützlinge in manchen Fällen körperlich züchtigen. Diese Schläge der Engel entsprechen der Praxis spiritueller Schulungen in zahlreichen Religionen, in denen sich der geistige Schüler, der Adept, seinem Lehrer und Meister unterwirft und in dieser Erziehung zur Demut bei Unaufmerksamkeit und Fehlverhalten vom Meister geschlagen werden kann. Auffallend ist dabei, daß das Schlagen der Engel in den kleinen Situationen des Alltags erfolgt, in denen der von ihnen geführte Mensch seinen alten Neigungen und Angewohnheiten nachhängt. Es scheint fast, als wollten sie damit zum Ausdruck bringen, daß es im Geistigen keinen Unterschied zwischen kleinen und großen Handlungen gibt, daß alles mit der gleichen Aufmerksamkeit vollzogen werden soll. Diese Schulung kann erst bei einem bestimmten Reifegrad der Seele begonnen werden, zumal der Betreffende bereit sein muß, die liebende, aber heftige Engelerziehung für sein Leben gelten zu lassen.

Franziska aus Rom (gest. 1440), die eine intensive Beziehung zu ihren verschiedenen Schutzengeln hatte und deren Aufzeichnungen im folgenden noch öfter zitiert werden, war in einer Phase ihrer geistigen Entwicklung einem besonders strengen Schutzengel unterstellt, der sie nicht nur schützte und zu guten Taten inspirierte. Mit unsichtbarer Hand berührte er sie schmerzhaft bald an dieser, dann an jener Körperstelle, wenn sie sich etwas hatte zuschulden kommen lassen, und dies, so berichtet der Chronist, selbst in der Gegenwart anderer Personen. Bei einem belanglosen Schwatz auf einer Damengesellschaft, den sie nicht abbrechen wollte, wurde ihr Mund von einem heftigen Schlag getroffen, den alle hören konnten[35].

Das Bild des Engels, der einen Menschen umarmt und küßt, ist in unserer Zeit häufig mit der Assoziation an Öldrucke von Amor und Psyche verbunden oder mit den Friedhofsskulpturen von schönen Todesengeln, die die sterbende Seele küssen. Diese romantischen Bildgestalten aus dem 19. Jahrhundert haben die tiefere geistige Bedeutung und Symbolik des himmlischen Kusses überlagert, der in Berichten von Engelbegegnungen öfter erwähnt wird. So erzählt der Prophet Mohammed, wie der Erzengel Gabriel in der Nacht zu ihm kommt: »Als er sich mir näherte, nahm er mich in die Arme, küßte mich zwischen die Augen und sagte: ›O Schläfer, wie lange willst du noch schlafen? Steh auf! Ich will dich zärtlich führen. Fürchte dich nicht, denn ich bin Gabriel, dein Bruder.‹«[36] Mit dem Engelkuß zwischen die Augen wird Mohammed am sogenannten dritten Auge berührt, wo sich das Erleuchtungszentrum der geistigen Schau befindet. Er wird dadurch aus dem Schlaf geholt und geweckt, um die himmlischen Wahrheiten zu sehen und zu erkennen. Nicht zufällig erfolgt dieses Wachwerden durch den Kuß des Erzengel Gabriels, des Engels der Wortverkündigung und Prophetie, denn bei Mohammed wird sich die innere Schau mit der Kraft des gesprochenen Wortes verbinden. Ebenso finden sich in den christlichen Märtyrerakten Beschreibungen von Engeln, die die Märtyrer küssen und ihnen das Siegeszeichen, den Palmzweig, überreichen[37].

Auch bei ihnen steht, wie in der Vision von Mohammed, der Kuß als Sinnbild für den Weckruf aus dem »Schlaf des irdischen Lebens« in den neuen Zustand des himmlischen Bewußtseins[38]. Erinnerungen an die Kraft des wachmachenden Kusses sind noch in manchen Märchenerzählungen lebendig. So entspricht in »Dornröschen« die Seele der Gestalt der Königstochter, die aus einem todesähnlichen Schlaf durch den Kuß eines Prinzen zum Leben geweckt wird[39]. Durch den Engelkuß, Ausdruck der harmonischen Begegnung zwischen Mensch und Engel, erwacht die Seele zu neuer geistiger Reife. Sie wird frei, sich mit dem Engel emporzuheben, mit ihm zu fliegen.

In die Ebenen innigster Verbindung zwischen Mensch und Engel reichen die Berichte hinein, die eine Durchstrahlung, Durchdringung und Inbesitznahme des Menschenkörpers durch Engel schildern. Diese gehört in zahlreichen Kulturen zum Bestandteil der religiösen Praxis. In Trancezuständen nehmen geistige Wesenheiten Besitz vom Körper medialer Personen. In diesem Kontext wird auch immer wieder von Manifestationen von Engeln berichtet. In der Geschichte des Christentums werden Formen der Trance und geistigen Besessenheit eher dämonischen Kräften zugeschrieben und bekämpft. Dennoch finden sich auch bei einigen christlichen Mystikern Berichte über eine zeitweilige Besessenheit durch Engel, die nicht nur in das Schrifttum verborgener mystischer Gruppierungen, sondern in offizielle Heiligendarstellungen eingegangen sind. Die Biographie der palästinensischen Ordensfrau Maria von Jesus dem Gekreuzigten (1846–1878) enthält eine solche Schilderung: »Mirijam schwebte, während die Mittagsglocke anschlug, etwa 20 Zentimeter über dem Bett; ihr Antlitz strahlte, ihre schwarzen Augen glänzten wie Diamanten, ein wundersames Lächeln umspielte ihre Lippen. Die Schwestern, die beim Bett Mirijams standen, fielen auf die Knie; sie vermeinten, einem Vorübergang des Herrn beizuwohnen. Nun ergriff ein übernatürlicher Geist den Leib der Ekstatikerin; sie war jetzt von einem guten Engel besessen. Vier Tage dauerte dieser Zustand.«[40] Der Engel übermittelt in dieser Zeit Lehren und Ratschläge von hohem Wert für die Ordensgemeinschaft. Auf die Frage nach seinem Namen sagt er: »Ich gehöre zu jenen, die auf- und niedersteigen.«[41] Als der Engel den Körper von Maria verläßt, erklärt sie viele Male hintereinander, daß sie Freude in den Knochen habe. Dann fällt sie in eine tiefe Depression.

In einer Aufzeichnung der Ancilla Domini findet sich aber auch einmal die Beschreibung des umgekehrten Phänomens, daß ein Mensch den Engel festzuhalten versucht. Während einer Erscheinung des Erzengels Raphael wird ihr von diesem versprochen, alle ihre Bitten zur Stunde des Sonnenaufgangs zu Gott zu bringen. Als der Engel am Gehen ist, hält Ancilla ihn am Mantel fest, um auch ihre noch vergessenen Bitten auszusprechen. Der Engel läßt sich gern festhalten und neigt sich zu ihr nieder[42].

Nicht immer in der gleichen Intensität, aber dafür sehr viel häufiger sind Berichte von Priestern, die wie Engel predigen, Sängern und Sängerinnen, die wie Engel singen, und Künstlern, deren Hand durch Engel geführt wird. Damit gelangen wir von außergewöhnlichen Erscheinungsweisen in die Bereiche des Alltäglichen, wo Engel sich mit den Handlungen der Menschen verbinden, und kommen zu den Räumen, Orten und Zeiten, wo die Engel sichtbar werden.

Raum und Richtungen

Die Engel haben, berichtet Swedenborg von seinen zahlreichen Gesprächen in jenseitigen Sphären, weder einen Begriff noch eine Vorstellung von Ort und Raum. Alle Fortbewegungen in der geistigen Welt geschehen durch Zustandsveränderungen des Inneren im Engel. »Dies kann beleuchtet werden«, schreibt Swedenborg, »an den Gedanken des Menschen, die ja auch keinen Raum kennen. Stellt sich doch dem Menschen als gegenwärtig dar, worauf er seine Gedanken mit konzentrierter Aufmerksamkeit richtet ... Noch viel mehr gilt dies für die Engel, weil Sehen und Denken bei ihnen eine Einheit bilden und das Denken eins ist mit der Neigung, und weil Nahes und Entferntes je nach Zuständen ihres Inneren erscheint und sich auch verändert.«[43]

Das Eintauchen eines Engels in die irdische Raumwelt des Menschen, sein Erscheinen aus einer bestimmten Richtung, das Verweilen an dem jeweiligen Ort ermöglichen daher im Sinne geistiger Entsprechungsebenen die Herstellung von Bezügen zu seiner Botschaft. Die Orte geben Hinweise auf den inneren Zustand, aus dem der Engel kommt, und auf den Seelenzustand desjenigen Menschen, der ihn im Raum erlebt. Denn unser Bewußtsein, der Zustand unseres Innenlebens, bestimmt die Wahrnehmung, Erkenntnis und das Erleben des äußeren Raumes, der uns umgibt[44].

Ein zeitgenössischer Chronist der Franziska aus Rom (gest. 1440) berichtet, daß ihr Schutzengel Tag und Nacht an ihrer Seite, bald zu ihrer Rechten, bald zu ihrer Linken, oft auch über ihr verweilte. Dies war von den Umständen und Bedürfnissen Franziskas abhängig. Dabei war der Engel auch ein Spiegel, in dem sie ihr Inneres erkennen konnte. Wenn Franziska aus Unachtsamkeit einen Fehler beging, verschwand der Engel und kam erst zurück, wenn sie ihre Unvollkommenheit entdeckt hatte[45].

Richtungsangaben, wie hier bei Franziska aus Rom, sind in zahlreichen Engelbegegnungen und Darstellungen von wesentlicher Bedeutung. Bis in das hohe Mittelalter hinein sieht man auf zahlreichen Abbildungen der Verkündigung den Erzengel Gabriel sich von der linken Bildseite Maria nähern. In der abendländischen christlichen Kultur symbolisiert die linke Seite den Bereich des Seelischen, des Inneren, Verborgenen, die Welt des Unbewußten, des Gefühls, die Nacht- und Mondenseite, die dem Weiblichen zugeschrieben wird. Von dieser linken Seite blickt Gabriel nach rechts zu Maria, die ihren Blick zu ihm und damit nach innen richtet, denn nur dort kann sie die göttliche Botschaft hören. Maria ist durch ihre menschliche Existenz auf die rechte Seite gestellt, die als Sinnbild der irdischen Außenwelt gilt und Raum des männlichen Prinzips, des Tagesbewußtseins, der Aktivität, des bewußten Wollens ist. So verläuft auch die abendländische Schrift von links nach rechts, während die ostasiatische und arabische in die Gegenrichtung geführt wird. Die Rechtsläufigkeit der europäischen Schrift entspricht der Hinwendung des Subjektes zum Objekt.

Gebr. van Eyck, Verkündigungsengel,
linker Flügel des Altars »Das mystische Lamm« in St. Baron, Gent

Sie enthält die Bewegung, die vom Ich weg in die Welt des Gegenständlichen verläuft, in der Tendenz, diese sich anzueignen. Dagegen verweist die Linksläufigkeit der Schrift und Bildlichkeit auf eine eher kontemplative Bewegung, die vom Ich in die inneren Welten verläuft[46].

Die Betonung der linken, der weiblichen Seite in Verbindung mit einer auf die Gottesmutter Maria hinführenden Engelerscheinung findet sich in der Vision der französischen Ordensfrau Katharina Laboure, die ihr in der Nacht vom 18. zum 19. Juli 1830 zuteil wurde. Zu dieser Erscheinung wurde Katharina kurz vor Mitternacht von einem etwa fünfjährigen Kind geweckt, das in Weiß gekleidet war. Das Kind kündigte ihr die Marienerscheinung in der Kapelle der Klostergemeinschaft an. Nachdem sie sich schnell angekleidet hatte, folgte sie dem Kind, das sie als ihren Schutzengel erkannte. Später berichtet sie: »... ich bin ihm gefolgt, es war immer zu meiner Linken und brachte überall hin die Strahlen des Lichtes, wo es vorüberkam. Überall waren die Lichter angezündet, wo wir vorübergingen; ich war höchst erstaunt darüber. Aber noch mehr war ich überrascht, als ich in die Kapelle eintrat ... Die Tür hatte sich geöffnet, kaum daß das Kind sie mit der Fingerspitze berührt hatte.«[47] Auf den Stufen des Altarraumes begegnet Katharina der Muttergottes, die sie mit der linken Hand zu sich ruft. In dieser Vision, die außer der Betonung der linken Seite noch weitere Bezüge zur weiblichen Symbolik enthält – so kündigt sich beispielsweise die Erscheinung Marias durch ein Rauschen wie von einem Seidenkleid an –, wendet sich Maria an die Ordensfrau mit der Bitte, die Prägung einer Medaille in die Wege zu leiten, die mit Sinnbildern der Marienverehrung geschmückt werden soll. Diese Medaille, der die Muttergottes eine gewaltige Schutzkraft voraussagte, hat unter dem Begriff der »Wundertätigen Medaille« bei Marienverehrern bis in die Gegenwart weltweit große Verbreitung gefunden.

Die Verkündigung durch den von der linken Seite kommenden Gabriel steht am Anfang des Lebens von Jesus Christus. Der Engel, der die Auferstehung des Gekreuzigten von den Toten zur Zeit des Sonnenaufgangs verkündet, sitzt zur rechten Seite des Grabes (vgl. Markus 16,5). Diese Betonung der rechten Seite verdeutlicht dem Gläubigen, daß Christus lebt und nicht nur in der inneren Welt, sondern auch in der Außenwelt wirken wird. Er ist auferstanden, um den Menschen das innere Licht zu bringen, in ihrer Mitte zu verweilen und somit die getrennten Welten zu verbinden. Mit der Erscheinung des Auferstehungsengels zur rechten Seite des leeren Grabes beginnt die Aussendung der Jünger in die Welt, werden sie, die sich aus Angst vor Verfolgung und Tod der äußeren Welt entzogen und gleichzeitig ihre Herzen im Zweifel vor dem göttlichen Anruf verschlossen hatten, zu ihrer eigentlichen Aufgabe berufen. Dies wird noch einmal in den letzten Abschnitten des Johannesevangeliums deutlich, wo Jesus in die Mitte der Apostel tritt und sie in die Welt sendet: »Am Abend dieses ersten Tages der Woche, als die Jünger aus Furcht vor den Juden die Türen verschlossen hatten, kam Jesus, trat in ihre Mitte und sagte zu ihnen: Friede sei mit euch! Nach diesen Worten zeigte er ihnen seine Hände und seine Seite. Da freuten sich die Jünger, daß sie den Herrn sahen. Jesus sagte noch einmal zu ihnen: Friede sei mit euch! Wie mich der Vater gesandt hat, so sende ich euch« (Johannes 20,19–21).

Von der rechten Seite aus wird Johanna von Orléans (1309–1431) im Alter von dreizehn Jahren durch den Erzengel Michael in den Kampf der Welt, zur Rückeroberung Frankreichs gerufen[48]. Durch seine Anweisungen, die sie immer von rechts vernimmt, wird sie nicht zum Weg nach innen, sondern nach außen geleitet, in die Welt der Soldaten und des männlichen Kampfes. Die Gestalt des Erzengels Michael wird in der traditionellen Symbolik mit männlichen Attributen wie Helm, Rüstung und Schwert gesehen und sein Wirken mit dem Kampf gegen die Kräfte der Dunkelheit in Verbindung gebracht. Johanna hört die Stimme Michaels erstmals zur Zeit der Mittagsstunde, die der Erleuchtung und Klarheit durch Gottes Anweisung entspricht.

Zur Rechten und zur Linken beschützen drei Engel die Äbtissin Humilitas (gest. 1310)[49]. Ihr Engel zur Rechten, der Cherub Emmanuel, stützt sie bei der Wahrnehmung ihrer umfangreichen seelsorgerischen Tätigkeiten, stärkt sie bei ihren Arbeiten für die Menschen, während ihr Schutzengel zur Linken sie vor den Feinden des Inneren, den Dämonen, bewahrt. Er hilft ihr, sich nicht in den inneren Welten zu

Die Heilige Elisabeth mit Engeln. Ausschnitt aus dem Altenberger Altar eines mittelrheinischen Meisters, um 1340

verirren, was bei sensitiven Menschen leicht möglich ist, und unterstützt sie bei der Deutung göttlicher Geheimnisse. Wenn Humilitas durch ihre Pflichten übermüdet ist, spannt der Cherub Emmanuel seine Flügel über ihr aus und tröstet sie.

Ein mittelrheinischer Maler hat um 1340 auf dem Altenberger Altar die Heilige Elisabeth aus Thüringen in Verbindung mit Engeln dargestellt, die ihr rechts und links auf den oberen Bildecken geistige Unterstützung bringen. Der kleine Engel zur rechten Bildseite hält Elisabeth, die ihren Blick nach rechts, der Welt zugewendet hat, einen Mantel direkt vor die Augen. Elisabeth folgt dieser Aufforderung zur Barmherzigkeit. Wir sehen sie den gleichen Mantel nach unten einem Bettler reichen. Der Engel, der von der linken Seite kommt, ist dabei, eine goldene Krone, Zeichen der Überwindung des Irdischen, in den Heiligenschein Elisabeths einzufügen. Links unten, hinter dem Rock Elisabeths, kniet die Stifterin des Bildes in betender Haltung.

Oft schwebt der Engel über dem Kopf eines Menschen und schirmt ihn mit seinen Flügeln. Damit ist gemeint, daß der Kopf das körperliche Zentrum der Erleuchtung und gerade darum, so sagen mystische Erlebnisberichte, auch besonderen Gefährdungen ausgesetzt ist. So machen sich Strömungen der dunklen Geisteswelten durch Spannungs- und Schmerzzustände oder durch Lärm und Ablenkungen bemerkbar.

Eine Freundin von mir, die nicht sonderlich religiös eingestellt war, erzählt, daß sie in einer sehr entscheidenden Situation ihres beginnenden Berufslebens auf dem Flur einer Behörde warten mußte und voller innerer Zweifel und Unruhe war. Während sie auf einer Bank saß, spürte sie plötzlich, wie ihr Schutzengel ganz eng um ihren Kopf seine Flügel legte, so daß sich die Spitzen über ihrer Stirn berührten. Dieses Erlebnis half ihr, die schwere Zeit, die nach diesem Behördengang folgte, mit Gefaßtheit zu überstehen, und beschützte sie vor Depression und Resignation. Die Italienerin Gemma Galgani (1878–1903), deren Erlebnisse mit Engeln in den folgenden Ausführungen noch öfter beschrieben werden, erzählt nach den Aufzeichnungen ihres Priesters, daß sie nach einer sehr angsterregenden Vision während eines Kirchgangs ihren Schutzengel um Hilfe anrief. Dieser erschien sogleich. »Ich bat den Schutzengel, die ganze Nacht bei mir zu bleiben … Ich ging dann zu Bett; darauf schien es mir, daß er seine Flügel ausbreitete und über meinem Kopf hielt. Ich schlief ein. Und heute morgen war er noch am gleichen Platz wie gestern abend.«[50]

Das Erscheinen der Engel über oder hinter einem Menschen steht in direktem Zusammenhang mit seinem Schutzengelauftrag und hat fast immer einen Bezug zu einer gefährdeten Situation, in der sich dunkle Kräfte von hinten nähern. In dieser beschützenden Haltung handeln die Engel in Stellvertretung Gottes, weil sonst, so Swedenborg, »es im Himmel niemandem erlaubt ist, hinter dem Rücken eines anderen zu stehen und auf sein Hinterhaupt zu blicken; denn dies würde den Einfluß des Guten und Wahren, der vom Herrn kommt, zerstören«[51].

Der Philosoph und christliche Märtyrer Justinus (gest. 165) beschreibt in dem Bericht seiner Bekehrung zum Christentum, daß er den Entschluß gefaßt hatte, sich für einige Zeit von den Menschen zurückzuziehen, um in Ruhe seinen Gedanken nachgehen zu können. An einem einsamen Ort in der Nähe des Meeres folgt ihm in geringer Entfernung ein Mann. Als Justinus sich umdreht, um den hinter ihm Gehenden anzuschauen, sieht er einen alten Mann von gewinnendem Äußeren und von mildem, aber ernstem Charakter. Auf die Frage, wer er sei, antwortet der alte Mann: »Ich bin um Verwandte besorgt, die im Ausland sind. Ich gehe nun, nach ihnen Ausschau zu halten.«[52] Dann beginnt der Fremde mit Justinus ein langes philosophisches Gespräch über die Wahrheit des Christentums, an dessen Ende Justinus vom Heiligen Geist erfüllt wird und sich bekehrt, der alte Mann aber nicht mehr zu sehen ist. In späteren Heiligenberichten ist der alte Mann immer wieder als Engel gedeutet worden, der in Menschengestalt seinem Schützling nachging, hinter ihm verweilte. Der Engel konnte sich aber Justinus erst in den Weg stellen, als dieser bereit war, nicht mehr nur nach vorn – in seine Gegenwart, seine Pläne und Zukunft – zu blicken, sondern endlich auch hinter sich zu schauen, in seine geistige Vergangenheit, seinen wahren Ursprung.

Bei zahlreichen Engelbegegnungen stellen sich die Engel aber auch vor den Menschen, stehen plötzlich in seinem Weg und sprechen ihn an. Nach Swedenborg kann der Weg zum Guten führen, aber auch zum Bösen lenken[53]. Daher werden Engel, die sich in den Weg stellen, zu Wegweisern. Sie tauchen in die nach außen gerichtete Wahrnehmung des Menschen ein, drängen sich gleichsam zwischen ihn und seinen Lebensraum, richten die Aufmerksamkeit der Gedanken auf sich und fordern dadurch eine direkte Auseinandersetzung mit ihrer Botschaft, die eine Bestätigung des Lebensweges beinhalten kann, oftmals aber auch zu einer Veränderung der eingeschlagenen Richtung führt. Der Engel, der sich 1916 drei Bauernkindern aus Fatima zeigte und Erscheinungen der Gottesmutter Maria ankündigte, stellte sich bei seinen Gesprächen mit den Kindern auf dem freien Feld immer vor diese. Bei der ersten Begegnung sprach er zu den erschrockenen Kindern: »Fürchtet euch nicht! Ich bin der Engel des Friedens. Betet mit mir.«[54] Dann unterwies der Engel die Kinder im Gebet und begann damit, ihr Leben zu verändern.

Die Kapuzinerin Maria Diomira (1708–1768), die in ihrem Tagebuch immer wieder von Engelerlebnissen spricht, berich-

William Blake, Maria Magdalena am Grab, um 1805

tet, daß sie sich eines Tages im Gebet Gedanken um ihre Todesstunde machte. Dabei stellten sich Engel vor ihre Gedanken, die sie mit lieben Worten trösteten[55].

Zur Auslegung einer Vision steht plötzlich der Engel Gabriel vor dem Propheten Daniel, der dieses Erlebnis später niederschreibt: »Während ich, Daniel, noch diese Vision hatte und sie zu verstehen suchte, da stand vor mir einer, der aussah wie ein Mann. Und über dem Ulai-Kanal hörte ich eine Menschenstimme, die rief: Gabriel, erkläre ihm diese Vision! Da kam er auf mich zu. Als er näher trat, erschrak ich und fiel mit dem Gesicht zu Boden« (Daniel 8,15–17).

Der englische Maler William Blake (1757–1827) war von frühester Kindheit an hellsichtig. Seine mystischen Bilder sind von eigenen Erfahrungen und der fundierten Kenntnis der Werke Swedenborgs geprägt[56]. In seiner kolorierten Tuschezeichnung »Maria Magdalena am Grab« (um 1805 entstanden) faßt er die beschriebenen Richtungen im Raum zusammen. Maria Magdalena kniet in der Mitte der unteren Bildhälfte am Grabeseingang, rechts und links verneigen sich andachtsvoll und leuchtend zwei Engel. In der kompositorischen Verbindung mit Maria Magdalena ergeben sie ein Dreieck, dessen Spitze die Stirn Maria Magdalenas als das Zentrum der Erleuchtung bildet. Darüber schwebt auf einer angedeuteten Treppe der Auferstandene, dessen Hände segnend und beschützend über Maria Magdalena ausgebreitet sind.

Landschaften

In der beschriebenen Vision Daniels finden wir außer der Angabe über die Richtung des Engels, der sich vor den Propheten stellt, auch den Hinweis auf den Ort der Begegnung, das Ufer eines Flusses. Durch die Erscheinung der Engel an einem bestimmten Ort vertiefen sich die geistigen Entsprechungen, die durch ihr Auftauchen aus einer Richtung bereits angedeutet sind, verbindet sich der geistige Zustand, aus dem sie kommen, mit dem inneren und äußeren Orts- und Raumempfinden des Menschen. Engel können überall und in allen möglichen Situationen erscheinen. Dennoch gibt es bestimmte

Landschaften und Räumlichkeiten, die in Engelberichten häufig genannt werden und in ihrem besonderen Symbolcharakter unübersehbar sind, wie das Flußufer im Daniel-Bericht.

Bis in die Gegenwart hinein sind Flüsse nicht nur als Wasserläufe bedeutungsvoll, sondern sie trennen Länder voneinander, einzelne Landschaftsstriche, Städte und Stadtteile. Beim Verweilen am Ufer eines Flusses entsteht leicht das Empfinden, an einer Grenze zu sein. Es gibt ein diesseitiges und ein gegenüberliegendes Ufer, das in der Sprache der Mystik, in den Bildern der Märchen, Mythen und Träume als die diesseitige und die jenseitige Welt gesehen wird. Der Fluß in der Mitte ist das Sinnbild des dahinströmenden Lebens, der beide Bezirke miteinander verbindet[57]. Dies wird in der Daniel-Vision deutlich, wo der Engel Gabriel, der bereits auf der Menschenseite vor Daniel steht, durch eine Stimme von jenseits des Flusses die Aufforderung erhält, diesem seine Vision zu erklären. Über dem Fluß ertönt die göttliche Stimme, die Stimme aus der ewigen Mitte, aus dem Strom des Lebens, wie bei der Taufe von Christus. Auch in dieser Szene öffnet sich der Himmel über dem Fluß. Als Christus darin eintaucht, gibt die Stimme des Heiligen Geistes Jesus als Sohn Gottes zu erkennen. Am Flußufer wird auch der Prophet Ezechiel durch eine Engelvision berufen. Er schreibt: »... als ich unter den Verschleppten am Fluß Kebar lebte, öffnete sich der Himmel, und ich sah eine Erscheinung Gottes« (Ezechiel 1,1). Osanna von Mantua (1449–1505) hatte im Alter von sechs Jahren ihre erste Begegnung mit einem Engel, als sie in der Sommerzeit allein am Ufer der Etsch spielte. Der Engel sagte zu ihr: »Liebet Gott, all ihr Erdenbewohner, denn Er hat alle Dinge einzig und allein dazu geschaffen, um eure Liebe zu gewinnen.«[58] Mit diesem Erlebnis am Flußufer beginnt für das Mädchen die frühe Hinwendung zu einem religiösen Lebenswandel.

In diesen Beispielen waren die betreffenden Menschen bereit, »zum Ufer« zu gehen, über den Strom ihres Lebens zu blicken. Die innere Bereitschaft der Seele, weiter zu blicken als nur zum eigenen Standort, ermöglichte es den Engeln, vom anderen Ufer herüberzukommen.

Gott und die Engel haben der Legende nach den heiligen Benedikt (gest. 1184) dazu angeleitet, der Gründer eines

Ordens der »brückenbauenden Brüder« zu werden. Im Alter von zwölf Jahren wird der Hirtenjunge Benedikt beim Hüten seiner Herde von Jesus beauftragt, eine Brücke über die Rhône zu bauen. Als er sich auf den Weg macht, »nahte sich ihm ein schöner Jüngling, der ihm sagte: Sieh, ich bin hier, um dich bis an den Fluß zu begleiten, über den du die Brücke bauen sollst... Sei ohne Furcht und tue nur, was dir Gott befohlen.«[59] Durch wundersame Führung geleitet, gelangt Benedikt nach Avignon und kann dort mit Gottes Hilfe die Menschen überzeugen, eine Brücke über den Fluß zu bauen. Mit ihrer bildreichen Sprache beschreibt die Legende die Gestalt des schwachen Kindes, dem Gott mit Engelhilfe die Kraft verleiht, für andere eine Brücke über einen reißenden Fluß zu bauen. Der Bau der Brücke als verbindendes Element zwischen zwei Welten ist hier nur durch die göttliche Barmherzigkeit möglich, die sich einen Hirtenjungen auswählt, um anderen Menschen einen sicheren Weg von der Seite der Stadt (der irdischen Welt) zum schwer erreichbaren Ufer der anderen Seite (dem Himmel) zu bahnen.

Eine Landschaft, die immer wieder in Engelberichten genannt wird und den Zustand der Offenheit voraussetzt, ist das freie Feld. Dort, wo der Blick ohne Eingrenzung bis zum Horizont ziehen kann und der Himmel im Wechsel der Jahreszeiten besonders nah erscheint, hat der Mensch oftmals das Empfinden der Freiheit und Ungebundenheit von den Zwängen des Lebens im sozialen Umfeld. Gleichzeitig ist das Bild des freien Feldes, der Erde, die noch nicht bearbeitet oder sogar von Unkraut bewachsen ist, in der christlichen Mystik ein Symbol der Seele, die auf Bearbeitung durch den göttlichen Schöpfer wartet (vgl. Markus 4,1–9).

In diesem Zusammenhang steht die Erscheinung des Engels, der die Geburt Jesu den Hirten auf dem freien Feld verkündet (Lukas 2,8). Das freie Feld in der Nacht gleicht der geöffneten Seele, die sich von ihrem Tagbewußtsein, dem Streben nach außen, dem Inneren zugewendet hat, damit dort die Engel, die Sternensöhne des Alten Testaments, das göttliche Licht (Jesus) verbreiten können, das durch den Mond (die Muttergottes) in die Nacht hinaus leuchtet. So erscheint auch der Engel, der die Marienerscheinungen von Fatima ankündigt, auf dem freien Feld, weil sich seine Botschaft an die

Menschen richtet, deren Seelen wie ein weites Feld offen sind, seine Worte aufzunehmen.

Das Bild vom »freien Feld der Seele«, das auf das Säen, Wachsen und Ernten wartet, taucht auch in der Überlieferung vom Leben des spanischen Bauernpaares Isidor und Maria Torribia (gest. 1170) auf. Die Legende betont, daß der menschliche Fleiß nicht ausreicht, um auf einem Feld oder im persönlichen Seelenleben eine gute Ernte zu erlangen, sondern daß Gebet und Engelhilfe dazu notwendig sind. Während der Bauer Isidor in der Kirche betet, sieht sein Pachtherr, »wie zwei Engel an einem mit zwei weißen Rossen bespannten Pflug ackerten, und so für Isidor arbeiteten«[60].

Die Wüste ist in biblischen Erzählungen und in den Biographien der Wüstenväter ein häufiger Ort von Engelbegegnungen. Das Bild der Wüste verkörpert in dramatischer Form Empfindungen des Ausgeliefertseins gegenüber den Elementarkräften, von existentieller Bedrohung und den extremen Zuständen von Kälte und Wärme in Abgeschiedenheit und Einsamkeit. Es entspricht dem seelischen Zustand der Einsamkeit und Leere, in dem die extremen Kräfte des Selbst Klarheit oder Destruktion wirken. Diese Zustände können den einen Menschen zu Gott führen, indem er in der Wüste seine Gegenwart und helfende Kraft erfährt, und den anderen vernichten, der allein im Vertrauen auf die eigenen Kräfte seine Begrenzungen erleben und erleiden muß. Der helfende Beistand von Engeln, die Menschen in der irdischen und geistigen Wüste erscheinen, ist oft ein Akt der Linderung größter Not. Die ägyptische Magd Hagar, die mit ihrem Sohn Ismael von der eifersüchtigen Sarah, der Frau Abrahams, in die Wüste getrieben wird und dort voller Verzweiflung dem Tod entgegensieht, wird durch einen Engel Gottes gerettet. Er zeigt ihr eine Wasserstelle und gibt ihr das göttliche Versprechen, Ismael zum Stammvater eines großen Volkes zu machen (vgl. 1. Mose 21,9–21). Wie zahlreiche Propheten vor ihm, zieht sich auch Jesus vor seinem öffentlichen Wirken in die Wüste zurück. Dort muß er zuerst die Anfechtungen des Teufels in seiner Seele überwinden, der ihn herausfordert, seine geistigen Kräfte im Sinne weltlicher Macht und Anerkennung einzusetzen. Erst nachdem er den Zustand der Demut errungen hat, kommen Engel und dienen ihm (vgl. Matthäus 4,14).

Berge, die am Wasser liegen, und Höhlen mit heilkräftigen Quellen sind nach den Überlieferungen besondere Erscheinungsorte für den Erzengel Michael[61]. Da Bergspitzen nach Swedenborg Orte sind, die den höchsten himmlischen Ebenen entsprechen[62], sind die Erscheinungen Michaels auf Bergeshöhen und Felsenspitzen Hinweise auf seine große himmlische Macht, die er als einer der sieben erstgeschaffenen Geister innehat. Die vier berühmtesten Michaelsheiligtümer – Chonae in Kleinasien, Monte Gargano in Apulien, der Mont-Saint-Michel in der französischen Normandie und der Mount St. Michael in Cornwall – liegen alle auf Felsen am oder über dem Wasser. Bis in das frühe Mittelalter hinein galten die Fluten des Meeres, seine Unberechenbarkeit und Zerstörungskraft als Gegenbild der geordneten Schöpfung, als Element des Satansdrachen[63].

Dagegen steht das Bild des Felsens, den die Meereswogen nicht zum Wanken bringen, schon in Aussagen Jesu[64] für Glaubensfestigkeit, Standhaftigkeit und Treue. Als himmlischer Beschützer zeigt sich Michael auf dem Felsen, nicht nur, um das Ringen von Gut und Böse zu verdeutlichen, sondern auch, um dem bedrohten Menschen vor dem Ansturm der dunklen Mächte Hilfe und Heilung zu bringen. Daher ist von den Erscheinungen Michaels an diesen Orten immer auch eine besondere Heilkraft ausgegangen, die viele Jahrhunderte hindurch von großer Anziehungskraft für unzählige Kranke waren[65].

Aber nicht nur über dem Fels, sondern auch in Felsenhöhlen manifestierte sich Michael und ließ als Zeichen seiner Verbundenheit mit dem Ort und seinen Besuchern Heilquellen aus dem Boden entspringen. Hier, im inneren Bereich der Erde, wo Schwere und Dunkelheit spürbar sind, wo die Dämonen hausten und der Eingang zur Unterwelt war[66], zeigte sich Michaels Macht. Durch sein Eintreten in diese finsteren Ebenen wird die Höhle zu einem Ort des Schutzes und der Geborgenheit, zu einem Heilbezirk, wo der kranke Mensch, von dunklen Kräften befreit, wieder gesund werden kann. In der koptischen Kirche Ägyptens gilt Michael zusätzlich auch als Beschützer des Nils, seiner segensreichen Wirkung auf Mensch und Tier. Er ist ebenfalls für die Reinheit der Lüfte zuständig[67], ein Aspekt, der in der christlichen Kirche des

Abendlandes vollkommen in Vergessenheit geraten ist, aber angesichts der heutigen Luftverschmutzung neue Aktualität bekommt.

Dem Bild der heilkräftigen Quelle, die unter dem Schutz von Engeln aus der Erde entspringt, entspricht in verschiedenen Visionen das Element der göttlichen Lebensquelle, die zur heilenden Klarheit führt. Maria Diomira erhält in ihrer frühen Jugend auf ihre innere Frage, welche Ordensgemeinschaft für sie bestimmt sei, die entscheidende Antwort an einer Quelle. Sie schreibt in ihren Aufzeichnungen: »Eines Tages ging ich nach einem Auftrag, den ich nicht mehr weiß, nach Hause. Wie ich an einer Quelle vorüberging, begegneten mir einige Jünglinge von unvergleichlichem Aussehen. Es waren Engel. Einer von ihnen redete mich an und sagte: ›Du wirst in Fanano als Kapuzinerin eingekleidet werden. Das ist der Ort, den Gott für dich bestimmt hat.‹ Ich staunte über diese Worte, denn in meinem ganzen Leben hatte ich den Ort Fanano noch nie nennen gehört.«[68]

Erst heimlich, später mit Erlaubnis hat die deutsche Mystikerin Gertrud von Helfta die Visionen ihrer geistigen Mutter Mechthild von Hackeborn (1241-1299) aufgezeichnet. In diesem »Buch vom strömenden Lob« finden sich auffallend viele Schauungen der heilenden Quellströme, die aus dem göttlichen Herzen strömen. Während der Fastenzeit, als Mechthild von Hackeborn im Geist mit Christus in der Wüste weilte, hatte sie folgendes Erlebnis: »In einer anderen Nacht frug sie den Herrn abermals, wo er übernachten wolle. Er erwiderte: ›Am Fuß dieses einsamen Berges.‹ Er führte sie dahin, und sie sah dort den Born der Barmherzigkeit aus der Wurzel des Berges entspringen, und daneben stand eine silberne Schale. Er sagte zu ihr: ›Aus diesem Born kredenze allen, so wie es dir selber gefällt.‹ Sie darauf: ›Bitte, Herr, tu du es an meiner Stelle; ich bin ungeeignet zu diesem Werk, hinfällig und schwach wie ich bin.‹ Da traten statt ihrer die heiligen Engel herzu und kredenzten aus der Quelle ...«[69] In diesem traumähnlichen Gesicht wird die Verbindung der Engel mit dem Menschen, der die göttlichen Ströme weiterleiten soll, aber dazu himmlischen Beistand braucht, deutlich. Hier geht es nicht mehr allein um die Botschaft des Engels, sondern um seine Hilfe, ohne die der Mensch nicht im göttlichen Willen wirken kann.

Innenräume

Neben der Begegnung mit Engeln in der freien Landschaft, deren unterschiedliche Empfindungsaspekte Bereichen der inneren Natur der Seele entsprechen, finden sich in den vorliegenden Engelberichten auch oftmals Schilderungen von Engelerscheinungen in Kirchen und Heiligtümern, treten Engel durch Türen und Fenster in die verschiedenen Kammern der Häuser ein, wo sie häufig am Bett des Menschen erblickt werden.

Engel, die nach den biblischen Überlieferungen im Tempel, in späteren Berichten im Kirchenraum und an Heiligtümern gesehen werden, stehen oft in enger Verbindung mit dem Ablauf des sakralen Geschehens, mit bestimmten heiligen Festen im Jahresablauf oder aber mit ihrem besonderen Auftrag als Schutzengel des heiligen Bezirks. Durch die Jahrhunderte finden sich auffallend viele Berichte von Ordensleuten und Geistlichen, die während persönlicher Gebetsstunden und während des Gottesdienstes Engel gesehen haben. Eine Erklärung dafür ist sicherlich die häufige Anwesenheit der Betreffenden in sakralen Räumen und ihre Kontemplationspraxis, die die geistige Wahrnehmung vertieft. Andererseits hatten in der Vergangenheit auch nur sie die Möglichkeit, ihre Erlebnisse schriftlich festzuhalten, was die meisten anderen nicht konnten.

Der sakrale Raum, der mit seiner oft reichen Ausschmükkung und seiner religiösen Symbolik bereits Sinnbild des höheren Selbst ist, schafft eine Atmosphäre, die dem Einwirken der transzendenten Wirklichkeit auf Seele und Geist Raum gibt. In diesem Grenzbezirk zwischen Irdischem und Himmlischem, in dem sich die Seele durch Gesang, Gebet und Stille dem Göttlichen zuwendet, werden Engel als Boten der Erleuchtung und als Gott lobende Chöre wahrgenommen[70].

In den schon genannten Schriften des Geistes Josef werden die verschiedenen Kirchenräume und Kapellen mit den geistigen Entwicklungsstufen der Seele verglichen[71]. Die Aufgabe der Engel besteht in diesen inneren Räumen darin, der Seele geistige Kräfte zuzuführen und sie in ihrem Streben nach Gott zu unterstützen[72]. Die Ordensfrau Maria Diomira, auf die bereits im vorhergehenden Kapitel hingewiesen wurde, berichtet, daß sie sich nach Engelvisionen während der Messe wesentlich intensiver dem Gebet hingeben konnte[73].

So wie das Bild der Kirche und seiner Innenräume dem höheren Selbst, den geistigen Bereichen im Menschen, entspricht, ist das Bild des Hauses, seiner verschiedenen Zimmer und Ebenen ein Symbol für die Seele, für die darin wohnenden Gefühls- und Erlebnisbereiche, in der oftmals viele Kammern im Dunkeln, das heißt im Unbewußten liegen. Wenn der Engel in das Haus der Seele eintritt, um ihre Räume zu beleuchten und verborgene aufzuschließen, beginnt ein seelischer Umwandlungsprozeß im Menschen, der in seinen Wirkungen auch für die Außenwelt sichtbar wird. Johannes von Alverna (1259–1322), ein Mitglied der Ordensfamilie des Franz von Assisi, wurde, so erzählen Überlieferungen seiner Mitbrüder, in seiner abgeschiedenen Klause oft von Engeln besucht. Eines Tages, als er sich im Gebet befand, trat ein junger, schöner Mann bei ihm ein. Dieser sagte zu Johannes, er komme, um längere Zeit bei ihm zu bleiben. Johannes erkannte sogleich einen Engel in der Gestalt des jungen Mannes, der sich zu ihm setzte und ein Gespräch über geistige Themen begann. Wie ein guter Freund ging nun der Engel für genau drei Monate bei dem Ordensmann ein und aus. Danach verabschiedete er sich und sagte, die Absicht seines Besuches sei gewesen, Johannes den Sinn der Heiligen Schriften zu erschließen, damit er durch die Gabe der Weisheit auch andere Menschen darin einführen könne[74].

»Ich sage dir: Ein Wort, das dir ein Engel in dein eigenes Herz gelegt hat, ist für deine Seele heilsamer als tausend Worte, durch das Ohr von außen her vernommen! Denn was du im Herzen vernimmst, ist schon dein Eigentum; was du aber von außen her vernimmst, das mußt du dir erst zu eigen machen durch die Tat nach dem vernommenen Wort«, sagt Jakob Lorber[75].

Die wohl bekannteste Engelerscheinung in einer Kammer, die unzählige Kunstwerke inspiriert hat, ist die Verkündigung der Geburt Jesu durch den Erzengel Gabriel an Maria: »Und der Engel kam zu ihr hinein ...« (Lukas 1,28). Das Bild der Kammer bedeutet, daß die Botschaft der Erlösung erst in das Innere der Seele hineingetragen werden muß, damit das Göttliche in ihr und aus ihr heraus wachsen kann.

Oftmals erscheinen Engel auch am Schlaflager des Menschen, der aufwacht und sie dann an seinem Kopfende (Zentrum der göttlichen Erleuchtung) oder zu seinen Füßen (Wurzeln im Irdischen) sieht. Im Bereich des Schlafraumes, wo Traum, Wachbewußtsein und Vision ineinanderfließen und das Tagbewußtsein, der auf die irdischen Realitäten ausgerichtete Verstand, draußen bleibt, ist die Seele für die Ansprache des Engels besonders geöffnet. Ancilla Domini schreibt in ihrem Tagebuch, daß sie eines Nachts von einem längeren Gespräch mit ihrem Erzengel geträumt hatte. »Als ich dann erwachte, sah ich meinen Archangelus vor dem Bett stehen. Ich sagte: ›Ist das, was du im Traum zu mir gesprochen hast, Wahrheit?‹ ›Ja‹, erwiderte er und blickte zum Himmel: ›Gott sei Dank, es ist die Wahrheit!‹«[76] Der Engel bestätigt damit die höhere Wahrheit ihrer Traumbilder, in denen die göttliche Sprache sichtbar wird.

In der innersten Kammer des Herzens aber begegnet der Mensch nicht mehr dem Engel, sondern Gott selbst. »Weil«, so erklärt der Herr in einer mystischen Schau der Mechthild von Hackeborn, »ich tiefer unten in dir liege als all dein Innerstes in dir.«[77]

Manchmal kommen Engel durch das Fenster in das Zimmer einer Seele, wenn deren Türen noch nicht geöffnet sind, der Mensch aber ihre Hilfe benötigt. Dr. Moolenburgh beschreibt in seinen Untersuchungen über zeitgenössische Engelbegegnungen das Erlebnis eines Freundes, durch dessen geschlossenes Fenster ein Engel hereinstieg, als er gerade am Telefon stand. Der Engel sprach zu dem Mann, der in einer sehr schwierigen Situation war, einige tröstende Worte und verschwand[78]. Nach Swedenborg ist das Fenster ein Symbol der inneren Schau, äußeres Bild für einen innen erlebten Einbruch der Transzendenz[79].

Das Haus des Herzens besitzt aber nicht nur Türen, die zur Außenwelt weisen, sondern auch Fenster und Türen, die sozusagen in den Garten hinter dem Haus, in Bereiche der himmlischen Welten, führen. In dieser Hinsicht ist ein Bild von Jan van Eyck (gemalt um 1425) bedeutsam, das die Verkündigungsszene zeigt. Auf dieser Darstellung kommt Gabriel in einem feuerroten Mantel aus einem paradiesähnlichen Garten, dem Abbild für die verlorene Himmelswelt des Menschen seit dem Sündenfall. Der Engel blickt liebevoll zu Maria, die im Portal einer Kirche steht. In der lauretanischen Litanei wird Maria auch als »Janua coeli«, als Pforte des Himmels, beschrieben. In dieser Szene begegnen sich zwei Welten, der Paradiesgarten, dessen Tore wieder geöffnet sind durch das beginnende Erlösungswerk von Jesus Christus, und der Bereich des Menschen, der sich aufmacht, das göttliche Wort zu empfangen. Daher hält Maria in ihrer linken, von Herzen kommenden Hand die Heilige Schrift, auf die die Strahlen des Heiligen Geistes, des Lichts der inneren Erleuchtung, fallen. Dies ist ein Hinweis für den gläubigen Betrachter, sich durch die Vertiefung in die Schrift, durch die Erfüllung der darin enthaltenen Gebote, gleich Maria in die hintere Tür der Seele zu stellen, um den Blick auf den himmlischen Garten neu zu erlangen, wo der Engel der Verkündigung wartet.

Himmelsrichtungen

In alle vier Himmelsrichtungen, einer Windrose gleich, erstrecken sich in traditionellen Darstellungen der christlichen Kunst die Flügelpaare der Cherubim. Aus der unveränderlichen Mitte der Ewigkeit heraus, die durch ihr Antlitz repräsentiert wird, weiten sich die Flügel in die irdischen Ebenen des Raumes, in die Vierheit der Weltenrichtungen. Die Zahl Vier symbolisierte bereits in der Antike den Bereich des irdisch Begrenzten, den in vier Teile gebrochenen geistigen Ring, die Gesamtheit der geschaffenen Welt. In der vierfachen Ausrichtung der Cherubimflügel zeigt sich die Vier als Zahl der Verdichtung des Geistigen zu Seelensubstanz und Materie[80].

Die Berührung der Flügelspitzen der Cherubim mit den vier Himmelsrichtungen gibt einen Hinweis auf die geistigen Himmelspforten des Ostens, Südens, Westens und Nordens, aus denen die Gesandten Gottes herabsteigen und Ströme verschiedenfarbiger Lichtstrahlen zu den Menschen bringen. Diese Himmelsströme werden in der Bibel genannt: »Ein Strom entspringt in Eden, der den Garten bewässert, dort teilt er sich und wird zu vier Hauptflüssen. Der eine heißt Pischon; er ist es, der das ganze Land Hawila umfließt, wo es Gold gibt.

Das Gold jenes Landes ist gut; dort gibt es auch Bedelliumharz und Karneolsteine. Der zweite Strom heißt Gihon; er ist es, der das ganze Land Kusch umfließt. Der dritte Strom heißt Tigris; er ist es, der östlich an Assur vorbeifließt. Der vierte Strom ist der Eufrat« (1. Mose 2,10–14). Die Paradiesströme deuten auf vier verschiedene Gnadengaben hin, die von der göttlichen Quelle ausgehen und den von ihnen berührten Menschen wieder zu ihr zurückführen. Der Apostel Johannes schreibt in seiner Offenbarung: Und der Engel »zeigte mir einen Strom, das Wasser des Lebens, klar wie Kristall; er geht vom Throne Gottes und des Lammes aus« (Offenbarung 22).

In der altchristlichen Kunst wird das Motiv der Paradiesströme immer wieder aufgegriffen, aber weniger mit Engeln in Verbindung gebracht als mit den vier Evangelistengestalten, die mit den vier antiken Weltenhütern verschmolzen wurden. In der ikonographischen Tradition folgt die Zuordnung von Himmelsrichtungen, Evangelisten und farbigen Himmelsströmen keinem strengen Schema, so daß die folgende Zuordnung von Nowotny nicht auf allen Abbildungen zu finden ist:

Johannes – Pischon – Sonne im Süden
Matthäus – Gihon – Sonne im Norden
Markus – Tigris – Sonne im Osten
Lukas – Eufrat – Sonne im Westen[81].

Auf zahlreichen Darstellungen des frühen Mittelalters werden die Paradiesströme aus farbigen Krügen durch antike Flußgottheiten auf die einzelnen Evangelisten geleitet. Diese Flußgottheiten symbolisieren das Zeitalter vor der göttlichen Offenbarung des Alten und Neuen Testaments. Sie stehen für die alten Naturgötter, deren Kraftströme nun in der christlichen Verkündigung fließen.

Die Bedeutung der Engel als Repräsentanten der Himmelsrichtungen und Lenker der Paradiesströme ist bereits in der frühen Geschichte des Christentums oft kritisiert worden. Die Erklärung liegt nahe, daß damit bestehende astrologische und esoterische Traditionen gebrochen werden sollten, die insbesonders die Gestalten der Erzengel zum Gegenstand magischer Anrufungen machten[82].

Auch in mystischen Engelerlebnissen bleiben die Verbindungen mit Himmelsrichtungen vage. Bis in das hohe Mittelalter hinein wird der Erzengel Gabriel als Engel der Morgenröte dem Osten, Michael als Kämpfer gegen die Dunkelheit dem Reich der Abenddämmerung, dem »Westen«, zugeordnet, wobei diese Zuweisungen regionale Schwankungen erfahren und mit dem Ende des Mittelalters in Vergessenheit geraten. Sehr viel bedeutsamer erweist sich die Zuordnung von Engeln zu den jeweiligen Tageszeiten und ihrer geistigen Entsprechung. Die Sinnverbindung und Gleichsetzung der Symbolik des Ostens mit dem Zustand der Morgendämmerung, des Südens mit der Mittagszeit, des Westens mit der Abenddämmerung, des Nordens mit der Nacht wird im folgenden Kapitel ausführlich dargestellt.

Die im Laufe der Jahrhunderte immer stärker gewordene Abwendung von einer übergreifenderen kosmischen Schau und statt dessen die intensivere Konzentration auf geistige Entsprechungen im Ablauf der Tageszeiten ist auch Ausdruck der christlichen Glaubenspraxis, die den Blick stärker auf die persönliche Hinwendung zu Christus als auf das Wissen um geistig-kosmische Strahlungskräfte lenkt.

Von den wenigen Mystikern, die eine geistige Verbindung zwischen Engelsgestalten und Himmelsrichtungen ausführlich darstellen, gehört Swedenborg. Die Bewohner des Himmels, die im Osten wohnen, beschreibt er im Zustand der Liebe und des klaren Innewerdens des Guten; die im Süden lebenden Engel befinden sich in der Weisheit und hellen Einsicht, die im Norden und Westen dagegen leben in dunkleren Zuständen von Liebe, Weisheit und Einsicht[83].

Das Wissen um die mystischen Aspekte der Himmelsrichtungen ist im Buddhismus in sehr viel breiterem Maße bekannt und Inhalt verschiedener Übungen in der Kontemplationspraxis. Im Mahayana- und Tantrayana-Buddhismus werden die den Naturgesetzen enthobenen, zeitlos und stets gegenwärtigen fünf Transzendenten Buddhas den fünf Weltgegenden zugeordnet, deren Verwalter sie sind[84].

Der Herr des Ostens ist Akṣobhya, »der Unterschütterliche«, dessen Farbe Blau ist. Seine Geste ist die Erdberührung, die das Element des Festen und Soliden darstellt. In seiner linken Hand, die auf seinem Schoß liegt, hält er das Donnerkeilzepter, absolutes und unzerstörbar-ewiges Symbol der Erlöstheit.

Der Transzendente Buddha Vairocana.
Nach einem tibetischen Blockdruck

Der Buddha des Südens, Ratnasambhava, gleicht der Sonne am Mittag und entspricht dem Prinzip des Gebens aus der Fülle der geistigen Kraft. Seine Farbe ist das Gelb der Sonne. Er erscheint in der Geste der Gewährung, des Gebens, da in ihm das Urprinzip des Gefühls, die allumfassende Wesensliebe lebt, vor der alle Wesen gleich sind. Aus seinem Herzen strahlt das goldene Licht der Weisheit. In seiner linken Hand ruht ein Juwel in flammenartigem Glanz, Symbol der Wunscherfüllung.

In der roten Farbe der sinkenden Sonne erscheint im Westen der transzendente Buddha Amithābha, dem in der traditionellen Symbolik das Element des Feuers zugeordnet ist. In der kontemplativen Tageszeit des frühen Abends ruhen seine Hände in der Meditationsgeste. Auf ihnen erblüht der geöffnete Lotos als Sinnbild der sich entfaltenden schöpferischen Meditation, die die Fähigkeit zur intuitiven Schau verleiht. Die Sonne um Mitternacht, der transzendente Buddha Amoghasiddhi, verkörpert die im Verborgenen wirkenden Kräfte des Geistes, die zur Reife der Erkenntnis und zur Erlösung führen. Indem sich das gelbe Licht der inneren Sonne mit dem Blau der Nacht verwebt, erstrahlt Amoghasiddhi in der Weltgegend des Nordens in mystischem, ruhevollem Grün. Seine rechte Hand zeigt die Ermutigungsgeste, während die linke das Doppelzepter führt, Zeichen der Kräfte der allumfassenden Liebe und des unbegrenzten Mitgefühls.

Der Buddha des Zentrums, der Herr der mittleren Weltengegend, ist Vairocana, »der Sonnengleiche«. Im Mittelpunkt der beiden Richtungsachsen der Windrose vereinigt er die Aspekte der anderen transzendenten Buddhas als ihr »Vater«. Daher wird er auch oftmals mit vier Gesichtern dargestellt als Ausdruck seiner Fähigkeit, gleichzeitig alle Richtungen zu überblicken. Ihm, dem Allwissenden, ist nichts verborgen. In seinen aufeinandergelegten Händen erscheint das Symbol der Sonnenscheibe oder des Rades.

Engelzeiten

Abends kam er sehr oft mit einem braunen Pilgergewand
und dem Pilgerstab;
das war das Zeichen, daß er sie abhole.
Als ich ihr mein Erstaunen ausdrückte,
daß sie mit ihrem Körpergewicht mit einem Engel
fliegen könne,
antwortete sie mir: »Wie soll ich Ihnen das erklären?
Denken Sie sich, mein Engel wirft einen dichten,
grauen Schleier über meine Gestalt,
so daß ich vorn und rückwärts ganz bedeckt bin,
oder er hüllt mich in einen dicken Nebel,
und dann geht's fort.«

Friedrich Ritter von Lama im Gespräch mit Ancilla Domini

Zeit und Zustand

Wenn die Engel aus dem Zustand zeitloser Ewigkeit dem Menschen nahekommen, begegnet der Mensch ihnen in der Begrenzung von Zeit und Raum, in Vorstellungen, die von der Geschöpflichkeit im Irdischen gegeben sind. Wie kann er die Botschaften der Zeitlosen in der Zeit entschlüsseln? Was vermittelt uns die »Engelszeit«, die Begegnung mit einem Engel zu einer bestimmten Stunde im Tagesverlauf, in einem bestimmten Abschnitt unseres Lebens, zu einem bestimmten historischen Zeitpunkt?

Bereits in der Antike wurden in der Erscheinungszeit eines göttlichen Boten oder göttlichen Wesens geistige Entsprechungen erkannt. Im Sinne astrologischer Deutungen, die mit dem göttlichen Wirken im Kosmos in Verbindung gesehen wurden, entsprach jeder Abschnitt im Tagesablauf, die Aufeinanderfolge der Monate und Tageszeiten, den unterschiedlichen göttlichen Strahlungskräften. In deren vielgestaltige Kraftfelder sahen die Menschen himmlische Wesenheiten eintauchen, erkannten ihren belebenden Einfluß auf das Wachsen der Natur, erlebten ihre Ausstrahlung auf die Entwicklung der Seele und des Geistes. Die Wochentage, Monate und Jahre waren den einzelnen Gottheiten geweiht[1].

In dieser Tradition stand Augustinus, als er seine für die christliche Theologie so wichtige Engellehre begründete. Er verglich die einzelnen Tageszeiten mit verschiedenen geistigen Zuständen der Engel[2]. Auch Swedenborg verbindet die Zustandsveränderungen der Engel im Himmel mit den Tageszeiten: »Die Engel sind nicht beständig im gleichen Zustand der Liebe und daher auch nicht im gleichen Zustand der Weisheit, denn alle Weisheit haben sie aus der Art ihrer Liebe. Manchmal ist ihre Liebe inbrünstig, manchmal weniger; ihr Zustand nimmt stufenweise ab vom höchsten bis zum niedrigsten Grad. Befinden sie sich im höchsten Grad der Liebe, so sind sie in ihres Lebens Licht und Wärme oder in ihrer Klarheit und Lust. Im niedrigsten Grad aber sind sie im Schatten und im Frost oder in der Dunkelheit und Unlust. Vom untersten Stand kehren sie wieder in den ersten zurück und so fort. Diese Zustände folgen einander in mannigfaltiger Weise, etwa wie der Zustandswechsel des Lichtes und des Schattens, der Wärme und der Kälte, oder wie Morgen, Mittag, Abend und Nacht eines jeden irdischen Tages, mit steter Verschiedenheit innerhalb des Jahres. Sie stehen auch im Entsprechungsverhältnis: der Morgen entspricht dem Zustand ihrer Liebe in der Klarheit, der Mittag dem Zustand ihrer Weisheit in der Klarheit, der Abend dem Zustand ihrer Weisheit im Dunkeln, und die Nacht schließlich dem Zustand der Lieblosigkeit und des Mangels an Weisheit. Man muß aber wissen, daß es bei den Himmlischen keine Entsprechung zwischen der Nacht und ihren Lebensumständen gibt, sondern nur eine zur Dämmerung, wie sie dem Morgen vorangeht. Eine Entsprechung in der Nacht gibt es nur bei den Höllischen.«[3]

Im Licht der »Geistigen Sonne«, das von Jakob Lorber in einem übergreifenden Panorama geschildert wird, gelangt der Neuankömmling (ein verstorbener Prior) durch die Sphäre des Abends zum Land des Mittags, wo er die in der Weisheit lebenden Engel in herrlichen Palästen leben sieht. Er darf jedoch aufgrund seiner Herzenssehnsucht noch weiter, in das Land des »ewigen Morgens« wandern, das die höchste Stufe unter den unterschiedlichen Sphären einnimmt. Dort ist das Reich der Liebe, wo Jesus Christus in aller Einfachheit unter den Seinen weilt[4].

Nacht und Morgenrot

»Auf, werde Licht!
Denn dein Licht ist gekommen.
Die Herrlichkeit des Herrn erstrahlt über dir.
Denn siehe:
Finsternis hält die Erde bedeckt
Und Dunkel die Völker« (Jesaja 60,1).

Der Zustand der Nacht, der geistigen Dunkelheit, wird auch in den Schriften des Neuen Testaments für die Beschreibung des Lebens in Sünde und Bosheit verwendet. »Wer Böses tut, der haßt das Licht und kommt nicht zu dem Licht, damit seine Werke nicht aufgedeckt werden. Wer aber die Wahrheit tut, der kommt zum Licht, damit offenbar wird, daß seine Werke in Gott getan sind« (Johannes 3,20).

Auch wenn die Engel den Zustand der Nacht (des Bösen) für sich nicht empfinden, haben sie Erkenntnis von der geistigen Dunkelheit, in der viele Menschen leben. Daher erscheinen sie auch in der irdischen Nacht, um den Menschen beizustehen und in ihrer Seele das göttliche Licht zu verbreiten. So wird von der bereits zitierten Franziska aus Rom berichtet, daß ihr Schutzengel einen solchen Glanz ausstrahlte, daß sie selbst in der Nacht bei seinem Licht lesen und arbeiten konnte[5].

Es entspricht der geistigen Sprache der Bibel, daß Christus in der beginnenden Nacht seines Leidens im Ölberggarten von einem Engel getröstet und gestärkt wird. In dieser Szene ist es nicht nur äußere Nacht, sondern auch dunkel in den Herzen der Menschen, die sich anschicken, Christus zu töten. Es ist gleichfalls Nacht im Herzen von Jesus, der die Nähe Gottes nicht mehr spürt und mit Angst und Verzweiflung ringt. Wir begegnen zahlreichen Berichten, in denen von der trostreichen Anwesenheit eines Engels in der Nacht gesprochen wird. Das nächtliche Erlebnis eines Engels hat eine befreiende Wirkung, wenn der Mensch in irdischen oder seelischen Fesseln gefangen ist.

Petrus wird nachts von einem Engel aus dem Gefängnis befreit. Seine Ketten zerspringen durch die Gewalt der Engelnähe. Der Apostel glaubt zuerst, seine Befreiung in einer Vision zu erleben. In seiner Wahrnehmung verschwimmen Wach- und Traumbewußtsein. Erst auf der Straße erkennt er den Realitätscharakter des Erlebten (Apostelgeschichte 12,6–19).

Im Hinübergehen vom Wachbewußtsein in den Traum entsteht die Empfindung eines gleitenden Zustandes, der einem Grenzland gleicht. Ein Grenzland, das Robert James Lees in seinem medial geschriebenen Buch »Reise in die Unsterblichkeit« mit einer Nebelwand vergleicht, durch die die Engel und die Seelen verstorbener Menschen bei nächtlichen Besuchen zur Erde schweben:

»Auf unserm Weg zurück hatten wir wieder die Nebelwand passiert... Ich hatte mich inzwischen an das düstere Licht gewöhnt, in dem für uns der irdische Bereich erscheint, und konnte das Zusammentreffen von Licht und Schatten im Grenzbereich gut beobachten. Wiederum kam es mir zum

Bewußtsein, daß es irrig ist, von zwei Welten zu sprechen. Es sind vielmehr zwei Zustände einer Welt, durchdrungen, getragen und zum Leben erweckt durch eine Essenz, die sich nur auf verschiedenen Schwingungsebenen offenbart. Es ist kein guter Vergleich, aber ich möchte für den Zweck der Beobachtung in diesem Augenblick die beiden Zustände mit dem Meer und dem Land gleichsetzen und die Nebelzone der Gischt, die eine hohe Brandung erzeugt. Auf der Seite des Lichtteichs lag der Nebelvorhang ruhig da, zur Erde zu aber rollte und hob er sich wie die Flutwelle im ewigen Spiel der Natur. Manchmal war nur eine sanfte Bewegung spürbar, aber gleich darauf konnte es geschehen, daß sie Stärke gewann und vorschnellte, als wollte sie einer der Erde entfliehenden Seele das ihr bestimmte neue Element entgegentragen. In der Sprache des Vergleichs sahen wir manche, die gütig und sanft vom Strande hinausgetragen wurden, manchen aber auch, über den die Woge mit Gewalt hineinbrach und ihn aus der Verankerung riß.«[6]

In dem Grenzland der Bewußtseinszustände sind Engel auch an der Entwicklung des Traumgeschehens beteiligt. Rudolf Steiner hat der Arbeit der Engel als Traum-Wirker einen Aufsatz gewidmet. In seiner Schrift »Was tut der Engel in unserem Astralleib?« beschreibt er die nächtliche Traum-Zeit als wichtigen Bereich des Wirkens der Engel am Menschen. Unter Anleitung der Geister der Form formen die Engel Bilder im menschlichen Seelenleib. Damit verfolgen sie bedeutungsvolle Absichten: »Würden diese Bilder nicht geformt, so gäbe es keine Entwicklung der Menschheit in die Zukunft hinein, die den Absichten der Geister der Form entspricht. Was die Geister der Form mit uns bis zum Ende der Erdenentwicklung und weiter erreichen wollen, das müssen sie zuerst in Bildern entwickeln, und aus diesen Bildern wird dann später die umgestaltete Menschheit, die Wirklichkeit ... Wenn man – so sonderbar es klingt, man muß es so ausdrücken – die Engel bei dieser Arbeit betrachtet, so haben diese Engel bei dieser ihrer Arbeit eine ganz bestimmte Absicht für die künftige Gestaltung des Menschenlebens; und sie wollen solche Bilder in den menschlichen astralischen Leibern erzeugen, welche ganz bestimmte soziale Zustände im menschlichen Zusammenleben der Zukunft herbeiführen.«[7] Mit der Beschreibung der Inhalte der Engelbilder im Traum geht Steiner über die oft vom individuellen Erleben geprägten Traumberichte anderer Autoren weit hinaus und verläßt die Ebenen einer individualpsychologischen Deutung. Prophetisch schildert er (1918) die drohende Entwicklung der menschlichen Gesellschaft, wenn das Wirken der Engel verschlafen wird, das heißt, wenn den geistigen Bildern und Trauminhalten der Zugang zum Bewußtsein versperrt wird[8].

Der nächtliche Bereich des Engel-Wirkens und Engel-Erlebens enthält noch weitere Ebenen. Dazu gehören Berichte, die von einer gemeinsamen, bewußten Arbeit von Mensch und Engel handeln[9]. Nach diesen wirken Engel und Mensch zusammen auf Kranke, Sterbende oder unerlöste Verstorbene ein, um ihnen zu einer höheren geistigen Entwicklung zu verhelfen. In ihren Tagebüchern hat Ancilla Domini (1868–1919) mehrere Erlebnisse dieser Art mit ihrem Schutzengel niedergeschrieben. Ihr Biograph Friedrich Ritter von Lama, der Jahre später von den Nationalsozialisten ermordet wurde, berichtet über Ancillas Erlebnisse mit dem Engel: »Abends kam er sehr oft mit einem braunen Pilgergewand und dem Pilgerstab; das war das Zeichen, daß er sie abhole. Als ich ihr mein Erstaunen ausdrückte, daß sie mit ihrem Körpergewicht mit einem Engel fliegen könne, antwortete sie mir: ›Wie soll ich Ihnen das erklären? Denken Sie sich, mein Engel wirft einen dichten, grauen Schleier über meine Gestalt, so daß ich vorn und rückwärts ganz bedeckt bin, oder er hüllt mich in einen dicken Nebel, und dann geht's fort.‹ ›Wohin?‹ Sie erzählte mir unter anderem: ›Vergangene Woche . . . hatte ich drei sterbende Sünder zu bekehren . . . Es war eine schwere Arbeit. Sie widersetzten sich und wollten nicht, endlich habe ich gesiegt, und sie starben alle drei, mit Gott ausgesöhnt und gut.‹«[10]

In der Dunkelheit steigen in den Seelen der Menschen auch Ängste und Versuchungen in der Gestalt von Dämonen auf. Christina von Köln (gest. 1312) wurde nachts fürchterlich von dämonischen Erscheinungen gequält, die starke Spuren an ihrem Körper hinterließen. Dann, so berichtet die Überlieferung, kamen sofort Engel, heilten ihren Körper und deckten sie bei Fieberschauern mit einem leichten, warmen Mantel zu, den sie nicht sehen, aber fühlen konnte[11].

Der Zustand der Nacht gibt der Seele aber auch die Möglichkeit, still zu werden, Frieden und Ruhe zu finden. In den kontemplativen Traditionen aller Religionen ist die Nacht Zeit zur Versenkung, für das Gebet und für das Erwachen des göttlichen Geistfunkens im Menschenherzen. Unmittelbar nach seiner Berufung wird der Prophet Mohammed nachts in der schon ausführlich beschriebenen Vision vom Erzengel Gabriel in die verschiedenen Himmelssphären geführt, wo er in geistiges Wissen eingeweiht wird[12].

In der christlichen Religion steht die Nacht in einer wichtigen Entsprechung zur Geburtzeit von Jesus Christus. Er gilt als das Licht, das in der Nacht in die Dunkelheit und Kälte der Welt und der Menschenherzen geboren wird. Seine Geburt wird den Hirten von Engeln verkündet. Damit wird angedeutet, daß diejenigen Menschen, die in der Nacht – auch in Zeiten geistiger Dunkelheit – über das ihnen anvertraute Gut wachen, die Engel vernehmen und die göttliche Botschaft hören können. Dann ist die Nacht nicht mehr ein Ort der inneren und äußeren Bedrohung, sondern ein Zustand des Friedens und der Stille, in dem das geistige Morgenrot emporsteigt.

Der beginnende Morgen ist eine Engelszeit, die im Bereich des christlichen Glaubens eng mit der Gestalt von Jesus Christus, seinem Wirken und seiner Auferstehung verbunden ist.

Im Buch Hiob (38,7) werden die Engel als Morgensterne bezeichnet, die der werdenden Schöpfung Gottes zujubeln. Die Geburt von Johannes dem Täufer, dem Vorläufer von Jesus Christus, wird dem Priester Zacharias durch einen Engel angekündigt, als er am frühen Morgen im Tempel zu Jerusalem das Rauchopfer darbringt (Lukas 1,9). Damit beginnt nach christlichem Verständnis ein neuer Morgen in der menschlichen Geschichte, das Wirken des zukünftigen Messias kündigt sich an.

Die Verkündigung der Auferstehung Christi vom Kreuzestod geschieht ebenfalls in der Morgendämmerung. Der Apostel Matthäus schreibt: »Nach dem Sabbat kamen in der Morgendämmerung des ersten Tages der Woche Maria aus Magdala und die andere Maria, um nach dem Grab zu sehen. Plötzlich entstand ein gewaltiges Erdbeben, denn ein Engel des Herrn kam vom Himmel herab, trat an das Grab, wälzte den Stein weg und setzte sich darauf. Seine Gestalt leuchtete wie ein Blitz, und sein Gewand war weiß wie Schnee. Die Wächter begannen vor Angst zu zittern und fielen wie tot zu Boden. Der Engel aber sagte zu den Frauen: Fürchtet euch nicht! Ich weiß, ihr sucht Jesus den Gekreuzigten. Er ist nicht hier; denn er ist auferstanden, wie er gesagt hat« (Matthäus 28,1–6). Der Engel am Grab wird in den Visionen der Therese Neumann von Konnersreuth (1898–1962) als der Erzengel Gabriel beschrieben, Engel der Verkündigung, des »geistigen Morgenrotes«.

Ebenfalls in der Morgendämmerung hatte der heilige Franziskus seine schon beschriebene Vision, in der er durch Jesus Christus in der Gestalt eines gekreuzigten Seraph stigmatisiert wurde. Dies ereignete sich zum Beginn des Festes der Kreuzerhöhung, einem Zeitpunkt, der die mystische Verbindung von Franziskus mit Christus deutlich macht.

Die Engelszeit des geistigen Morgenrotes enthält aber auch eine besondere göttliche Anforderung an die menschliche Seele. Die Hebamme Johanna Ladner (1824–1886) schrieb, durch Christus inspiriert: »Die geistige Sonne geht auf, wenn auch nur Wenige ihr Licht und ihre Wärme von ganzem Herzen wünschen, und sie wird die dichtesten Nebel durchbrechen; aber wohl denen, welche mit jubelndem Herzen schon die ersten Morgenstrahlen zu würdigen wissen. Erfrischt und gestärkt werden sie den Tag antreten . . .«[13]

Mittag, Nachmittag und Abend

Die Mittagszeit, in der die Sonne am höchsten steht und alles mit Klarheit beleuchtet, gleicht dem Zustand der Weisheit im Lichte Gottes. Zu dieser Zeit erscheint Gott Abraham, dem Stammvater der Israeliten, in der Gestalt von drei Männern. »Der Herr erschien Abraham bei den Eichen von Mamre. Abraham saß zur Zeit der Mittagshitze am Zelteingang. Er blickte auf und sah vor sich drei Männer stehen« (1. Mose 18,1–2). Diese drei Männer, in älteren Bibelübersetzungen auch Engel genannt, werden vor allem im orthodoxen Christentum als Verkörperung der göttlichen Dreifaltigkeit gedeutet und verehrt[14]. Das Gastmahl, das Abraham und seine Frau Sarah für die Engel vorbereiten, gilt als Hinweis auf das Abendmahl, das Jesus Christus als Zeichen seiner Anwesenheit unter den Menschen einsetzen wird. Während des Gastmahls mit dem dreigestaltigen Herrn wird Abraham in den göttlichen Heilsplan für die Menschen eingeweiht, denn »durch Abraham sollen alle Völker der Erde Segen erlangen« (1. Mose 18,18). Zur Offenbarung und Auslegung der Heiligen Schriften im Sinne des Evangeliums wird der Apostel Philippus durch einen Engel um die Mittagszeit auf die Landstraße geschickt. Dort begegnet er einem vorbeiziehenden Äthiopier, der mit dem Wunsch nach Erkenntnis die Worte des Propheten Jesaja studiert und durch das Gespräch mit dem Apostel zur Taufe bekehrt wird (Apostelgeschichte 8,26–40).

Als Engel des Lichtes und der Sonne wird in den apokryphen Schriften des Judentums und frühen Christentums der Erzengel Uriel genannt, dessen hebräischer Name »Gott ist Licht« oder »Urlicht Gottes« bedeutet. Als Genius des Sonntages ist er auch Wächter über die Wärme des Tages, vor allem zur Winterzeit. In der Erscheinungsform eines Feuerlöwen wacht er über das heilige Opfer am Altar und heilt durch die Kraft seines Lichtes den Menschen von Krankheitsdämonen, weshalb er in der koptischen Kirche bis heute hoch verehrt wird[15].

Auch der Nachmittag hat seine besondere Engelzeit, da Christus an einem Freitagnachmittag um drei Uhr gestorben ist.

Gitta Mallasz berichtet in ihren bereits mehrfach genannten Büchern »Die Antwort der Engel« und »Die Engel erlebt«, daß sich die Engel ihr und ihren Freunden in siebentägigem Rhythmus jeweils freitags um drei Uhr offenbarten. So waren immer sieben Tage Zeit, um die Gespräche mit den Engeln zu verarbeiten und neue Fragen aufkommen zu lassen. In diesem Wachstums-Rhythmus von sieben Tagen erlebten sie eine schöpfungsgeschichtliche Entsprechung zur Lehre des Alten Testaments, nach der die Schöpfung in sieben Weltenperioden entstand. Das Zusammentreffen der Engelbegegnungen mit der Todesstunde Christi wurde Frau Mallasz erst sehr viel später bewußt.

Die Todesstunde Christi umfaßt nicht nur den Abschluß des menschlichen Leidens Jesu. Sie entspricht auch der in apokryphen Schriften und mystischen Schauungen beschriebenen Fesselung der gefallenen Engel und negativen Kräfte, die durch den Opfertod Christi möglich wurde, als sein vom Kreuz befreiter Geist in aller Göttlichkeit zu wirken begann[16]. Damit ist diese Nachmittagsstunde nicht nur Christus als Kreuzesbezwinger, sondern auch Christus als Weltenherrscher geweiht, der jetzt in die dunklen Sphären herabsteigt, um den dort Verweilenden den Weg zur Erlösung aufzuschließen, der vorher durch die Sünden der Menschen verschlossen war.

In die äußere Ruhe der Nachmittagsstunde, die im Geistigen der erlösenden Hilfe von Christus für die dunklen Sphären gewidmet ist, spricht ein Engel am Freitag, dem 21. Januar 1944:

»Erstarrte Vögel, das Gefängnis ist offen
und ihr wagt nicht, zu fliegen!
Ich schrecke euch auf,
damit ihr fliegt.«[17]

Mit der Abenddämmerung kündigt sich die heranbrechende Nacht an. In dieser Tageszeit verschwimmen die Konturen der gegenständlichen Welt. Sie gleicht einem Grenzland zwischen Lichtfülle und Dunkelheit, zwischen Sonnen- und Mondkraft, zwischen Bewußtsein und Unbewußtem. Damit entspricht der Abend dem Zustand der Ungewißheit, den das Lukasevangelium im Bericht über die Emmaus-Jünger darstellt. Die zwei Jünger befinden sich in Unsicherheit und Zweifel über ihre Lebenszeit mit Jesus Christus (dem Tag), dessen Tod sie nicht verstehen können. Gegenüber dem unerkannten Jesus, der sie als Fremder tröstend begleitet, bringen sie dies in ihren Bitten um seinen Beistand zum Ausdruck: ». . . aber sie drängten ihn und sagten: Bleib doch bei uns, denn es wird bald Abend, der Tag hat sich schon geneigt. Da ging er mit hinein, um bei ihnen zu bleiben« (Lukas 24,29).

In Märchen und Mythen beginnen die dunklen Geister und Dämonen zumeist in der Abenddämmerung, am Beginn der Nacht, zu erwachen, um sich den Menschen in bösen Absichten zu nähern. In einem westafrikanischen Dorf, in dem ich einige Zeit lebte, galt die Abenddämmerung als gefährlichste

Zeit des Tages, während der verirrte Verstorbene und böse Geistwesen auf den Straßen auf der Suche nach Opfern umhergingen. Kinder durften zu diesem Tagesabschnitt den Hof nicht verlassen, und wer sich noch auf der Straße befand, wurde mit Ermahnungen zurückgerufen. Um sich vor dem Einfluß dieser unheimlichen Kräfte zu schützen, braucht der bedrohte Mensch die Unterstützung der himmlischen Kräfte in ihm und um ihn.

In bezug auf die dämonischen Gefahren des Abends wird im Buch Tobit das wunderbare Wirken des Erzengels Raphael erzählt, der als Heiler und Reisebegleiter den jungen Tobias durch verschiedene Bedrohungen sicher führt. Tobias ist mit ihm auf dem Weg, sein Erbe einzuholen, da sein verarmter und erblindeter Vater nicht mehr die Beschwernisse der Reise auf sich nehmen kann. Am Abend gelangen beide zum Ufer des Tigris, wo sie übernachten wollen und Tobias ein Bad im Fluß nimmt. Der Fluß gilt, wie der Zustand des Abends auch, als Grenzbereich zwischen Ufern[18] und auch als fließende Grenze zwischen Diesseits und Jenseits, die in der Tobias-Geschichte durch die Nähe des Engels überwunden wird. Das Wasser symbolisiert nach antikem Verständnis das Element des Unberechenbaren, Dämonischen, dessen heimtückische Kräfte den Menschen mit sich reißen und ihn töten können[19]. Als Tobias im Fluß untertaucht, schießt ein Fisch aus dem Wasser empor, um ihn zu verschlingen. Da ruft der Engel Tobias zu, den Fisch zu packen. Dieser ergreift den Fisch und wirft ihn ans Ufer. Auf Befehl des Engels schneidet Tobias den Fisch auf und entnimmt ihm Herz, Leber und Galle, um diese aufzubewahren. Dann bereiten sie den Rest des Fisches zu und essen ihn. Auf die Frage, wozu die Aufbewahrung der Fisch-Innereien gut sei, antwortet Raphael, daß sie gegen Dämonen und zur Heilung von Blindheit angewendet werden können (Tobit 6). Durch diese Medizin wird im Verlauf der Erzählung Sarah, die spätere Frau des Tobias, von einem eifersüchtigen Dämon erlöst, der bisher sieben Männer, die sie heiraten sollte, im Brautgemach tötete. Dank der Engelhilfe kann Tobias mit der verängstigten Braut in das Hochzeitszimmer gehen und die Nacht über mit ihr schlafen, ohne daran – wie seine Vorgänger – zu sterben, denn, so heißt es, »Tobias sollte Sarah zur Frau haben« (Tobit 3,17). Indem Tobias dem

Engel vertraut und sein Leben einsetzt, um seine ihm vorherbestimmte Braut zu erlösen, ist ihm, wie in zahlreichen Märchen, der Sieg gewiß. Da er bereit ist, die sichtbaren dunklen Kräfte (den Fisch) anzupacken und den unsichtbaren Dämon Asmodi im Brautgemach durch ein heilendes Ritual zu verdrängen, kann er die tödlichen Gefahren überwinden und wird zum Mann. Später wird auch der Vater von Tobias durch die Galle des Fisches von seiner Blindheit befreit. Sein Sohn, der erst in der Fremde reifen und selbständig werden konnte, darf ihm nun die Augen zu neuer Erkenntnis öffnen. In dieser Erzählung wird ein junger Mensch durch den Abend und die Nacht, in denen Gefahr und Verirrung drohen, vom Erzengel Raphael beschützend und heilend in einen neuen Lebensabschnitt, in das Erwachsenenalter, geführt.

Der Abend ist aber auch ein Zeitpunkt, um auf das vollbrachte Tagewerk zurückzublicken und sich auf die Nachtruhe und den kommenden Tag vorzubereiten. Daher wird der Abend auch häufig mit dem Alter des Menschen verglichen, mit der Lebensphase, in der der Tod näher kommt. In einem solchen Lebensabschnitt ist es schwer, den einsamen Rückblick auf das Leben zu ertragen. Wenn sich die Augen des Menschen verdunkeln und er in den Bereich des Sterbens eintaucht, beginnt das Wirken des Erzengels Michael, von dessen spürbarer Hilfe für die Sterbenden zahlreiche Überlieferungen vorhanden sind[20].

Als Begleiter der Seele im Übergang zwischen irdischem Leben und Tod, als Kämpfer gegen die Gestalten der geistigen Dunkelheit wurde ihm seit der Romantik bis in die Barockzeit hinein das Westwerk der Kirchen geweiht. Auf den hohen Türmen des Westwerks befanden sich Michaelskapellen. Von dort sahen die Menschen ihn gegen die heranbrechende Finsternis, den Satan, sein Wächteramt ausüben[21].

Das Engelwirken am Abend für die abschiednehmenden Seelen, die um einen klaren Rückblick auf den Tag ihres Lebens und damit oftmals um eine versöhnende und vertrauensvolle Hinwendung zu Gott ringen, enthält nicht nur tröstende Aspekte. Es ist vielmehr vom Aspekt des Kampfes gezeichnet, denn es geht um die Erhebung der Seele zu Gott, die von den Fesseln materieller, seelischer und geistiger Bindungen niedergehalten wird. Die Befreiung der Seele kann nur ge-

Der Erzengel Michael trägt die Seelen Verstorbener empor. Nach einer Illustration aus einem Psalter für ein Frauenkloster in Shaftesbury, 12. Jh.

schehen, wenn sie sich selber Gewalt antut und darum kämpft, von ihren Bindungen loslassen zu können.

Diese Hilfe der Engel im Zustand des Abends, wenn die Seele um Befreiung vom Irdischen ringt, ist in einer Vision der christlichen Märtyrerin Perpetua (gest. 203) am Abend vor ihrer Hinrichtung aufgezeichnet. Sie sieht den Beistand von Engeln in der Gestalt von Jünglingen und einem riesenhaften Mann bei ihrem Todeskampf voraus. Zu diesem Zeitpunkt ist

Perpetua gerade zweiundzwanzig Jahre alt und Mutter eines wenige Monate alten Kindes, das ihr weggenommen wurde. Zusammen mit ihrer hochschwangeren Freundin Felicitas und weiteren Gefährten in Karthago eingekerkert, sind sie zum Kampf mit den wilden Tieren in der Arena verurteilt. Am Vorabend der Kampfspiele erscheint Perpetua der bereits hingerichtete Diakon Pomponius in einem Gesicht:

»Er war gekleidet in ein weißes Gewand, das mit einer dreifachen Reihe von Goldgranaten besetzt war, und sagte zu mir: ›Perpetua, wir erwarten dich, komm mit mir.‹ Dann nahm er mich bei der Hand und führte mich einen engen und unebenen Weg. Endlich kamen wir ganz außer Atem beim Amphitheater an. Als wir mitten auf dem Kampfplatz standen, sagte er: ›Fürchte nichts; ich bin bei dir und werde an deiner Seite kämpfen.‹ Dann entfernte er sich und ließ mich allein. Jetzt sah ich eine ungeheure Menge Volkes um mich her sitzen, und da ich merkte, daß ich verurteilt sei, den Thieren vorgeworfen zu werden, so wunderte ich mich, warum man so lange zögerte, sie auf mich loszulassen. Plötzlich sah ich einen häßlichen, schwarzen Egyptier mit seinen Gehilfen auf mich losgehen, gleichsam, um mich zu bekämpfen, zugleich aber erblickte ich eine Schar Jünglinge, die sich mir nahten, um mich zu verteidigen. Sie entkleideten mich, salbten mich mit Öl, und ich sah mich jetzt ganz umgewandelt in einen tapferen Kämpfer. Der Egyptier wälzte sich im Staube des Kampfplatzes. Als wir schon auf dem Punkte waren, den Kampf zu beginnen, da näherte sich mir ein Mann von riesenhafter Größe, er war mit einem langen Purpurkleide bedeckt, das an der Brust mit einer goldenen Spange befestigt und mit einer Menge goldener und silberner Granaten besetzt war. In der Hand hielt er einen Stab, wie ein Aufseher der Spiele, und einen grünen Zweig, an dem goldene Äpfel glänzten. Nachdem er Stillschweigen geboten, rief er: ›Wenn der Egyptier dieses Weib besiegt, so wird er es mit dem Schwerte tödten; wenn aber das Weib ihn besiegt, wird sie diesen Zweig erhalten.‹ Dann setzte er sich an seinen Platz. Der Egyptier und ich wurden nun miteinander handgemein. Er suchte mich beim Fuß zu packen, ich aber stieß ihn nieder, daß er auf das Angesicht fiel, und trat ihm auf den Kopf. Das Volk brach in lautes Geschrei aus; meine Verbündeten stimmten einen

Triumphgesang an, ich aber ging zum Aufseher der Spiele und erhielt den Zweig. Er gab mir einen Kuß und sagte: ›Meine Tochter, der Friede sei mit dir.‹ Da erwachte ich und merkte, daß ich nicht gegen die wilden Thiere, sondern gegen die Teufel kämpfen werde; aber ich wußte, daß mein Sieg gewiß sei.«[22]

Festtage und Jahreszeiten

Während des Übergangs zum Christentum vollzog sich die Ablösung der alten Naturgottheiten, die auch den Wechsel der Jahreszeiten repräsentierten. An ihre Stelle traten vielfach die Engel, von denen auch die Bibel berichtet. Nach und nach wurden den Engeln die alten Festtage geweiht, die mit dem Sonnenstand verbunden waren, und die Verwaltung des Wachsens und Vergehens wurde ihnen zugeschrieben. Die Verehrung der Engel galt schon in der Frühphase der Ausbreitung des Christentums besonders den Erzengeln. Dabei flossen esoterische Traditionen des antiken Heidentums in nur geringfügig veränderter Form in die Engelkulte ein, so daß die offiziellen Vertreter der sich etablierenden Kirche diese mit höchstem Mißtrauen beobachteten und eher zu bekämpfen suchten[23].

Daher konnten sich bis in die Gegenwart nur zwei Festtage der Erzengel erhalten und unangefochten in der Praxis des Volksglaubens überleben. Der 24. März, der traditionelle Frühjahrsbeginn und Tag vor dem Fest Mariä Verkündigung, ist dem Erzengel Gabriel geweiht. Mit ihm hat sich nach christlichem Verständnis nicht nur der geistige Morgen, sondern, umfassender, der Frühling der Menschheit angekündigt. In Gabriels Namen »Kraft Gottes« ist auch die Übermittlung der göttlichen Zeugungskräfte enthalten, die durch die Verkündigung an Maria wirksam wurden. Daher verbindet sich die Gestalt von Gabriel mit dem Mysterium der Zeugung[24]. Sein Wirken weist in die Zukunft, auf das Wachsen und Werden des von Gott geschenkten Lebens; seiner Erscheinung folgt der Frühling, den er ankündigt. In einer Schrift der Orthodoxie spricht Gabriel zu Maria: »Ich bin der Künder der künftigen Dinge, aber ich wirke nicht mit. Wenn ich auch ein Erzengel bin, so weiß ich doch um meine Stellung (als Diener). Als Freudenbotschaft bringe ich die Freude, doch wie du gebären wirst, hängt nicht von mir ab ...«[25]

Mit Gabriel, dem Lebensbringer, beginnt im Frühling die Phase der Fruchtbarkeit. Da diese mit den Kräften des Mondes in Verbindung steht, gilt Gabriel auch als Genius des Mondes und der Mondenkräfte. Daher wurde ihm der Montag geweiht[26]. Als von Gott eingesetzter Wächter ist er der »Hüter der Schwelle« zum Eingang ins Leben und in Entsprechung dazu zum Paradies mit dem Lebensbaum[27]. Indem er Hüter des Himmelsgartens und des beginnenden Lebens ist, verknüpft sich sein Wirken mit dem der Menschenfrau, mit ihrer traditionellen Stellung als Hüterin und Beschützerin der heiligen Gärten und der Tempelhaine[28]. Der Arbeit in den Gärten um Hof und Haus, deren Betreuung den Frauen anvertraut war, entsprach im Frühling die Aufgabe Gabriels, das göttliche Wort, den Samen in die Erde der Menschenseele zu legen, damit er dort wachsen und reifen konnte.

Sechs Monate später, zum traditionellen Herbstbeginn, liegt das Fest des Erzengels Michael am 29. September. Mit ihm kündigt sich die Zeit der Herbststürme, der langen Nächte und dunklen Abende an, wo in früheren Zeiten nach dem Einbringen der Ernte sich das Leben der Gemeinschaft wieder mehr im Haus, im Inneren vollzog. Während Gabriel am Eingang des bäuerlichen Jahres steht, wacht Michael an seinem Ausgang, in der Zeit der Ernte, wo die guten und schlechten Früchte sichtbar werden, und begleitet das beginnende Sterben in der Natur, das Ruhen der Pflanzen in der Erde.

Im Bereich des katholischen Volksglaubens hat sich bis heute eine allgemeine Verehrung der Schutzengel erhalten, denen als der neunte Engelchor der neunte Monat des Jahres, der September, geweiht ist[29]. Die kirchliche Etablierung des Schutzengelmonats im 16. Jahrhundert entsprach historisch gesehen den Intentionen der Gegenreformation. Die intensive Annahme der Schutzengelverehrung im religiösen Brauchtum deutet jedoch auf tieferliegende Bedürfnisse und kollektive Sehnsüchte hin.

Wie die Feste des Erzengels Gabriel (Vortag von Mariä Verkündigung) und des Erzengels Michael (kurz vor Beginn des Marienmonats Oktober) liegt der Schutzengelmonat zwischen zwei Marienmonaten; August »Himmelskönigin Maria« mit dem Fest Mariä Himmelfahrt (15. 8.) und Oktober »Rosenkranzmonat«. Dies verdeutlicht, wie eng das Wirken der Schutzengel mit dem der Gottesmutter verbunden ist. Unter dem mütterlichen Schutz von Maria wächst die Ernte heran. In ihrer Verehrung leben die Erinnerungen an die Große Göttin, die Erdmutter, weiter, die auch durch das Christentum nicht vollständig verdrängt worden ist. Die Große Göttin ist »überall Herrin über die der Erde entsprießende Nahrung, und alle damit verbundenen Bräuche unterstehen ihr und hängen mit ihr zusammen. Sie ist die Herrin der ›Ackerbaukultur‹, ob die Frucht dieses Ackers nun Reis, Mais oder Weizen, Gerste, Tapioka oder irgendeine andere Nährfrucht des Bodens sei. Aus diesem Grund ist die Große Göttin oft mit einem Pflanzensymbol verbunden, in Indien wie in Ägypten mit dem Lotos, als Isis ebenso wie Demeter und später als Madonna mit der Rose. Blüte und Frucht gehören zu den typischen Symbolen.«[30] In Entsprechung dazu wächst die »Seelenpflanze« des Menschen in ihrem irdischen Leben heran, um dann reiche Frucht für das Himmelreich einzubringen. Im Schutz von Maria vollzieht sich in diesem Kontext die Arbeit der Schutzengel, die enge Verbindungen zu den traditionellen Aufgabenbereichen der Frauen aufweist. So stehen die Schutzengel hilfreich bei Geburt, Krankheit und dem Übergang in das jenseitige Leben zur Seite. Sie betreuen das Wachstum der Seele und wachen über den Menschenleib, der ein Haus Gottes, der Tempel des Heiligen Geistes ist. In der andachtsvollen Betrachtung des Schutzengelwirkens konnten die Frauen aller Schichten ihre Aufgaben in geistiger Erhöhung wiederfinden, wußten sich geborgen bei der Himmelskönigin Maria[31].

Aber auch der Wechsel von Zeitepochen, das Werden und Vergehen von Kulturkreisen und Zeitströmungen wird dem Einfluß von Engeln zugeschrieben. Rudolf Steiner beschreibt, wie die sieben Erzengel im Rhythmus von etwa 350 bis 400 Jahren sich in der Zeitregentschaft ablösen. Die Entwicklung der Neuzeit (ungefähr ab 1450) bis in die Mitte des 19. Jahrhunderts hinein sieht er unter dem Einfluß des Erzengels Gabriel. Als Engel der Inkarnation hat er den Aufbruch und die gewaltigen Umwälzungen der gesellschaftlichen Systeme durch die Entwicklung der Naturwissenschaften, des Wirtschaftslebens, der Politik und der Kultur mitbeeinflußt, damit die Menschheit vollständig in die Materie eingeführt wird. Die Früchte, die Ergebnisse dieser Entwicklung werden nun im Zeitalter des Erzengels Michael, das in der Mitte des vorigen Jahrhunderts begonnen hat, in die Ernte und damit Unterscheidung geführt. Dies bedeutet, daß diejenigen Entwicklungen, die zur geistigen Erhebung der Materie notwendig waren, von denen getrennt und unterschieden werden, die zerstörend auf das Leben der Erde und der Menschen einwirken. In dieses Ringen der Kräfte bringt Michael mit seinem Lichtschwert Erkenntnis und die Fähigkeit zur Klarheit[32]. In den Aufzeichnungen von Gitta Mallasz spricht der Chor der Engel am Michaelsfest 1944, wenige Monate vor Kriegsende:

»Michael,
deine Waage wägt,
dein Schwert schneidet,
und was lebend war,
findet Leben,
und Totes stirbt!«[33]

Engelgestalten

Da erschienen mir zwei sehr große Männer,
wie ich nie auf Erden gesehen;
ihr Antlitz leuchtete wie die Sonne,
ihre Augen wie brennende Fackeln;
aus ihrem Mund sprühte Feuer;
ihre Kleidung und ihr Gesang war herrlich,
ihre Arme wie goldene Flügel.

Buch Henoch

Die leibliche Gestalt: Wahrnehmung und Entsprechungen

Der apokryphe Bericht von Joseph und Asenath enthält die Beschreibung einer Erscheinung des Erzengels Michael: »Da spaltete sich bei dem Morgenstern der Himmel und es erschien ein unaussprechliches Licht... Da kam zu ihr gar schnell ein Mensch vom Himmel, der Lichtstrahlen entsandte, und stellte sich zu ihren Häupten... Sein Antlitz glich einem Blitz und seine Augen waren wie der Sonnenglanz, sein Haupthaar wie ein Fackelfeuerbrand und seine Hände samt den Füßen glichen glühenden Eisen.«[1]

Außer den Engeln der ersten Hierarchie, deren Körper von Strahlungskräften in Flügelform verhüllt sind, erscheinen Engel der verschiedenen Himmelssphären in leiblicher Gestalt, werden in einem Menschenkörper erblickt. Diese Wahrnehmung des Engelleibes hat bereits in der Frühzeit des Christentums heftige Kontroversen ausgelöst[2]. Sind die Engel geistige Wesen, die sich für den Menschen in eine anschauliche Gestalt hüllen, oder aber sind sie tatsächlich mit einem Lichtkörper in Menschenform ausgestattet[3]? Sind Engel transzendente Wesen oder Projektionen unserer Seele, befinden sie sich innerhalb oder außerhalb unseres Selbst?

Nach diesen immer wieder entflammten Diskussionen hat sich das religiöse Erkenntnisinteresse von der geistigen Bedeutung der Engelgestalt abgewendet. Ist die Frage nach dem Engelleib noch ein Themenbereich der Hochscholastik, verschwindet sie mit dem Beginn der Neuzeit. Die Hinweise, die zu diesem Fragenkomplex in den mystischen Schriften von Emanuel Swedenborg im 18. Jahrhundert und von Jakob Lorber im 19. Jahrhundert gegeben werden, haben erstaunlicherweise kaum Eingang in die neuere Engelkunde gefunden.

Die Verdrängung der menschlichen Gestalt der Engel und die Ablehnung der Botschaft, die sie enthalten könnte, sowie die Abstrahierung der Engelgestalt auf Phänomene wie Feuer, Wind und Geist[4], die schon im frühen Christentum einsetzte, sind Ausdruck der körperfeindlichen Tendenzen, die sich im Laufe der Zeit immer wieder gegen sinnliche und mystischere Betrachtungsweisen durchgesetzt haben. So ist die Eingrenzung des Engels nach innen, in die versteckten Gemächer des Glaubens, erfolgt. Die Schönheit seiner Gestalt und Erscheinung wurde nur im geheimen wahrgenommen. Die Menschen, die der Engel ansichtig wurden und ihre Botschaft mitteilten, wurden unter die kirchliche Obhut von sogenannten Seelenführern gestellt, die die Erscheinungen minutiösen Prüfungen unterwarfen[5]. Bei diesem historischen Rückblick drängen sich die Parallelen zur Unterdrückung der Frau in der Geschichte des Christentums geradezu auf, denn auch sie, und vor allem ihre körperliche Erscheinung, unterlag der Verdrängung, ihrer leiblichen Gestalt wurde mit demselben Mißtrauen und Unbehagen begegnet[6]. Eine Untersuchung der auffallenden Gemeinsamkeiten in der (Nicht-)Wahrnehmung des Engelkörpers und der Frauengestalt durch die männlich geprägte Theologie des Christentums muß erst noch geschrieben werden.

Beispielhaft für den Umgang mit der körperlichen Engelerscheinung ist das Vorgehen des Seelenführers der jungen Gemma Galgani, die fast täglich ihren Schutzengel sah, der ihr in ihrer schwierigen Lebenssituation ein großer Trost war: »Gemma hatte den Befehl erhalten, jede Erscheinung durch das Kreuzzeichen, das Weihwasser und sogar mit Anspucken zu vertreiben. Als sich der Schutzengel eines Tages zeigte, spuckte sie ihm ins Gesicht und versuchte, ihn zu vertreiben. Der Engel aber bewegte sich nicht; ja an jener Stelle, wo ihr Speichel zu Füßen des Engels lag, wuchs eine weiße Rose empor; auf ihren Blumenblättern war in goldenen Buchstaben geschrieben: Man nimmt alles von der Liebe entgegen.«[7]

Was löst außer der Angst vor geistigen Täuschungen die Beunruhigung aus, die der Verdrängung und Unterdrückung vorausgeht? Ist es das Phänomen, daß Engel in ihrer Erscheinungsweise nicht eingrenzbar sind, daß sie wehen, wo der »Geist es will«[8], und die Gunst ihrer Erscheinung nicht nach moralisch-religiösen, sondern oft uneinsichtigen, himmlischen Kriterien erfolgt? Ist es die Kraft ihrer Liebesstrahlung, die sich mit Schönheit und Weisheit paart und denjenigen, der sie erlebt, oft von Grund auf verändert? Diese »unheimlichen« Momente in der Begegnung mit der Engelgestalt, die Veränderungen in der Seele und Wachstumsprozesse mit unbekanntem Ausgang auslöst, enthalten neben dem Aspekt der religiösen Freude und Verzückung auch zahllose angsterregende Faktoren. Das unkontrollierbare Auftauchen und Entschwinden der Engel, ihre Vielgesichtigkeit und Vielgestaltigkeit sollte in das System einer eingrenzenden Theologie integriert und ihr unterworfen werden. Dasselbe galt gegenüber den unkontrollierbaren, unerwarteten Regungen des eigenen »Inneren«, dessen Gefüge durch die Begegnung mit einer Gestalt bedroht wird, die sich in der Freiheit und der Liebe Gottes ohne Begrenzungen bewegt. Engel entziehen sich einseitigen dogmatischen Machtansprüchen, denn vor der Gewalt ihrer Gestalt wird sich der Mensch nicht nur der göttlichen Liebe, sondern auch seiner Ohnmacht und Kleinheit vor Gott bewußt[9]. Dies aber sind Erfahrungen, die derjenige, der Macht und Herrschaft besitzt, zumeist zu vermeiden sucht[10].

Bei der Durchsicht der Literatur zur Engelgestalt zeigte es sich, daß auch in den zeitgenössischen Werken diese besondere Fragestellung mit Vorsicht und sofortigen Eingrenzungen aufgenommen wird. Auffallend ist entweder die besondere Betonung der Geschlechtslosigkeit der Engel, sie werden als »reine« Geister chrakterisiert, oder die Verbindung ihrer Schönheit mit männlichen Attributen. In bezug auf die Engelauffassung des orthodoxen Christentums schreibt L. Heiser: »Ihre Natur kommt dem Feuer und dem Wind gleich; ihr Leib ist ätherisch. So sind sie ortsgebunden, besitzen aber die Fähigkeit, leicht und schnell dort zu erscheinen, wohin Gottes Auftrag sie führt. Da sie keinen Leib nach Menschenart besitzen, müssen sie menschliche Gestalt annehmen, wenn Gott sie als Boten zu den Menschen sendet. Als geistige Wesen sind sie geschlechtslos und vermehren sich nicht durch Zeugung ...«[11]

In der christlichen Kunst werden bis in das Zeitalter des Barocks, wo eine Auflösung der traditionellen Bildvorstellungen einsetzt, die Engel hauptsächlich »als jugendliche, männliche Gestalten gezeichnet, charakterisiert durch stattlichen Wuchs, lockiges Haar und strahlende Gesichter, in idealer, geistiger Schönheit dargestellt, damit sie in ihrer ewig heiteren Jugend und in ihrem blühenden Leben die vollkommene Lebensfülle Gottes zur Aussage bringen. Die (männliche) Schönheit der Engel ist das Gefäß ihrer Heiligkeit.«[12]

Die Beschreibung der Engelgestalten als jünglingshaft bezieht sich auf Quellen des Alten und Neuen Testaments, wo der Botenauftrag der Engel als männliche Tätigkeit gesehen wird[13]. Engelerscheinungen, die zahlreichen Frauen im Laufe der Jahrhunderte zuteil wurden, sind auf Grund der historischen Gegebenheiten sehr häufig von Männern aufgeschrieben worden, so daß in zahlreichen Berichten die Grenzen zwischen Engelschau und interpretierender Niederschrift verschwimmen[14]. Dabei ist der spezifisch weibliche Charakter von Tätigkeiten, die die Engel ihren Schützlingen zuteil werden lassen und die in zahlreichen Quellen einen breiten Raum einnehmen, fast immer übersehen worden. Gegen eine erweiterte Sicht und eine ganzheitliche Wahrnehmung des Engelwirkens gibt es offensichtlich erhebliche Widerstände. Dies festzustellen ist nicht nur ein exaltiertes Anliegen von Frauen, wie Dr. Moolenburgh es in seinem sonst sehr wichtigen Engelbuch darstellt: »Merkwürdigerweise« (!) »fragten mich einige Frauen, die von meiner Engeluntersuchung gehört hatten, recht bissig, ob diese Engel denn ›immer Männer‹ seien. Ich kann den Damen versichern, daß der Feminismus sich im Himmel noch nicht durchgesetzt hat. Männlich heißt dort: Vom Geist durchdrungen. Weiblich: Vom Gefühl erfüllt. Mit Penisneid hält man sich im Himmel nicht auf.«[15]

Entsprechung der Leibesgestalt

Nach Swedenborg resultiert die irdische Gestalt des Menschen aus seiner Geistgestalt. Nicht weil wir Menschengestalt haben, erleben wir die Engel menschenähnlich, sondern weil unser Geist Menschengestalt hat, haben wir einen Menschenkörper[16]. Dabei bezieht sich Swedenborg auch auf den Schöpfungsbericht im 1. Buch Mose: »Und Gott sprach: Lasset uns Menschen machen nach unserm Bilde, uns ähnlich ... Und Gott schuf den Menschen nach seinem Bilde, nach dem Bilde Gottes schuf er ihn; als Mann und Frau schuf er sie« (1. Mose 1,26f.). Die Menschengestalt als Gleichnis Gottes stellt einen Mikrokosmos im Makrokosmos dar, sie ist die Widerspiegelung der göttlichen Schöpferkräfte in Geist, Seele und Stofflichkeit.

Ebenso wird auch in den tantrischen Richtungen des Hinduismus wie des Buddhismus der menschliche Körper als Verdichtung des gesamten Universums betrachtet[17]. In einem Gedicht heißt es:

»In deinem Körper befindet sich der Berg Meru,
umgeben von den sieben Kontinenten;
dort sind auch die Flüsse,
die Seen, die Berge, die Ebenen
und die Götter der Bereiche.
Propheten kann man darin erblicken,
Mönche, Pilgerstätten
und die darüber herrschenden Gottheiten.
Dort sind die Sterne, die Planeten
und die Sonne im Verein mit dem Mond;
dort gibt es auch die beiden kosmischen Kräfte:
dasjenige, was zerstört, dasjenige, was erschafft,
und all die Elemente: Äther,
Luft und Feuer, Wasser und Erde.
Ja, in deinem Körper sind alle Dinge,
die in den drei Welten existieren;
sie alle erfüllen ihre vorgeschriebenen Aufgaben
um den Berg Meru herum.
Nur wer dies weiß,
kann als wahrer Yogi bezeichnet werden.«[18]

Im Geistleib der Engel, der in seiner Erscheinung dem menschlichen Körper bis auf die materielle Hülle gleicht, zeigen sich die himmlischen Geheimnisse, die im Gewand des irdischen Menschenkörpers verborgen sind. Swedenborg hat der leiblichen Gestalt der Engel zahlreiche Ausführungen gewidmet. Er schreibt: »Nach all meiner Erfahrung, die nun schon viele Jahre andauert, kann ich sagen und versichern, daß die Engel ihrer Gestalt nach in jeder Hinsicht Menschen sind, daß sie Gesicht, Augen, Ohren, Brust, Arme, Hände und Füße haben, daß sie sich gegenseitig sehen, hören, miteinander reden – mit einem Wort: daß ihnen gar nichts fehlt, was zum Menschen gehört, außer, daß sie nicht mit einem materiellen Leib überkleidet sind. Ich habe sie in einem Licht beobachtet, welches das hellste Tageslicht in der Welt um viele Grade übertrifft, und in diesem Licht waren all ihre Gesichtszüge bestimmter und deutlicher zu sehen als die Gesichter der Menschen auf Erden ... Einige gute Geister, mit denen ich ebenfalls über diesen Gegenstand sprach, bedauerten von Herzen, daß in der Kirche eine derartige Unwissenheit hinsichtlich des Zustandes der Himmel und in bezug auf Geister und Engel herrsche. Unwillig erklärten sie, ich solle doch auf alle nur mögliche Art und Weise berichten, daß sie nicht gestaltlose Geistwesen oder Luftgebilde seien, sondern Menschen in voller Gestalt, die ebenso sehen, hören und empfinden wie die Menschen in der Welt.«[19]

Als Abbild des Göttlichen enthält die individuelle Engelgestalt nicht nur persönliche Entsprechungen zu verschiedenen Aspekten des Himmels, sondern verweist durch ihre Menschenform auf ein tiefes göttliches Geheimnis. Denn das Göttlich-Menschliche des Christus bewirkt, so Swedenborg, daß der Himmel in seiner Gesamtheit wie in seinen verschiedenen Sphären Menschengestalt hat[20]. Eine Engelgesellschaft mit ihren jeweiligen Angehörigen wirkt in ihrer Gesamterscheinung wie ein einzelner Himmelsmensch. Swedenborg erlebte während seiner Himmelsreisen »zuweilen auch eine ganze Engelgesellschaft als Einheit in Menschengestalt, was mir vom Herrn zu sehen gegeben wurde. Auch wenn der Herr inmitten der Engel erscheint, so erscheint er nicht umgeben von einer großen Menge, sondern in der Gestalt eines einzigen Engels. Daher kommt es, daß der Herr im Wort auch ein ›Engel‹ heißt, aber auch ganze Gesellschaften so genannt werden. Michael, Gabriel und Raphael sind nichts anderes als Engelgesellschaften, die wegen ihrer Funktion so genannt werden.«[21] Auch Jakob Böhme beschreibt diese Eigenart der Himmelswelten, daß mehrere Personen in der Ferne wie eine Gestalt erscheinen. Er schreibt: »Gleichwie ein Engel in seinem körperlichen Leibe ist beschaffen mit all seinen Gliedern, also ist auch ein ganzes Königsreich beschaffen, das ist zusammen wie ein Engel; . . . Wie ein Corpus eines Engels . . .«[22] Die unzähligen Engelgesellschaften des Himmels formen in ihrer Gemeinsamkeit wieder eine einzige Gestalt, wobei sich je nach ihrem Aufgabenbereich die eine Gruppe im Haupt, die andere in der Brust oder anderen Körperteilen befindet[23].

Der englische Maler William Blake hat, als Swedenborg-Anhänger und durch eigene mediale Erfahrungen inspiriert, in einem seiner Werke die Zuordnung einer Engelgesellschaft zu einer Körperentsprechung des Göttlichen gemalt. In seinem Bild »Gott spricht durch die Engel« breitet Gott in der Mitte einer fließenden Spirale aus Engeln seine Arme aus. In der

William Blake, Gott antwortet Hiob aus dem Wetter

Gesamtheit der Form wirken die Engel wie eine breite Strömung, die sich aus der göttlichen Mitte, dem Herzen Gottes, entwickelt. Erst bei näherem Hinsehen werden die einzelnen aneinandergeschwungenen Engel erkennbar, die jeweils aus einem Kopf und Flügelkörper in Herzform bestehen und zur Erde herabfließen.

Auch in Gemälden des frühen Mittelalters finden sich öfter Darstellungen von Engelgruppen, die zumeist um die Brust und das Haupt Gottes wie ein Strahlenkranz oder ein feuerroter Lichtmantel geschwungen sind, wobei die einzelnen Engel meist erst bei längerem Betrachten sichtbar werden. Dabei handelt es sich häufig um Seraphim, die als Sinnbild der göttlichen Liebesströmung den Bereich der ewigen Herzensmitte verkörpern.

Auch die Christenheit wird als ein Leib, der mystische Leib Christi, bezeichnet. Auf diese Schau bezieht sich der Apostel

Gott in einer Engel-Aura.
Nach einem Gemälde von Giovanni di Paolo,
Die Vertreibung aus dem Paradies, 1445

Paulus im ersten Korintherbrief: »Denn wie der Leib eine Einheit ist, doch viele Glieder hat, alle Glieder des Leibes aber, obgleich es viele sind, einen einzigen Leib bilden: so ist es auch mit Christus. Durch die Taufe wurden wir alle in einen einzigen Leib aufgenommen ... Wenn darum ein Glied leidet, leiden alle Glieder mit; wenn ein Glied geehrt wird, freuen sich alle anderen mit ihm. Ihr aber seid der Leib Christi, und jeder einzelne ist ein Glied an ihm« (1. Korinther 12, 12–13.26–27).

Die einzelne Engelgestalt wie auch der Gesamtkörper eines Himmelsmenschen enthält in den inneren und äußeren Gliedern Sinnbilder und Entsprechungen zu göttlichen Schöpfungsaspekten. Die bedeutendsten sind in der sogenannten Dreigliederung der Gestalt in Kopf, Rumpf und Beinbereich zu sehen. Diese dreifache Untergliederung ist Ausdruck der Heiligen Dreifaltigkeit Gottes, wobei der Kopfbereich der göttlichen Einsicht und Weisheit (Geist) entspricht, der Leib der göttlichen Liebe (Seele), die Beine der göttlichen Natur im Äußeren (Materie)[24].

Beginnen wir mit den Beinen des Engelkörpers, so »stehen« diese für den sogenannten Glaubensbereich, der die äußere Natur (die Füße) mit den unteren Himmelssphären verbindet[25]. In den vorliegenden Berichten werden die Füße und Beine der Engel nur selten erwähnt, oder aber ihre Wahrnehmung findet weniger Aufmerksamkeit, so daß ihre Beschreibung wegfällt. Von den vier Lebewesen, die Ezechiel in seiner Berufungsvision zum Propheten sieht, berichtet er: »Ihre Beine waren gerade und ihre Füße wie die Füße eines Stieres; sie glänzten wie glatte und polierte Bronze« (Ezechiel 1,7). Dieses Bild fügt sich in die beschriebene Symbolik ein. Die Beine der vier Lebewesen sprechen von einer geraden Verbindung zu den himmlischen Sphären. Der Bezug der Füße zur äußeren Natur, zur irdischen Welt, wird durch ihre Entsprechung zum Stierfuß noch verstärkt.

Zeichnung des Schuhs des Engels der Auferstehung, nach Krista Zmrtvýchstání, Die Auferstehung Christi

Weniger in schriftlichen Quellen als in Werken der bildenden Kunst lassen sich Hinweise zu der Symbolsprache der Engelfüße entdecken, wird diesem Aspekt, der die Berührung der Erde durch das himmlische Wesen zeigt, besondere Bedeutung eingeräumt. In älteren Bildern werden die Füße zumeist nackt dargestellt, berüht der Engel mit bloßem Fuß den Boden, was aussagt, daß er durch seinen Auftrag auf heiligem Boden steht, zum anderen aber auch, daß die Erde durch seine Berührung geheiligt wird[26]. Manche Engel werden aber auch, als Hinweis auf ihren Botenauftrag, mit einfachen Sandalen gezeigt, mit denen sie, den Menschen gleich, über die Erde wandeln[27]. In mittelalterlichen Bildern schauen unter den weiten Engelgewändern auch manchmal rote Fußspitzen hervor, kleinen Feuerzungen ähnlich[28]. Hier wird auf antike Vorstellungen zurückgegriffen, die den Engeln als ätherischen Wesen die Farbe des Feuers zuschreibt[29]. Die Beine des Auferstehungsengels des böhmischen Meisters von Hohenfurth, die aus seinem Gewand hervorschauen, sind so leuchtend blau wie seine Flügel, die Farbe des Glaubens und der kosmischen Unendlichkeit. Dennoch steht der Engel nicht auf seinen Beinen, sondern er sitzt auf dem geöffneten Grab, den linken Fuß über den Rand hinausragend. Mit diesem Fuß weist er zur Gruppe der Frauen, denen er die Auferstehung kundtut. Der Fuß, Sinnbild der irdischen Natur, ist mit einem goldenen Schuh bekleidet, dessen feines Gittermuster das Zeichen des Lilienkreuzes wiedergibt, Ausdruck der Erlösung und Hinweis darauf, daß durch die Auferstehung Christi die Fesselung des Menschen an seine irdische Natur überwunden ist. Dennoch ist in der christlichen Kunst insgesamt eine zögernde Haltung zu beobachten, die Verbindung der Engel zum Irdischen durch ihre Füße oder Beine darzustellen. Um den geistigen Charakter ihrer Erscheinung in der Menschenwelt zu unterstreichen, sind Füße und Beine zumeist vollständig unter gewaltigen Gewändern und Flügelschwingen verborgen, deren Säume und Ränder abgrenzend den Erdboden berühren und so den Engelgestalten einen schwebenden Ausdruck verleihen[30].

Der Leib der Engel, Sitz des Herzens, verkörpert die tiefen Bereiche und Empfindungen der Seele und des Gemüts, wobei in der Entsprechungslehre Swedenborgs das Herz die himmlische Liebe repräsentiert[31]. Die Bedeutung der Herzform in Zusammenhang mit der Engelgestalt wurde bereits im Abschnitt über die Erscheinungsweise der Seraphim beschrieben, deren geschlossene Flügel Herzen gleichen und in deren Gestalt die Worte Jesu verkörpert sind: »Selig, die ein reines Herz haben; denn sie werden Gott schauen« (Matthäus 5,8).

In den Schilderungen von Engelerscheinungen ist der Engelleib fast immer durch ein Gewand oder die Flügel-Aura verhüllt, bleibt in seiner wahren Gestalt verborgen; wobei allerdings die Farbigkeit, der Gewandschmuck und dessen Ornamentik häufig Hinweise auf die Seelenkräfte geben, die der Engel ausstrahlt. Die Gewand- und Flügelhüllen können auch als Bewußtseinsschleier interpretiert werden, die zwischen der intensiven Gemüts- und Liebeskraft der Engel und dem wahrnehmenden Menschen liegen müssen, der sonst die Kraft der Erscheinung nicht erträgt. Gleichzeitig ist der verhüllte Engelleib aber auch Ausdruck himmlischer Geheimnisse, die dem Menschen noch nicht zugänglich sind. Hildegard von Bingen betont dies in ihrer Schau der Engel: »Daß du aber weder bei ihnen noch auch bei früheren nichts Weiteres von ihrer Gestalt erkennen kannst, bedeutet, daß in den seligen Geistern viele Geheimnisse sind, die der Mensch nicht wissen soll. Denn solange er sterblich ist, kann er das Ewige nicht vollkommen erkennen.«[32] Ähnlich formulierte es Ancilla Domini: »Wenn Gott ein Geheimnis verschleiere, so solle es auch verschleiert bleiben.«[33]

Das verborgene und verhüllte Herz der Engel hat noch eine weitere Entsprechung zum Seelenleben des Menschen, da sich dort, im stillen, das wahre Glaubensleben, die von den Mystikern immer wieder genannte Zwiesprache des Herzens mit Gott, selbst vollzieht[34]. Im Herzen des Menschen, das ein Abbild des göttlichen ist, geschieht das Mysterium der Vereinigung mit Gott[35], wird Gott, wie in der Höhle des Weihnachtsgeschehens, vor aller Welt verborgen, geboren[36]. Dieses Geschehen braucht Schutz und Hülle, Umkleidung, um später dann, den Engeln gleich, durch die Schichten des Bewußtseins nach außen zu strahlen.

Da der Engelleib verhüllt bleibt und seine Gewandung ein Spiegel des göttlichen Auftrags ist, bleiben auch zahlreiche Aspekte der jeweiligen Engelpersönlichkeit, ihres Seelen- und

Empfindungslebens, verborgen. Was sich bereits in der häufigen Weigerung, ihren Namen zu nennen, andeutet, wird durch die Verborgenheit ihrer Gestalt in Licht und Strahlung vertieft: Sie weist hin auf ihre Sendung durch Gott und ist Zeichen für das selbstlose Hineinstellen ihres Seelenleibes in seinen Willen.

Besonders deutlich wird in zahlreichen Berichten der Kopf, das Gesicht des erscheinenden Engels beschrieben. Er steht in enger Verbindung zum Herzen und hat direkte Entsprechung zum Himmel. Jesus sagt zu Jakob Lorber: »So sollet ihr euch Meine Himmel auch nicht irgendwo als weit entfernt vorstellen, sondern ganz nahe. Der Weg beträgt höchstens drei Spannen Maß. Es ist dies die Entfernung vom Kopfe bis ins Zentrum des Herzens! Habt ihr diese kleine Strecke zurückgelegt, so seid ihr auch darinnen! Denkt ja nicht, daß wir etwa eine Auffahrt über alle Sterne hinaus machen werden. Sondern denkt euch, daß wir nur eine Niederfahrt in unser Herz machen. Dort werden wir unsern Himmel und das wahre, ewige Leben finden!«[37]

Das Himmlische bildet sich in besonderer Weise im Bereich zwischen Kopf bis Herz ab, wobei nach Swedenborg der Hals die Verbindung zwischen den geistigen und seelischen Ebenen darstellt. Dies macht verständlich, warum in der christlichen Kunst neben der Ausschmückung der »Seelengewänder« Kopf, Hals und Schulterbereich der Engel so reiche Ausschmückung erfahren haben. Das Haupt symbolisiert den »geistigen Menschen«, der in der Einstrahlung der göttlichen Weisheit steht. Als Zentrum des Geistes weist es auf den innersten Himmel, die geistige Sonne, die ewige Gottheit hin, in der christlichen Ikonographie durch den Heiligenschein oder den Strahlenkranz hinter dem Kopf verdeutlicht[38]. »Vielleicht hat keine Religion so sehr wie das Christentum den Kopf als Lichtquelle in jedem Sinn verherrlicht und ihn so eindringlich zum Symbol der Gottheit erhoben. Dies mag darin begründet sein, daß Christus als das Haupt der Schöpfung wie seines mystischen Leibes, der Kirche, offenbar geworden ist. Der Kopf, das Menschlichste am Menschen, ist zugleich das ›Göttlichste‹ Gottes: dem Irdischen und dem Himmlischen gleicherweise zu eigen durch den, der Gott und Mensch in sich vereint, den Gottmenschen.«[39]

In der Vermittlerfunktion zwischen Gott und Mensch repräsentiert das leuchtende Engelantlitz die göttliche Majestät, die den Menschen anblickt. Hier kommen wir zu einer der bedeutungsvollsten Ebenen in der Erscheinung von Engeln.

Gesicht und Ausdruck

Das hebräische Wort für Antlitz meint nicht nur das Gesicht eines Menschen oder Tieres, sondern zum Beispiel auch den Eingang zum heiligen Zelt oder zum Tempel, dem man gegenübersteht[40]. Der Anblick eines Engelantlitzes, der Blick aus seinen Augen umfaßt in den Beschreibungen häufig auch dieses Element des Gegenüber-Stehens, des Konfrontiert-Seins mit dem Göttlichen, was in den Betreffenden oft eine Fülle von durchaus zwiespältigen Gefühlen auslöst. Oft sind die Emotionen im schauenden Menschen so heftig, daß er sich hinterher nur mit Mühe oder gar nicht mehr an Einzelheiten seiner Engelerscheinung erinnern kann. Daher enthalten fast alle Beschreibungen von geschauten Engelgesichtern nur eine vage Schilderung, wobei mit allgemeinen Worten die Schönheit, seine Ausstrahlung, der Gesichtsausdruck und die Art und Weise der Engelblicke hervorgehoben werden. Diese Aspekte werden allerdings mit solcher Intensität empfunden, daß detaillierte Fragen nach der besonderen Physiognomie des Engels in den Hintergrund treten, weil nicht das kognitive, sondern das emotionale Moment dominiert.

Das Leuchten der Engelgesichter gehört zu den zentralsten Aussagen von Engelbegegnungen durch die Jahrhunderte hindurch. Im Bericht des Propheten Daniel leuchtet das Gesicht eines Engels wie ein Blitz und gleichen seine Augen brennenden Fackeln (Daniel 10,6). Vom Schutzengel der Franziska aus Rom berichtet der Chronist: »Der Glanz seines Angesichtes war der Art, daß sie ihre Blicke nicht darauf heften konnte; es geschah ihr dann, was jenen geschieht, welche die Sonne betrachten wollen, sie sehen den Glanz und das Licht, die Gestalt der Sonne sehen sie aber nicht.«[41]

Im Buch Henoch ist folgende Traumvision aufgezeichnet: »Da erschienen mir zwei sehr große Männer, wie ich nie auf Erden gesehen; ihr Antlitz leuchtete wie die Sonne, ihre

Augen wie brennende Fackeln; aus ihrem Mund sprühte Feuer; ihre Kleidung und ihr Gesang war herrlich, ihre Arme wie goldene Flügel. Sie standen zu Häupten meines Bettes und riefen mich mit Namen.«[42]

Das Antlitz der Engel als Ausdruck ihrer geistigen Persönlichkeit wird in diesen wie in zahlreichen anderen Berichten auch vor allem mit dem Bild der Sonne, dem Element des Feurigen assoziiert und als Flammen-Blick erlebt. Hildegard von Bingen nennt die Engel in ihren Schriften »lebendige Feuerbrände«[43], die aus dem Ur-Feuer, Gott selbst, entzündet sind. Gott sagt in einer ihrer Auditionen: »Durch die lichte Herrlichkeit, die Mein Wesen ist, leuchtet das lebendige Licht der seligen Engel; denn wie ein Strahl vom Licht funkelt, so leuchtet diese Herrlichkeit den seligen Engeln; es könnte gar nicht anders sein, als daß es erstrahlt, so wie Licht nie sein kann ohne das Leuchten.«[44]

Die Beschreibung der strahlenden Engelaugen weist auch auf Beziehungen des menschlichen Auges zur Sonne hin. Bildet doch bereits die Kreisform der Pupille die Gestalt der Sonne nach und verbindet das äußere Licht mit dem, was im Inneren des Menschen als Lebenskraft und Licht leuchtet[45]. Das Auge als Spiegel der Seele nimmt nicht nur das Äußere auf; es projiziert auch den Zustand des Herzens als Licht oder auch Finsternis nach außen. Das Auge ist somit ein zentrales geistiges Organ in der gegenseitigen Vermittlung zwischen innen und außen. Daher sagt Jesus in einer Schrift von Jakob Lorber: »Die Liebe ist auch dein wahres Auge, wie sie in Mir das ewig allein wahre Auge ist. Mit diesem Auge ist es dir allein möglich, Mich, deinen Gott und Schöpfer, so zu schauen, wie ein Bruder den anderen schaut. Für jedes andere Auge bin ich in dieser Wesenheit für ewig unschaubar.«[46]

Die geistige Bedeutung des Auges spiegelt sich auch in der Vorstellung der Antike wider, daß das Licht, die visuelle Kraft, nicht vom betrachteten Gegenstand, sondern vom Auge selbst ausgeht. Das Auge wird in der frühen griechischen Philosophie mit einer Laterne verglichen, die das Licht aussendet und durch feine Poren das göttliche Feuer ausstrahlt[47].

Die leuchtenden Engelaugen strahlen das innere, das göttliche Feuer nach außen. Daher spiegeln sich in den Augen der Engel nicht die Menschen, denen sie erscheinen, sondern auf diese fällt durch den Engelblick das göttliche Licht der Liebe und Erkenntnis, das innere Leuchten der geistigen Sonne. Dies erklärt den Schrecken, die Ohnmacht, die der Blick der Engelaugen oftmals auslöst; denn es ist der Blick des Herrn, dessen »Augen wie Feuerflammen« (Offenbarung 1,14) durch den vermittelnden Engel den Menschen ansehen.

Als Sinnbild des göttlichen Blickes stehen die Engelaugen auch in Verbindung mit dem Symbol des Sterns. Die runde, sonnenhafte Pupille des Menschenauges hat in ihrem Innersten, dem eigentlichen Sehkreis, eine sternengleiche Zeichnung. In der geistigen Entsprechung beleuchtet Gott seine Schöpfung durch den Glanz der Sterne, blickt durch diese zum Menschen herunter.

»Der Herr blickt herab vom Himmel,
er sieht auf alle Menschen.
Von seinem Thronsitz schaut er nieder
auf alle Bewohner der Erde« (Psalm 33,13–15).

Schon in der Vorstellungswelt der Babylonier gelten die Sterne als Himmelsaugen. Daher sind die vier Riesencherube, die der Prophet Ezechiel erblickt, als Träger des Himmelsgewölbes über und über mit Augen besät[48], werden Engel in der Sprache des Alten Testaments als »Sterne« bezeichnet (Richter 4,20). Dieser Symbolik entspricht die Beschreibung von Engelgesichtern, auf oder über deren Stirn eine leuchtende Flamme oder ein Stern aufscheint[49], Sinnbild für das dritte Auge, das auch beim Menschen auf der Stirn sitzt, und Hinweis auf die Heilige Dreifaltigkeit, die durch die zwei Augen des Engels und den leuchtenden Stern auf seiner Stirn blickt[50]. Auch der Sternenmantel der Muttergottes und der Sternenkranz um ihr Haupt erscheinen in diesem Kontext nicht mehr nur als ein kosmisches Symbol ihrer geistigen Herrschaft, sondern auch als Hinweis auf ihre Stellung als Königin der Engel[51].

In der buddhistischen Ikonographie sind das markanteste Merkmal der Weißen Tara, Symbolgestalt der Reinheit, die in mancher Hinsicht Ähnlichkeiten mit der Muttergottes hat, ihre sieben Augen. Neben ihren natürlichen Augen sitzen diese auf der Stirn und den Hand- und Fußflächen, damit sie in allen Regionen und Bereichen der Welt die Hilfebedürftigen erkennen kann[52].

Engelgesichter strahlen nicht nur, sie können auch ganz anders blicken. Bei Schutzengelbegegnungen, in denen der betreffende Mensch in inniger Verbindung zum Engel steht und nicht nur der Engel, sondern auch der Mensch am Empfinden des anderen Anteil nehmen kann, wird das Gesicht des Engels oftmals zum Spiegel des wahren Seelenzustandes des Menschen. Der Blick auf den Engel zwingt, innezuhalten und Klarheit zu suchen in den Tiefen der eigenen Seele, sich ohne Lüge zu sehen, was oftmals schmerzhaft ist[53]. Das Licht der Engel beleuchtet die Schatten der Seele. In ihren Tagebuchaufzeichnungen vom 26. August 1900 schreibt Gemma Galgani: »Gestern zur Essenszeit erhob ich die Augen und sah den Schutzengel. Dieser schaute mich mit einem so strengen Blick an, daß ich erschrak; er sprach nicht. Später, als ich für kurze Zeit zu Bett ging, da befahl er mir ins Gesicht zu schauen; ich tat es, schlug aber gleich den Blick wieder nieder, doch er bestand darauf.«[54] Gemma braucht über einen Tag, um den Grund der Engelstrenge zu ergründen; zwei Fehler fallen ihr ein, die sie im Laufe des Tages begangen hat. »Mein Gott«, schreibt sie, »welche Strenge!«[55] Die Strenge des Engels hat die Aufgabe, die Seele von falschen Vorstellungen loszureißen. Gitta Mallasz schildert in ihren Kommentaren zu den Engelgesprächen diesen einschneidenden Prozeß: »Jetzt erst nehme ich wahr, daß ich 36 Jahre lang unbekümmert in diesem Nebel dahingelebt hatte, ohne mir seiner bewußt zu sein. Nun aber sehe ich ihn und leide darunter . . .«[56]

Die Strenge der Engel mag fremd und unbarmherzig erscheinen. Doch sagt der Engel in den Aufzeichnungen von Gitta Mallasz:

»Kommt von wo und von wem auch immer eine Kritik,
so ist das nicht Zeichen deines Unvermögens,
sondern deines Vermögens.
Jede Kritik erhebe dich!
Wer bittet den Elenden? Den Unvermögenden?
Wer pflückt Feigen von einer Distel?
Der Feigenbaum aber wird geschüttelt,
denn von ihm werden Feigen erwartet.«[57]

Ist der Mensch nicht bereit, oder bringt er nicht genügend Vertrauen auf, die Botschaft des Engels anzunehmen, wendet sich dieser ab. Die Ordensfrau Elisabeth von Schönau (gest. 1164) zieht den Zorn ihres Schutzengels auf sich, als sie ihn, dem Drängen ihrer geistigen Vorgesetzten nachgebend, der Prüfung seiner Echtheit unterzieht. In einem Brief an Hildegard von Bingen beschreibt Elisabeth voller Verzweiflung die Reaktion ihres Engels: »An der Vigil von Epiphanie erschien mir wieder mein Gebieter. Doch stand er diesmal weit von mir entfernt und hatte sein Gesicht von mir abgewandt. Daraus erkannte ich seine Entrüstung.«[58] Wird der Engel, der den Aspekt des höheren Selbst im Menschen repräsentiert, abgelehnt, kommt es zur Entzweiung der Seele, ziehen Angst und Kummer darin ein; denn die Seele befindet sich nun nicht mehr im Einklang mit dem göttlichen Willen. »Du sollst Gott«, spricht der Engel von Elisabeth von Schönau mit ernstem Blick, »nicht versuchen, denn jene, die ihn versuchen, gehen zugrunde ...«[59]

Engel erscheinen aber nicht nur mit einem strengen Gesichtsausdruck oder einem unnahbar strahlenden Angesicht, sie zeigen sich ihren Schützlingen auch mit einem Gesichtsausdruck der Verinnerlichung, der durch meditativ geschlossene Augen oder einen Blick zum Himmel verstärkt wird[60]. Im Zustand zwischen Wachbewußtsein und Schlaf sah eine Freundin von mir völlig unvorbereitet und überrascht einen Engel mit verinnerlichtem Gesichtsausdruck. Sie erlebte dies in einer sehr schwierigen Phase ihres Lebens, in der sie damit beschäftigt war, von einer veräußerlichten Lebensführung Abstand zu nehmen und mehr den Weg nach innen zu gehen. In ihrer Aufzeichnung schreibt sie: »Ich hatte mich gerade neben mein kleines Kind hingelegt, damit es besser einschlafen konnte. Ich war gleichfalls müde und schloß die Augen. Plötzlich schwebte vor meinen geschlossenen Augen eine goldene Wolke, die in ihren Schattierungen in einem unbeschreiblich tiefen und leuchtenden Violett changierte. Ich betrachtete das Gebilde und wunderte mich über seine Farben. Da sah ich in seiner Mitte ein lichtüberströmtes Gesicht mit feinen, klaren Gesichtszügen, wie von einer sehr schönen Frau. Das Wesen hatte die Augen geschlossen, aber dennoch hatte ich das Gefühl, freundlich angeblickt zu werden. Dabei lächelte es.

Auf der leuchtenden Stirn trug es ein Diadem, aber sonst war die ganze Erscheinung in der Wolke verborgen. – Ich öffnete schnell meine Augen, um auszuprobieren, ob ich träumte. Als ich die Augen wieder schloß, sah ich die goldene Wolke von neuem. Da wußte ich plötzlich, daß dies ein Engel war und daß er ganz anders aussah, als ich es mir je hätte vorstellen können ... Warum hat der Engel nicht seine Augen geöffnet? Ich glaube, er wollte mich nicht erschrecken. Aber er hat mir damit auch gezeigt, daß er selbst nach innen schaut und ich es ihm gleichtun soll.«[61]

Als die polnische Ordensschwester Faustine 1935 zu geistigen Einkehrtagen in ein anderes Kloster fährt, sieht sie die ganze Zeit der Reise über den Schutzengel an ihrer Seite. »Er war in Gott versunken.«[62]

In den medialen Engelzeichnungen der österreichischen Malerin Fritzi Libora-Reif haben die Schutzengel häufig ihre Augen geschlossen, auch wenn sie der ihnen anvertrauten Seele zugeneigt sind. Die großen Augen der Engel wirken wie langgezogene Tropfen oder Perlen, die an ihren Rändern von Wimpern umsäumt sind, die wie Federn erscheinen. Ihre Gestaltungsweise entspricht einer Schrift von Hildegard von Bingen über die Augen: »Daneben erscheinen sie als Zierde des Angesichts und sind wie der Winde Flügelschlag, mit dem diese sich heben und halten, einem Vogel gleich, der bald mit seinen Fittichen aufflattert und bald wieder im Schwingen einhält; weht doch auch der Wind aus Gottes Kraft, und das Wehen des Windes ist seiner Fittiche Schlag.«[63]

Zahlreiche Menschen haben aber auch den Anblick von lächelnden oder sogar fröhlichen Engeln wahrgenommen[64]. Als Ancilla Domini eines Morgens zum Gottesdienst geht, sieht sie den Schutzengel des ihr gut bekannten Pfarrers, der zum Chor der Herrschaften gehört. »Die Herrschaft grüßte mich mit der Hand und lächelte.«[65] Franziska von Rom schreibt von ihrem Schutzengel: »Seine Stirn ist immer heiter ... Sein Anblick erhebt und begeistert meine Seele.«[66] Das Lächeln und die stille Heiterkeit sind in den zitierten Äußerungen Ausdruck der Harmonie zwischen Mensch und Engel. Sie entsteht durch den Zustand des inneren Eins-Seins der Seele mit den Intentionen ihres geistigen Begleiters. Dies wird in der Ausführung von Ancilla Domini deutlich, in der sie sich auf die Schutzengel von gottverbundenen Menschen bezieht: Deren »Schutzengel sind weiß gekleidet, sind fröhlichen Angesichtes, herrlich gegürtet, und eine kostbare Krone schmückt ihr Haupt«[67].

Das Lächeln des Engels überwindet die Distanz zwischen dem Diesseitigen und Jenseitigen. Durch den Engel blickt der Mensch in das lächelnde Angesicht der Gottheit. Dieser Aspekt des Friedens und der Freude hat durch die Jahrhunderte hinweg zahlreiche Maler und Bildhauer bei der Darstellung des Erzengels Gabriel inspiriert, der Maria als Engel der »Frohen Botschaft« freundlich und liebevoll begegnet. Das Lächeln des Verkündigungsengels verwandelt die mögliche Ferne und Strenge eines Engels in Lieblichkeit und Sanftmut. Gabriel wird als inniger Freund und Begleiter Mariens dargestellt, dessen Anwesenheit nicht Beunruhigung, sondern Frieden bringt.

Flügel-Aura

Während die Körpersprache von Sitzen, Stehen und Knien auf der Erde den Engeln einen eher realen Ausdruck verleiht, weil sie sich in den Begrenzungen von Raum, Zeit und Materie bewegen, ist schwebenden und fliegenden Engeln ein sehr viel stärkerer Traumcharakter und Jenseitsbezug zu eigen. Sie erscheinen als schwebende Grenzgänger zwischen geistigen Sphären und Bewußtseinsschichten, getragen von Wolken, Lichtstrahlen und Flügeln.

Das Bild von geflügelten Wesen, die aus himmlischen Sphären zu den Menschen kommen, ist in fast allen Kulturen bekannt[68]. »Steht ein Engel vor den inneren Augen des Menschen, erkennt ihn der Mensch an seinen Flügeln, die so groß sind, daß sie nicht übersehen werden können. Dadurch erkennt der Mensch sofort, daß dies ein Wesen höherer Gattung ist, als er bis jetzt gesehen hat.«[69] Auch der Koran kennt die geflügelten Engel: »Lob sei Gott, dem Schöpfer von Himmel und Erde, der die Engel zu Gesandten mit Flügeln gemacht hat, (mit) je zwei, drei oder vier! Er erschafft zusätzlich, was er will. Gott hat zu allem die Macht« (Koran 35,1).

Was bedeutet das Bild der Flügel, woher kommt die Assoziation, die – auch im Rahmen der christlichen Kultur – die Gestalt des Engels mit Vogelschwingen verbindet, zumal in der biblischen Überlieferung kaum von geflügelten Engelwesen (außer Cherubim und Seraphim) gesprochen wird? Das Bild des geflügelten Geistwesens zeigt sich – historisch gesehen – von solch elementarer Kraft, daß es sich entgegen den Tendenzen des frühen Christentums, Gottesboten mit Flügeln als heidnische Vorstellung abzulehnen, doch schon ab dem 4. Jahrhundert wieder durchsetzen konnte.

Mit der Symbolsprache der Engelflügel eröffnet sich ein sinnlicher und farbenprächtiger Bereich. Die jeweilige Ausrichtung und Stellung eines Flügels – nach oben, unten oder zur Seite –, seine Helligkeitsskala und Farbgebung, der Rhythmus seiner graphischen Strukturierung, die Muster und Ornamente, die die Oberfläche zieren – dies alles ist bei der Symbolik der Flügel von großer Bedeutung. Daneben lassen sich bei der Betrachtung von Engeldarstellungen noch sehr viel mehr Motive und Bedeutungsinhalte entdecken, als hier ausgeführt werden kann. Es gibt darüber allerdings kaum Untersuchungen, vielleicht auch deshalb, weil in theologischen Betrachtungen der Gegenwart »Gottes Engel keine Flügel brauchen«[70].

Die Flügel zeigen die Fähigkeit der Engel, sich auf den Schwingen ihres Geistes durch die Sphären des Himmels zu bewegen[71]. Diese flügelgleiche Geisteskraft der Engel findet ihre Entsprechung, so Hildegard von Bingen, in der Herzenssehnsucht einiger Menschen, sich zu Gott emporzuschwingen[72]. Da die Geisteskraft der Engel ihr Flügelkleid bestimmt, erscheinen die Flügel je nach den Aufgaben der Engel in höchst unterschiedlichen Formen und Farben. Sie gleichen bei längerer Betrachtung oftmals gewaltigen Strahlungsfeldern göttlicher Energie, die sich in unterschiedlichen Richtungen und Strömungen in farbigem Licht bewegt, den Engel wie in eine Aura einhüllend.

Der Begriff »Aura« meint das Energiefeld des Menschen, die mehr oder weniger starke Ausstrahlung seiner seelisch-geistigen Lebenskräfte, aber auch die Lebensausstrahlung aller Wesen und Gebilde der Schöpfung, »vom Atom und Stein bis zum Engel«[73]. Wenn die Aura im allgemeinen auch nur von hellsichtigen Menschen gesehen werden kann, so hat ihre wissenschaftliche Erforschung durch die Anregungen der Kilianschen Fotografie in den letzten Jahrzehnten doch Fortschritte gemacht. Da die Energie, die durch einen kranken Körper ausgestrahlt wird, andere Farben und Ströme aufweist als die eines gesunden Menschen, sind die Ergebnisse der Auraforschung gerade in der Medizin von besonderem Interesse. Im Alltagsleben wird aber die Aura einer anwesenden Person zumeist nicht bewußt, sondern eher unbewußt in der Gefühlsempfindung wahrgenommen. Oft wird dann von einem Menschen mit »guter«, »kranker« oder »schlechter« Ausstrahlung gesprochen.

Die Ausstrahlung oder Aura eines Engels, der in der Strahlung des göttlichen Lichtes steht, übertrifft in ihrer Intensität und Farbkraft bei weitem die Aura eines Menschen. In der christlichen Kunst wird die Aura heiliger Gestalten oftmals durch einen ovalen Strahlenkranz oder eine goldene Lichtscheibe dargestellt, die den Körper umgibt, oder durch leuchtende Wolken, die die Gestalt umkleiden.

Daher erscheinen die Flügel nicht nur als Symbol der Bewegungsfreiheit der Engel, sondern auch als Verkörperung ihrer Aura, ihrer Energieausstrahlung. In diesem Kontext soll auch berücksichtigt werden, daß die Aura eines Engels von einem hellsichtigen Menschen sehr leicht als Flügelkleid interpretiert werden kann, wenn Engel und Flügel im kulturellen Kontext miteinander verbunden sind.

In einem Gespräch beschreibt die mediale Malerin Gertrud Emde ihre Wahrnehmung von Engelflügeln in Visionen und geistigen Bewegungen: »Es sind Energiewirbel für mich. Ich habe Engelwesen mit angedeuteten Lichtstrahlen, die wie Flügel aussehen, gesehen. Es ist klar, daß es diese Flügel sind, die man auch auf Bildern festhält. Im Laufe der Jahre habe ich begriffen, daß sie Flügel nach unserem Verständnis gar nicht nötig haben, es sind Lichtwirbel, die zu ihrer Ausstrahlung gehören, Energiefelder, die dauernd variieren in ihrer Intensität. Und das stellt man eben als Flügel dar, wie soll man Energie, eine Lebendigkeit dieser Art anders darstellen?«[74]

Die Aura hat, wie in diesem Zitat bereits angedeutet, kein statisches Erscheinungsbild, sondern befindet sich in ständiger Veränderung, wobei je nach Stimmungs- und Gedankenlage immer neue Formen in manchmal schillernder Farbpracht erscheinen. Diese Energieströme werden von hellsichtigen Menschen manchmal auch mit einem Springbrunnen verglichen, der die Gestalt eines Engels oder geistig erweckten Menschen in herrlichsten Farbströmungen mit unzähligen Lichtpunkten umfließt. In einem neuen Sinn erscheinen dadurch die Worte Jesu: »Wer an mich glaubt, von dessen Leib werden, wie die Schrift sagt, Ströme lebendigen Wassers fließen« (Johannes 7,38).

Zum Verständnis der Engelflügel ist das Buch »Gedankenformen« von C. W. Leadbeater und Annie Besant bedeutsam, die sich um die Jahrhundertwende der Aufgabe gewidmet haben, die Energieformen von Gedanken auf Bildtafeln darzustellen. Auf diesen Abbildungen gleichen einige Gedankenformen geöffneten oder geschlossenen Flügelpaaren[75]. Der hier dargestellten Form, die Assoziationen an den verdeckten Flügelleib der Seraphim und die geschwungenen Flügelpaare von Schutz- und Erzengeln nahelegt, liegen folgende Gedanken zugrunde: »Diese Form wurde von jemand erzeugt, der

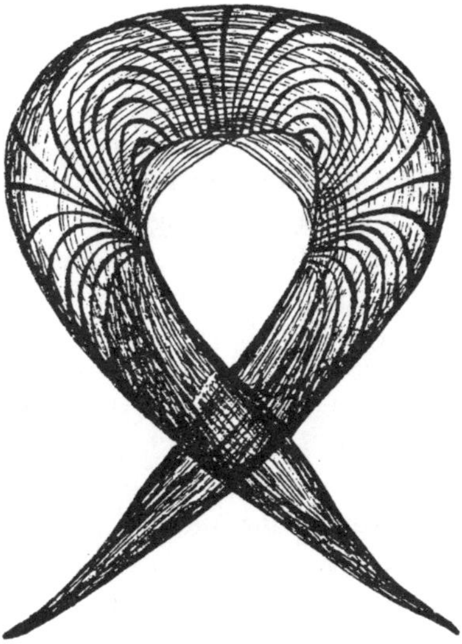

Gedankenform von Frieden und Schutz nach Leadbeater/Besant

Cherub, nach einem Mosaik im Gewölbe der Apsis des Doms zu Cefalù, Sizilien, um 1148

während einer Meditation versuchte, sein ganzes Gemüt mit dem Gedanken zu erfüllen, die ganze Menschheit zu umfassen, um sie zu einem hohen Ideale emporzuziehen, das klar vor seinem geistigen Auge stand.«[76] Es sind also besonders intensive Gedanken der allumfassenden Liebe, aus denen diese flügelähnliche Form sich bildet.

Bemerkenswert ist auch die strukturelle Ähnlichkeit einer Gedankenform des liebenden Segnens – ein Kreis mit seitlichen Flügeln, einem geflügelten Auge gleich – mit der Darstellungsweise der Himmelfahrt von Christus auf zahlreichen Ikonen. Diese Abbildungen zeigen Jesus in einem Lichtkreis, links und rechts von zwei geflügelten Engeln emporgetragen. Zu der Gedankenform des Segnens schreiben Leadbeater und Besant: »Wenige Gedankenformen sind schöner und ausdrucksvoller... Dieses ist ein Gedanke der Liebe und des Friedens, des Schutzes und des Segens, der von einem Menschen ausgesandt wurde, der die Macht und das Recht zu segnen in sich hat... Es ist eine Tatsache, daß wir wirkliche Schutzengel hervorbringen, die um unsere Geliebten schweben und sie beschützen. Mancher selbstlose, ernste Wunsch für ihr Wohl bringt eine solche Form hervor, wenn ihr Urheber auch nichts davon weiß.«[77]

Christi Himmelfahrt.
Nach einer russischen Ikone, 16. Jh.

Unzählige Hinweise zur Deutung von Engelflügeln können wir in den Bildern und Skulpturen der christlichen Kunst entdecken. Allerdings sind die Grenzen zwischen bewußter und unbewußter, eher intuitiver Darstellung bestimmter Flügelstellungen und Farbgebungen fließend. Eine genauere Betrachtung der Engelflügel aber erschließt eine Welt geistiger Bilder und himmlischer Entsprechungen, die bei einer kontemplativen Haltung den Zugang zur Symbolik der Engel wesentlich erweitert.

Gedankenform von Frieden und Schutz.
Nach Leadbeater/Besant, Bildtafel 12

Flügel wie Flammen, die dem Engelkörper eine Kreuzform verleihen. Nach einer persischen Handschrift aus dem 15. Jh.

Flammenflügel

Auf manchen Bildern sind die Flügel der Engel wie aufwärtsstrebende Flammen über der Schulter zu erkennen und geben dem Engelkopf eine hüllenartige Ausstrahlung. In ihrer Ausrichtung nach oben, zum Bereich des Geistigen, bilden sie eine leuchtend weiße, gelbe, goldene oder rote Umrahmung der Gesichter und des Kopfschmucks, Zeichen höchster Inspiration. Oftmals aber werden die hellen Flügel zu ihrem äußeren Rand hin dunkler, als tauchten sie nun in die Schwere des Geschöpflichen ein. Das Licht, das die Flügel erleuchtet, kommt von innen, von der Anschauung des Göttlichen her. Flammen als Zeichen der göttlichen Liebesglut und Sinnbild des Stehens in heiliger Lichtfülle sind zahlreichen Flügeldarstellungen zu eigen, Flammenströme werden zum zweiten Gewand des Engels, zu einem Lichtmantel, der um ihn fließt[78].

Gedankenform der Andacht und Selbstverleugnung nach Leadbeater/Besant

Flügel von Tag und Nacht

Manche Engel tragen den Wechsel der Zeit, den Zustand von Tag und Nacht auf ihren Flügeln. Deren Innenseite (von Gott kommend) leuchtet hell, während die Außenseite (zur materiellen Welt gewendet) dunkelblau, in schwerer Farbstimmung gehalten ist[79]. In seiner Erzählung »Das Rauschen von Gabriels Flügeln« beschreibt der persische Dichter Sohrawardi (gest. 1191), wie ihm in einer schlaflosen Nacht der Erzengel Gabriel in Menschengestalt die Bedeutung seiner Flügel erklärte, wobei die Richtungszuschreibung von rechts und links im umgekehrten Verhältnis zu den Interpretationsmustern der abendländischen Kultur liegt. Der rechte Flügel sei reines Licht, der linke Flügel aber gleich dem Mond in der Dämmerung dunkel unterlegt[80]. »So ist der eine Flügel dem Sein, der andere dem Nicht-Sein zugewandt; vom ersten geht ein Lichtstrahl aus, dem die Seelen der Menschen entstam-

Der Heilige Michael nimmt die Seele des Reichen, Metallstich aus einer Werkstatt auf Athos

men, der zweite wirft einen Schatten, die Welt der Fatamorgana und Illusion. Der erste verleiht spirituelle Verwirklichung, der zweite erzeugt Gewalttat und den Schrei des Elends.«[81] Gabriel trägt das Spannungsverhältnis zwischen Wahrheit und Schein auf seinen Flügeln gleich einem Spiegel, damit der

Suchende zwischen den verschiedenen Seiten des Seins zu unterscheiden lernt.

Oftmals sind Engelflügel aber auch ganz dunkel, in dunkles Grau oder Blau getaucht, so daß sich der Eindruck ergibt, der Engel trage die Nacht auf seinem Rücken oder schwere Schatten, die in das Irdische hineinragen. Diese Flügelgestaltung läßt verschiedene Deutungen zu. Sie kann bedeuten, daß der Engel seine Strahlung beim Eintauchen in die Sphären des Menschen verdunkelt, um für ihn erträglich zu sein. In den Schriften Rudolf Steiners ist der Schatten das Abbild der Luft: »Es ist über die Luft gar nichts gesagt als kosmische Erscheinung, wenn man sagt, sie besteht aus Sauerstoff und Stickstoff, aber es ist viel über die Luft gesagt, wenn man weiß: Aus dem Kosmos heraus ist die Luft der Schatten des Lichtes.«[82] Die Luft, das Element, das den Menschen umgibt, wird in den Engelflügeln zum Schatten des glänzenden Lichtes, das den Engel umgibt.

Die Dunkelheit der Flügel kann aber auch das plötzliche Auftauchen des Engels aus dem Bereich des Unbewußten versinnbildlichen. Dieser Interpretationsmöglichkeit entspricht die blaue Farbe der Flügel, die der Seite des Mondes, dem weiblichen Aspekt zugewiesen ist. Daher tragen auf zahlreichen Bildern Engel blaue Gewänder oder Flügel.

Regenbogen-, Wind- und Sturmflügel

Als Zeichen der Versöhnung zwischen Gott und Mensch tragen manche Engel die Farben des Regenbogens auf ihren Flügeln. Nach den Schriften der altindischen Ayurweda fassen die Regenbogenfarben die gesamte kosmische Strahlung zusammen und beschreiben die Lebensenergie des Menschen. In der Aura des gesunden Menschen schimmern die Regenbogenfarben in Harmonie, und wenn eine Störung den Gleichklang der Strahlung verhindert, wird er krank[83]. Die Regenbogenflügel der Engel sind Sinnbild der Versöhnung zwischen allen Widersprüchen. Sie sind Ausdruck des inneren Friedens, der den Menschen gegeben werden soll.

Zur Betonung ihres Geistcharakters, ihrer Fähigkeit, zu wehen, wo der göttliche Geist es will, werden insbesondere Erzengeln Flügel verliehen, die wie gewaltige Sturmwolken des Heiligen Geistes wirken, von denen die Engel angetrieben sind[84]. Diese wolkenähnlichen Flügel weisen nicht nur auf die biblische Verheißung hin, daß Christus in den Wolken des Himmels wiederkehren wird und die Engel seine Boten sind; sondern sie lassen auch etwas von der Heftigkeit der Berührung ahnen, die durch solche Engel zuteil wird. Daneben aber offenbart sich in diesen Erzengelflügeln auch ihr besonderer Auftrag, Regionen und Bereiche der äußeren Natur zu verwalten. Das Element der Sturmkraft, das Michael als dem Hüter des Herbstes zugeschrieben wird, kommt oftmals in seinen gewaltigen Flügeln zum Ausdruck.

Flügel wie Blüten und Blätter

In verschiedenen mittelalterlichen Bildern gleichen die Flügel der Engel stilisierten langen Palmblättern, die leicht wehend nach oben wachsen. So in einem Himmelfahrtsbild aus dem 11. Jahrhundert, auf dem die Flügel der Engel Christus, dem strahlenden Überwinder, gleich Siegespalmen zuwinken.

Flügel wie wehende Blätter.
Nach einer Buchmalerei aus dem Perikopenbuch Heinrichs II., Christi Himmelfahrt, um 1000

Auf einem anderen Gemälde thront Maria mit dem Kind im Mittelpunkt, umrahmt von zahlreichen kleineren Engeln, deren Flügel förmlich eine Hecke um die heiligen Gestalten bilden und Schmuck und Verzierung im Himmelsgarten sind[85]. Gleichzeitig kommt hier auch die abgrenzende Funktion der Flügel zur Geltung, indem sie wie ein Blätterwald oder ein Pflanzendickicht eine symbolische Mauer zwischen Engelkörper und der Außenwelt, zwischen jenseitiger und irdischer Sphäre bilden.

Bei näherer Betrachtung finden sich erstaunliche Analogien zwischen Pflanzenformen und Engelflügeln. So gleicht der junge Sproß eines Kreuzdorngewächses[86] in vergrößerter Aufnahme der Silhouette eines Engels, der seine Flügel nach oben öffnet; die eingerollten Blätter von Straußfarnen ähneln der spiralförmigen Gestalt der Throne, und die Cherubim erscheinen durch die besondere Art ihrer Flügelhaltung wie Orchideen[87]. Die Flügel, die durch ihre besondere Gestaltung die Engel Blumen und Pflanzen im Garten Gottes ähnlich machen, können zum Sinnbild mystischer Schönheit und göttlicher

Weberdistel

Kreuzdorngewächs

Wachstumsformen werden. Dabei geht es nicht um geistigen Kampf, um das Ringen zwischen Tag und Nacht, sondern um ihr Dasein an sich, um Freude, um Lob und Preis des Schöpfers, in dessen Licht sie sich entfalten. Damit spiegeln die Engelflügel auch das Streben zahlreicher Mystiker, durch ihre Lebensweise zu einer »Blume im Garten des Herrn« zu werden, deren Form, Farben und Duft ihm zur Freude und Ehre gereichen[88].

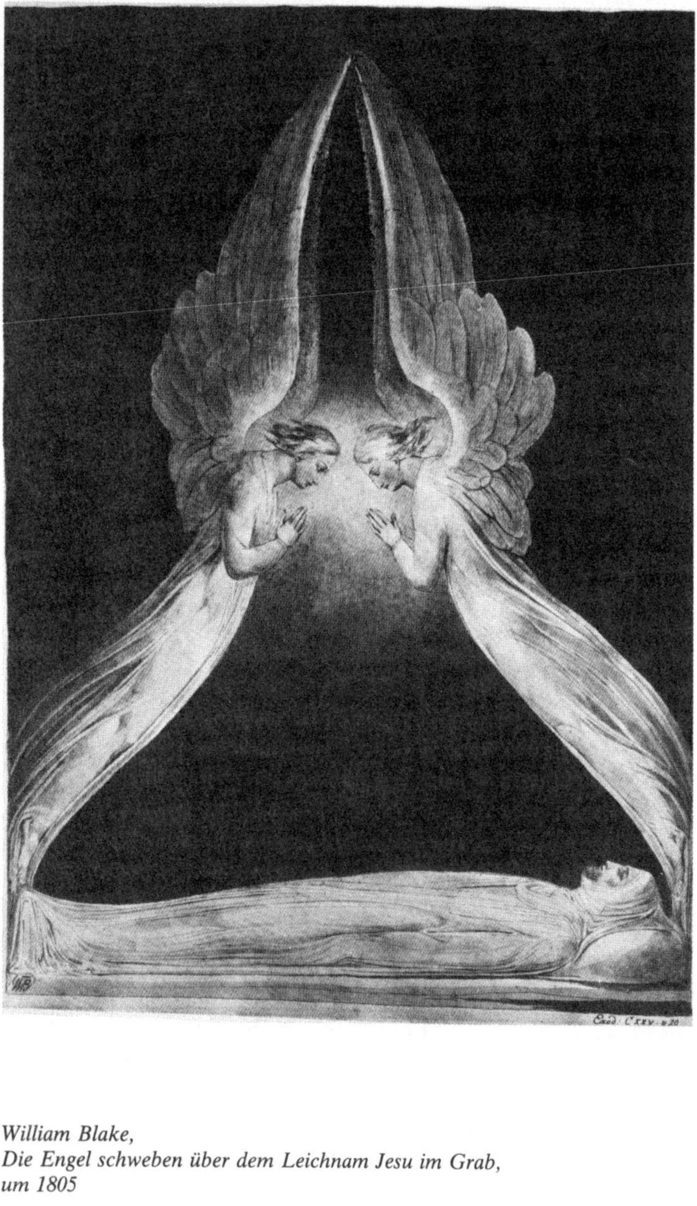

William Blake,
Die Engel schweben über dem Leichnam Jesu im Grab,
um 1805

Flügel, die Schutzdächer und Pforten bilden

Das Motiv des Engels, der schützend seine Flügel über den Menschen ausbreitet, gehört zu den ältesten Darstellungsweisen der geflügelten Himmelsboten. Bereits auf altägyptischen Türen und Schreinen schwingt die Göttin Isis ihre langen Flügel, um geheiligte Räume und Grabesbezirke zu beschützen und unerlaubten Eindringlingen den Eingang zu verwehren[89]. In einer Verkündigungsdarstellung (um 1300) hebt der Erzengel Gabriel deutend seine Hand zu Maria. Sein zu Maria gewendeter Flügel ist wie ein Dach über die Gestalt ausgebreitet[90]. Maria wird hier von den Flügeln des Allmächtigen überschattet. Das Bild der ausgebreiteten Schutzflügel entspricht einer Textstelle aus Psalm 61,5: »In deinem Zelt möchte ich Gast sein auf ewig, mich bergen im Schutz deiner Flügel.«

Auf zahlreichen Abbildungen wirken die Flügel auch wie Umrisse von Pforten oder fast säulenartigen Eingängen. Solche Flügelformen gehören häufiger zu Darstellungen der Erzengel Michael, Gabriel und Raphael, wobei ihre Bedeutung als »Hüter der Schwelle« hervorgehoben wird.

Flügel wie Pforten: Die Erzengel Gabriel und Raphael tragen die Seele eines Menschen zum Himmel. Nach einer Arbeit des Meisters von Llucà, um 1200

Engel mit herzförmigen Flügeln.
Nach einer Skulptur des Ecclesia-Meisters
am Engelpfeiler des Straßburger Münsters

Herzensflügel

Das Bild der herzförmigen Flügel von Engeln wurde bereits in der Beschreibung der Seraphim erwähnt. An dieser Stelle soll zusätzlich auf die Skulpturen am Engelpfeiler des Straßburger Münsters hingewiesen werden, die durch die Umrißform ihrer Flügel geschwungenen Herzen gleichen. Die Herzen sind aufgeklappt, ihre Mitte bildet die jeweilige Engelgestalt, die ihrer Bedeutung entsprechend das Kreuz, eine Posaune oder andere Attribute trägt. Das Leben und der Auftrag dieser Engel kommt somit sinnbildlich aus dem Herzen, dem Sitz der göttlichen Liebe, die in Jesus Christus verkörpert ist.

Lichtgewänder

Er trägt ein langes, glänzend-weißes Gewand,
und darüber eine Tunika, deren Farbe wechselt,
bald scheint mir diese kleine Tunika weiß,
wie die Lilien im Garten, bald rot, wie Rosen,
bald wie das reine Blau des Firmaments.

Franziska von Rom

Kleidung

Wenn Engel nicht in einer solchen Fülle von Licht gesehen werden, daß man von ihrer näheren Gestalt nichts mehr erkennen kann, werden sie zumeist in einem Gewand wahrgenommen. Dieses wird je nach der besonderen Weise der Schau als geistiges Kleid beschrieben, oder aber der Engel wird in zeitgenössischer Kleidung erblickt und erst später als Himmelsbote erkannt.

In der geistigen, aber auch in der jeweiligen zeitgenössischen Kleidersprache der Engel können zahlreiche Symbolbezüge entdeckt werden, wobei die Aussagen der zeitgenössischen Kleidung durch ihren konkreten Gegenwartsbezug leichter zu entschlüsseln sind. Als dem frühchristlichen Schriftsteller Hermas (gest. 150) der Schutzengel erscheint, trägt dieser eine Hirtentracht und sagt: »Kennst du mich nicht? ... Ich bin der Hirte, dem du übergeben worden bist.«[1] Als einer jungen Amerikanerin vor einigen Jahren der Schutzengel in einer lebensgefährlichen Situation beisteht, trägt er »einen tadellos gewaschenen Arbeitskittel und Bluejeans«[2]; er kommt in Arbeitskleidung. Die Botschaft, die der jeweiligen zeitgenössischen Kleidung von Engeln entnommen werden kann, bezieht sich somit direkt auf den »Arbeitsauftrag« des Engels, sein Wirken für den Menschen in einer Situation, bei der er seine Gegenwart in Zeit und Raum hineinstellt und nicht in seiner wahren geistigen Gestalt sichtbar ist.

Die geistigen Gewänder der Engel werden im Laufe der Jahrhunderte unabhängig voneinander häufig mit ähnlichen Worten charakterisiert: »Weiß wie Schnee« (Matthäus 28,3), »leuchtend« (Lukas 24,4), »weiß« (Johannes 20,11), »strahlend schön mit weißen Kleidern«[3], »mehr denn sonnenglänzend«[4], »tausend Sonnen würden zusammen keinen solchen Glanz ergeben«[5]. Diese Beschreibungen, die sich beliebig fortsetzen lassen könnten, beinhalten weniger eine detaillierte Gewandbeschreibung; die Leucht- und Strahlkraft der Kleider ist für den Betrachter das wesentlichste Merkmal.

In seiner Darstellung der Engelwelten widmet sich Swedenborg auch der Frage nach den Engelkleidern und der Leuchtkraft, in denen sie immer wieder wahrgenommen werden. »Die Kleider, mit denen die Engel angetan sind, ... entsprechen aber der Einsicht. Deshalb erscheinen in den Himmeln alle je nach ihrer Einsicht bekleidet, und weil manche den anderen an Einsicht überlegen sind, sind sie auch schöner gekleidet... Daß die Kleider bei einigen wie von flammendem Glanz funkeln und bei anderen vom Glanz des Lichtes leuchten, beruht darauf, daß die Flamme dem Guten und das Licht dem Wahren aus dem Guten entspricht. Bei einigen sind die Gewänder glänzend weiß oder dann wieder matt und ohne Glanz, bei anderen aber bunt, weil das Göttlich-Gute und -Wahre bei den minder Einsichtsvollen weniger glänzt und auch verschieden aufgenommen wird. Es liegt auch daran, daß das glänzend Weiße und das matt Weiße dem Wahren und die Farben dessen Variationen entsprechen. Die Engel des innersten Himmels aber erscheinen nackt, weil sie in der Unschuld sind und die Unschuld der Nacktheit entspricht.«[6] Ähnlich beschreibt der Geist Franchezzo durch ein Medium das geistige Gewand, das ihm kurz nach seiner Ankunft in einer jenseitigen Sphäre verliehen wird: »In unseren kleinen Zimmern fand jeder ein neues Gewand für sich bereit gelegt. Es war von hellgrauer, fast weißer Farbe... Ich schätze dieses neue Gewand hoch, denn im Jenseits versinnbildlicht das Kleid die Entwicklungsstufe eines Geistes und gilt als Ausweis für dessen Errungenschaft.«[7] Später, als Franchezzo in einen höheren Zustand der geistigen Erkenntnis gelangt, ändert sich wiederum sein Kleid: »...mein graues Gewand mit seiner dreifachen weißen Borte war in ein solches von blendend weißem Glanze mit einem goldenen Gürtel und goldenen Borten verwandelt.«[8]

In der weißen Farbe der geistigen Gewänder spiegelt sich das göttliche Licht in seiner ganzen Fülle, während die einzelnen Farbtöne jeweils unterschiedliche Aspekte Gottes hervorheben. Daher erscheinen Engel auch oftmals in einer bestimmten Farbstrahlung, um deren Kräfte auf die Seele des Menschen einwirken zu lassen, innere Prozesse einzuleiten und bestimmte geistige Aussagen damit zu unterstreichen. Ancilla Domini sieht den Engel der Geduld in einem dunkelgrünen Gewand, eine Farbe mit beruhigender Ausstrahlung, die zur Stille und Vertiefung einlädt[9]. Dieser Engel bringt den leidenden Menschen die Kraft zum Durchhalten und verleiht ihnen die Fähigkeit zum geistigen Wachstum. Ancilla erblickt aber auch ihren eigenen Schutzengel in dunkelgrüner Farbe: »Er hatte eine grüne Stola, und in seinem Diadem glänzten grüne Steine. Mein Schutzengel hat immer noch ein dunkelgrünes Gewand. Es überfiel mich große Trauer, als ich dies sah, mein Engel aber tröstete mich ...«[10]

Wie Licht- und Wasserströme

Wichtige Hinweise zur Symbolik von Engelgewändern finden sich in Darstellungen der christlichen Kunst, in denen die Maler und Bildhauer vor der Problematik standen, den Geistcharakter der Engel durch die Sprache ihrer Kleidung zu verdeutlichen. Bis in das späte Mittelalter hinein, vor dem Siegeszug der realistischen Malweise, ist den Engelgewändern eine ungewöhnliche Dynamik und heftige rhythmische Gestaltung eigen, die durch lineare Strukturen in den Kleidern entsteht. In der Ikonenmalerei hat sich diese Darstellungsweise sogar bis in die Gegenwart erhalten.

Strömungsformen im Gewand. Nach einer russischen Ikone

Engelgewand, das sich der Flügelform angleicht, nach einem Gemälde aus dem 14. Jh. (Patriarchat Peć)

Diese Engelgewänder zeigen eine abstrakte Formensprache, die Assoziationen weckt an die vier Elemente, an Lichtströme und Wasserströme[11], Flammen, Feuerzungen und Blitze[12] oder an Fortsetzungen der Flügelpaare[13]. Durch eine intensive Farbgestaltung gesteigert, wirken diese Kleider wie eine Umsetzung der Engel-Aura, die durch die Flügel erweitert und überhöht wird. Der Bezug auf die Elemente verweist auf verschiedene Wirkungsebenen des Heiligen Geistes, wobei den Lichtströmen die göttliche Erleuchtung entspricht, dem Wasser der Aspekt der Reinigung und Erneuerung durch die Taufe, den Flammen die Inspiration und Prophetie. Das stilisierte Flügelkleid betont den windgleichen Charakter der Engel. Dazu gehören auch noch Engelkleider, die durch ihre Form und den fließenden Faltenwurf stilisierten Herzen gleichen[14]. Sie bilden gleichsam die göttliche Liebe nach.

Schlichte Kleider und Mantelhüllen

Schutzengel werden in zahlreichen Visionen mit einem einfachen Gewand wahrgenommen, das allein durch seine Leuchtkraft blendet. Es betont in seiner Schlichtheit die Aufgabe des Schutzengels, den Menschen zu betreuen. Das weiße Schutzengelgewand ist auch Vorbild für die Seele des Menschen, die gleich dem Engel ein geistiges Kleid trägt. Durch ein gottgefälliges Leben wird dieses Seelenkleid ebenfalls weiß und strahlend. »Sie werden mit mir in weißen Gewändern gehen«, offenbart Christus dem Evangelisten Johannes, »denn sie sind es wert« (Offenbarung 3,5).

Die geistige Bedeutung ihres Seelengewandes wird Mechthild von Hackeborn in einer Vision gezeigt: »Ein Andersmal zeigte ihr Jesus das Kleid, das jeder Mensch haben müßte, der zur himmlischen Hochzeit kommen wolle. Es war nämlich ein aus goldener, weißer und Purpur-Farbe wunderbar gewebtes Kleid. Ihr wurde dabei gesagt: ›Dieses ist das hochzeitliche Kleid, welches bereitet ist aus der weißen Farbe der Herzensreinheit, aus dem Purpur der Demuth und dem Gold der Liebe. Wer dieses Kleid haben will, der muß ein reines Herz haben; er darf keinen bösen Gedanken im Herzen lassen und Alles, was er sieht und hört, nur zum Guten anwenden und in Liebe beurtheilen.‹«[15]

St. Angelo in Formis,
Erzengel Michael, ca. 1080

Meister des Marienlebens, Der Erzengel Gabriel, Ausschnitt aus der Verkündigung, Marienaltar, Köln 1460–1465

Die Mäntel der Engel, deren Umhüllung und Schutz in verschiedenen Visionen körperlich gespürt werden, ähneln in Bildern oftmals einer wolkenähnlichen Aura, in der sich die Engel zur Erde herabsenken[16]. Der Erzengel Michael trägt häufig einen kurzen Mantel, der im Römischen Reich zur Tracht der Soldaten gehörte. Dieser aber wird durch seine schwungvolle Ausbreitung zu einer Aureole, die den Engel zusätzlich umgibt. Sie betont seine Strahlung, die er im Kampf mit dem Drachen aussendet[17]. Die Mäntel der Engel sind auch Hinweis auf ihren Botenauftrag, Sinnbild des Unterwegsseins, der flüchtigen Erscheinung, die sich gleich einer Wolke nicht festhalten läßt. In der christlichen Kunst des späten Mittelalters ist der Engelmantel zu einem Symbolträger besonderen Ranges geworden. Seine gewaltige Fläche dient als Bildträger von Szenen aus der Heilsgeschichte oder bekommt durch Ornamente, Pflanzen- und Rankendarstellungen eine eigene Dimension. Das innere Leben des Engels, durch den Mantel verhüllt, wird gleichsam nach außen getragen. Der Engelmantel wird zum Medium der Glaubensverkündigung[18].

Engel in Diakonengewändern

In den Berichten, die die Form der geistigen Engelkleider etwas genauer beschreiben, werden diese öfter im Stil von antiken Diakonen- und Priestergewändern geschildert. Zu den Kennzeichen dieser Gewänder, die sich in der Liturgie der orthodoxen Kirche bewahrt haben, während sie im Kultus der katholischen Kirche im Laufe der Jahrhunderte abgewandelt wurden, gehören ein langes Unterhemd, die Albe, die zusammen mit dem Orar, eine Art Stola, die Bekleidung der Diakone ausmacht. Höhere geistliche Würdenträger trugen in der antiken Tradition darüber eine lange Tunika mit verschiedenen weiteren Obergewändern[19]. Engel wurden in der christlichen Kunst wegen ihrer unsichtbaren Anwesenheit beim Gottesdienst sehr früh in Diakonengewändern dargestellt[20]. Hildegard von Bingen schreibt dazu: »Darum, wenn der Priester, mit den heiligen Gewändern bekleidet, zur Feier der göttlichen Geheimnisse vor den Altar tritt, kommt plötzlich – so siehst

Der Schutzengel, russische Ikone, um 1800

du – heller Lichtglanz vom Himmel. Engel steigen herab, und das Licht umflutet den Altar... Himmelsgeister neigen sich zum heiligen Dienst, denn nun vollzieht sich für die, die glauben, die Wiederherstellung der Seelen zum Heil.«[21]

Inwieweit ikonographische Vorbilder die Projektion des Diakonengewandes auf Engelerscheinungen mit beeinflußt haben oder Engelerscheinungen Bild und Tracht des Diakonen, kann nicht ausgemacht werden. Es sind aber vor allem Priester, Ordensleute oder ihnen nahestehende Personen, die die Engel in dieser Gewandung erblickt haben[22], wobei ihre kontemplative Einstimmung auf das Gebet, die tiefe seelische und geistige Hinwendung auf den Verlauf des Gottesdienstes und seine kulturelle Ausschmückung diese Form der Wahrnehmung mit geprägt haben.

Geistige Rüstungen

Der kämpferische Aspekt von Engeln im Ringen mit den Geistern der Dunkelheit wird im Alten Testament betont, wenn vom himmlischen Heer die Rede ist und Gott sich »Herr der Heerscharen« nennt. In dieser Tradition werden Engel bereits in der Frühzeit des Christentums als Soldaten bezeichnet, die Christus, den König, begleiten[23]. Auf die Notwendigkeit, im Kampf um das göttliche Licht eine geistige Rüstung zu tragen, weist der Apostel Paulus hin: »Zieht die Rüstung Gottes an, damit ihr den listigen Anschlägen des Teufels widerstehen könnt. Denn wir haben nicht gegen Menschen aus Fleisch und Blut zu kämpfen, sondern gegen die Fürsten und Gewalten, gegen die Beherrscher dieser finsteren Welt, gegen die bösen Geister des himmlischen Bereichs... Seid also standhaft: Gürtet euch mit Wahrheit, zieht als Panzer die Gerechtigkeit an und als Schuhe die Bereitschaft, für das Evangelium des Friedens zu kämpfen« (Epheser 6,11–12.14–15). An anderer Stelle sagt Paulus: »Wir aber, die dem Tag gehören, wollen nüchtern sein und uns rüsten mit dem Panzer des Glaubens und der Liebe« (1. Thessalonicher 5,6).

Das Bild von Engeln in Rüstungen wird in der abendländischen Kultur vor allem mit dem Erzengel Michael und seinen Gefolgsscharen identifiziert. Seine Gestalt verschmilzt im aufblühenden Rittertum mehr und mehr mit der Erscheinungs-

Guariento, Himmlische Heerscharen, Padua, Mitte des 14. Jahrhunderts

weise eines jungen Ritters. Die zahlreichen anderen Aspekte, die Michaels Wirken auszeichnen (z. B. das Heilen), werden dadurch in den Hintergrund gedrängt. Darstellungen kämpfender Engel im Zusammenhang mit Idealen des Rittertums erscheinen als eine Umkehrung christlicher Glaubensinhalte. Mit dem Blick auf die Worte des Apostels Paulus aber gewinnt das Bild des gerüsteten Engels eine andere Dimension, ist doch das, was seine Rüstung ausmacht, das Licht, die Weisheit und die Liebe Gottes. Im Gegensatz zu irdischen Kämpfen, die Tod und Verderben bringen, sind die Kampfgewänder der Engel Sinnbilder des wahren Lebens und der göttlichen Liebe, die an der Grenze zur Dunkelheit die Botschaft der Erlösung ausstrahlen[24].

Farben

»Fragen Sie sich einmal«, schreibt Rudolf Steiner, »ob Sie das Licht eigentlich wahrnehmen. Sie würden ja gar nicht Farben wahrnehmen, wenn sie nicht im durchleuchteten Raume wären. Das Licht macht Ihnen die Farben wahrnehmbar; aber Sie können das Licht nicht ebenso wahrnehmen wie die Farben.«[25] So ist Gott als das Licht nicht sichtbar, aber seine Strahlen werden von den Engeln je nach ihrem Zustand, ihren Eigenschaften und Aufgabenbereichen reflektiert. Die Farben der Engel als transzendente Strahlungsenergien wirken in besonderer Weise auf die Seele des Wahrnehmenden, berühren ihn als reale Kräfte[26]. Das Eintauchen in die Farbstrahlung eines Engels öffnet für die Menschenseele »das Tor in eine geistige Welt«[27], belebt in ihm geistige Prozesse und schenkt erweiterte Einsichten. Die Engelfarben sind für das schauende Auge von solcher Leuchtkraft und Vielfalt, daß der Betrachter sie nachher kaum beschreiben kann und meint, daß materielle Farben sein Erlebnis nur unzulänglich wiedergeben. In der Kunst der Antike und des Mittelalters wurden daher zur Herausstellung himmlischer Farbwirkungen mit Vorliebe Gold, Silber und Edelsteine eingesetzt. Ihr Glanz und ihre Strahlkraft schienen die Farben des Himmels authentischer wiederzugeben.

Wie eine Erinnerung an die Strahlkraft und Farbigkeit geistiger Gewänder taucht in Märchen immer wieder das Motiv der wundersamen Kleider auf, die in der entscheidenden Schicksalssituation von den unerkannten Prinzessinnen getragen werden und nun ihre wahre Identität enthüllen (beispielsweise Aschenputtel). Im Märchen Allerleirauh der Gebrüder Grimm erhält die Prinzessin von ihrem Vater drei Kleider, eines so golden wie die Sonne, eines so silbern wie der Mond, das andere glänzt wie die Sterne. Da sie aber mit diesen

Gewändern, die wie ein Ausdruck magischer Kräfte erscheinen, von ihrem Vater bestochen werden soll, ihn zu heiraten, flüchtet sie und erhält sinnbildlich ihre Gewänder rein. Sie nutzt die ihr angebotene Macht nicht, sondern verbirgt ihre Kleider in einer Nußschale, um sie erst zur Eroberung ihres Prinzen wieder anzuziehen. Auch in den Märchen verbindet sich die farbliche Beschreibung der Gewänder von Prinzessinnen und guten Feen fast immer mit der Betonung ihres besonderen Glanzes, der mit kosmischen Strahlungskräften assoziiert wird.

Franziska von Rom versucht die glänzenden Farben ihres Schutzengels in eine bildhafte Sprache zu fassen: »Er trägt ein langes, glänzend-weißes Gewand, und darüber eine Tunika, deren Farbe wechselt, bald scheint mir diese kleine Tunika weiß, wie die Lilien im Garten, bald roth, wie Rosen, bald wie das reine Blau des Firmaments.«[28]

Das Wechseln der Engelfarben beschreibt auf der geistigen Ebene Zustandsveränderungen im Engel selbst[29] und ist Ausdruck seines Erlebens und Wirkens in unterschiedlichen Sphären. In dem medial geschriebenen Buch »Vor dem Himmelstor« von Robert James Lees wird vom Wechsel der Gewandfarben beim Eintauchen der Engel in die Bereiche der Dunkelheit berichtet: »Wie bei allen Helfern, die in die niederen Sphären herabsteigen, änderte sich ... die Färbung unseres Gewandes in ein neutrales Grau ... und verlor ihren schimmernden Glanz.«[30]

In ihrer Vermittlerposition zwischen Mensch und Himmel, Dunkelheit und Licht strahlen Schutz- und sogenannte Heilengel auch Farben aus, die ihren Schützlingen in der Aura fehlen. White Eagle führt dazu aus: »Die Engel des Heilens sind Christus, dem großen Heiler, unterstellt. Sie sind von strahlender Erscheinung und durchdrungen von Mitgefühl. Einige tragen Kleider einer ganz bestimmten Farbe, während andere in mehrfarbige Gewänder gehüllt sind. Manchmal kommt eine Gruppe von Engeln in einer ganz bestimmten, individuell gefärbten Strahlung, und manchmal erscheint eine Gruppe in reinem Weiß und verströmt eine unbeschreibliche Harmonie und einen zauberhaften Duft. Versucht, euch von oben kommende und mit Engelgestalten erfüllte, machtvolle Lichtstrahlen vorzustellen: Einen goldenen Strahl, einen rosa

Strahl, einen Strahl aus reinem Amethyst, einen Strahl aus reinem Gelb – Strahlen aus allen klaren Farben des Spektrums. Seht in diesen Strahlen ungezählte Gestalten, alle mit menschenähnlichem Antlitz – Engel, die mit kosmischen Strahlen arbeiten, um heilende und tröstende Kräfte für des Menschen Leib und Seele zu bringen.«[31]

In mystischen Erlebnissen erhält das Wahrnehmen von Farben, ihre Beschreibung und Deutung oftmals einen ganz persönlichen Charakter, so daß in bezug auf die Engel selbst in der christlichen Ikonographie keine einheitlichen Symbolzuweisungen existieren. Damit stellt sich die Frage, ob überhaupt bestimmte Farben Engeln zugeordnet sind und in besonderer Weise ihre Erscheinung und Darstellung bestimmen. Bei der Untersuchung zeigte es sich, daß Engel zwar in allen möglichen Farbvariationen und Nuancen erfahren und beschrieben werden können, daß aber bestimmte Farbzuordnungen sehr viel häufiger genannt sind. Dies trifft auf Weiß und die Grundfarben Gelb (oder Gold), Rot und Blau zu.

Engel in weißem Licht

Engelerscheinungen in strahlendem Weiß dominieren in den vorliegenden Berichten. Das Weiß ist Offenbarung der göttlichen Lichtfülle, Ausdruck der Engel und Geister, die an der göttlichen Herrlichkeit teilhaben, und Sinnbild der Auferstehung Christi und der Unsterblichkeit[32]. »Weiß oder Licht stellt dar das seelische Bild des Geistes.«[33] Daher werden insbesondere Botenengel, Engel, die göttliche Mitteilungen zur Menschenseele bringen (wie z. B. der Auferstehungsengel), in weißem Licht erblickt und in Weiß dargestellt wie der Erzengel Gabriel als Überbringer der Botschaft des göttlichen Geistes zur Seele Mariens[34].

Engel in goldenem und gelbem Schein

Selten werden Engel in ihrer Gesamtheit in goldener Farbe wahrgenommen oder dargestellt. Jedoch werden einzelne Aspekte an ihnen, wie Aura, Flügel, Haare oder Schmuck, als golden charakterisiert. Das Gold als höchste Symbolfarbe ist Gott selbst zugeordnet, ist Sinnbild des unendlichen Raumes, der Ewigkeit des Himmels[35]. Ikonenmaler nannten die goldenen Hintergründe ihrer Bilder »das Licht« oder auch »Lichtland«[36]. Goldene Elemente als Glanz des Geistes in Engelerscheinungen haben direkten Bezug zu den himmlischen Sphären, sind Abglanz Gottes. Der Schutzengel von Franziska aus Rom schüttelt in schweren Stunden der Bedrängnis und Anfechtung seine goldenen Haare. Strahlen vom himmlischen Licht fallen daraus hervor, und alle Dunkelheit weicht[37].

Auch die goldenen Verzierungen und Elemente in der Engelerscheinung werden als Hinweis auf bestimmte Erleuchtungs- und Gnadengrade erlebt und zur Erkenntnis der hierarchischen Stellung des jeweiligen Engels hinzugezogen. Einem mir bekannten Mann erschien seine verstorbene Frau mit einem goldenen Reif um die Stirn. Zu ihren Lebzeiten hatte die Frau ihrem Mann anvertraut, ein inkarnierter Engel in Menschengestalt zu sein. Mit gesellschaftlich verantwortungsvollen Positionen betraut, ging diese Frau durch ihr irdisches Leben mit dem Ziel, einen höheren Grad der Erleuchtung zu erlangen. Bei ihrer Erscheinung kurz nach ihrem Tod wies sie lächelnd auf den goldenen Stirnreif und sagte: »Das war es, worum ich gekämpft habe.«[38]

Das Gelb als Abschwächung des Goldes liegt häufig wie ein leichter Schleier aus Licht über den weißen Kleidern der Engel. Es verdeutlicht den schimmernden Schein der gelbweißen Sonnenstrahlen des Geistes, die als Weisheit den Engel berühren. In mittelalterlichen Gemälden steht immer wieder das gelbe Obergewand oder der gelbe Flügelschein eines Engels komplementär zu einem bläulich gekleideten Engel, eine Symbolik, die wiederum die Zustände von Tag und Nacht, von Weisheit und Gefühl umfaßt.

Roter Glanz des Lebendigen

Die roten Seraphim, die eine Feueraura um die Gottheit bilden, verkörpern Wärme und Liebesglut, elementare Lebensenergien. Rote Attribute eines Engels wie ein leuchtend rotes Flügelpaar oder ein leuchtend roter Mantel sind Hinweise auf diese geistigen Kräfte, die in besonderer Intensität nach außen strahlen und wirken.

In der Antike besaßen die Götterbilder nicht selten eine rote Farbe als Ausdruck ihrer Macht im Kosmos wie auf Erden.

Rot war die Farbe des Kriegsgottes Mars, in scharlachrotem Mantel erschien Mithras seinen gläubigen Anhängern. Die römischen Kaiser und Machthaber schmückten sich mit einem roten Mantel als Zeichen ihrer fürstlichen Stellung[39]. Im Christentum wurde dem Rot ein neuer Sinn gegeben, in dem es als Farbe der Passion Christi und des Martyriums sakrale Weihe erhielt[40]. Daher trägt der auferstandene Christus in zahlreichen Gemälden einen roten Mantel über einem weißen Unterkleid (Zeichen seiner Göttlichkeit), der als Sinnbild für seinen überwundenen Wandel im Fleisch gilt.

In Analogie zu der rot-weißen Christusgewandung werden die Erzengel auf Ikonen oder mittelalterlichen Bildern oftmals mit einem roten Mantel gezeigt, der nicht nur Hinweis auf ihre gehobene fürstliche Stellung im Himmel ist, sondern auch auf ihre innige Verbindung mit Christus. In einem Gemälde von Rogier van der Weyden vom Jüngsten Gericht steht der Erzengel Michael in einem weißen Gewand mit rotem Mantel direkt unter Christus, dem Weltenherrscher, flankiert von vier weiteren roten Endzeitengeln, die die Posaunen blasen[41]. Rot als Farbe der Liebe und des Schmerzes gehört auch zum Erzengel Raphael, dem großen Heilengel, dessen Farbstrahlung zu neuer Kraft und Lebensfülle verhilft.

Himmlisches Blau

»Die lieblichen Engel« der Kinder, schreibt Ancilla Domini, »haben ein lichtblaues Gewand, sind mit Perlen gegürtet.«[42] Die Nähe der Kinderseelen zum Göttlichen, zum Himmel versinnbildlicht sich im lichten Blau, das auch die Strahlungskräfte der Cherubim symbolisiert. Weiter vorn wurde bereits darauf hingewiesen, daß die blauen Cherubim, die Engel der Weisheit, auch das heranwachsende Kind verkörpern. Berücksichtigen wir nun, daß das lichte Himmelsblau in der christlichen Tradition eine der zwei Farben des Paradieses bedeutet (die andere ist Rot)[43], ergibt sich die Deutungsmöglichkeit, daß das Blau in ganz besonderer Weise die ungebrochene Verbindung der Engel zum Himmel hervorhebt. In der mittelalterlichen Sakralkunst steht die Farbe Blau für das schöpferische Hineinwirken Gottes in die irdische Welt, das besonders in der Kindheit zu spüren ist[44]. Daher tragen auch die Engel, die Maria gleich Kindern umgeben, häufig ein blaues Kleid. Sie stehen mit Maria im Wirkungsbereich der blauen, das heißt verinnerlichten Kräfte des Gefühls, die auch die Ebenen der Intuition mit einschließen.

Die Farbe der Hellsichtigkeit, der vertieften geistigen Schau und Vision findet in der Skala der Blautöne ihre Steigerung und Verdichtung im Indigo-Blau. In der Lehre von den geistigen Körperzentren, den Chakras, gilt Indigo als Farbe des dritten Auges auf der Stirn. In seiner geistigen Strahlkraft besitzt das Indigo-Blau eine Dimension der Weite und Tiefe, die auf der materiellen Ebene nicht wiedergegeben werden kann und eher trübe wirkt. Dies erklärt, warum die Darstellungen von dunkelblauen Engeln schwer und düster wirken können[45], da sich diese Farbkräfte im Bild kaum umsetzen lassen.

Pfirsich-Blüte

Eine weitere Farbe, die bei der Durchsicht von Engelabbildungen immer wieder auffällt, ist ein pfirsichblütfarbiger Grundton, der die Kleider der Engel überzieht. Nach alten esoterischen Traditionen[46] repräsentiert die Farbe der Pfirsichblüte einen nur für geübte hellsichtige Menschen wahrnehmbaren Farbbereich, der zusammen mit vier weiteren unsichtbaren Farben in der Mitte des sichtbaren Spektrums zwischen Rot und Violett liegt. Dieser Farbton, der als mittlere Farbe zwischen lichten und dunklen Farbtönen steht, wird bei Rudolf Steiner als das »lebendige Bild der Seele«[47] interpretiert – ein Vergleich, der mit Blick auf die rosa und pfirsichblütfarbene Gestaltung der Engelkleider ihre Bedeutung als Seelen- und Herzenshüllen hervorhebt.

Geistige Energiezentren mit Schmuck

Auf einem Seitenflügel des Genter Altares stellte Jan van Eyck 1432 den Erzengel Gabriel bei der Verkündigung dar. Er kleidete ihn in ein fast weißes, einfarbiges Gewand, das ihn mit einem großen Mantelumhang wolkenähnlich umgibt. Auf der Brust, fast über dem Herzen, wird der Mantel von einer großen runden Goldschließe gehalten, die mit einem blauen Edelstein und vier Perlen verziert ist. In der Zahlenmystik symbolisiert die Zahl Eins den Anfang, den ersten Schöpfungstag, Gott-Vater. Die leuchtende, helle Blaufärbung des Edelsteines verweist auf das Schimmern des Himmels, der kosmischen Unendlichkeit. Der Betrachter erhält dadurch den Hinweis, woher der Erzengel Gabriel kommt: aus den himmlischen Sphären, im Auftrag Gottes, des Herrn der himmlischen Heerscharen. Seine Botschaft hat Bedeutung für das Wachsen und Werden der ganzen irdischen Schöpfung im Wechsel der Jahreszeiten und im Zusammenspiel der vier Elemente; das wird durch die Anordnung der vier Perlen angedeutet.

Auf seinem Scheitel trägt der Erzengel Gabriel ein schmales, goldenes Diadem, auf dessen Mitte wieder ein blauer Edelstein befestigt und blütenförmig mit sieben Perlen verziert ist. Mit der Zahl Sieben (dem siebten Schöpfungstag) wird hier auf die beginnende Vollendung der menschlichen Erlösung hingewiesen, die durch das Leben Jesu Christi eingeleitet wird. Auf der obersten Perle strebt ein glänzendes, lichtreflektierendes goldenes Kreuz nach oben.

Die Darstellung von reich geschmückten Engeln mit Gold und Edelsteinen, wie es vor allem im ausklingenden Mittelalter üblich war, geht nicht allein auf den besonderen Zeitgeschmack und seinen üppigen Schmucksinn zurück. In allen Jahrhunderten und Kulturen haben Mystiker die Engel immer wieder mit Schmuckattributen beschrieben und mit den Farb- und Strahlungskräften kostbarer Metalle und Edelsteine in Verbindung gebracht. Auffallend ist die übereinstimmende Beschreibung der Körperpartien, an denen die Schmuckstücke am Engel erblickt werden. Sie befinden sich an der Brustmitte, am Hals und oberen Kopf, manchmal auch in der Höhe des Sonnengeflechtes, an einem Gürtel.

Der Prophet Daniel erschaut in einer seiner letzten Visionen einen Engel, der »in Leinen gekleidet war und einen Gürtel aus feinstem Gold um die Hüften trug. Sein Körper glich einem Chrysolith« (Daniel 10,5). Der Engel, den die Märtyrerin Perpetua am Abend vor ihrem Tod in einer Vision erblickte, »war mit einem langen Purpurkleide bedeckt, das an der Brust mit einer goldenen Spange befestigt und mit einer Menge goldener und silberner Granaten besetzt war«[48].

Die besondere Hervorhebung der geschmückten Körperpartien von Engeln erfährt eine vertiefende Deutung durch die Lehre von den geistigen Kraftzentren des Menschen, den sogenannten Chakras[49]. In der Wissenschaft von den Chakras werden die wechselseitigen Übereinstimmungen zwischen göttlichem Kosmos und menschlichem Körper veranschaulicht, wobei die Chakras bedeutsame Schnittpunkte in ihrem Zusammenspiel darstellen. Das Wissen um die Chakras existiert in den mystischen Traditionen zahlreicher Völker. Vor allem im indischen Raum ist die Kenntnis ihrer Wirkungsweise seit Jahrtausenden bekannt und hat die philosophische und meditative Ausrichtung der verschiedenen Yogaschulen im Hinduismus entscheidend mitgestaltet.

Das Sanskritwort Chakra bedeutet Rad. In der Form von lebendigen Rädern wirbeln die Chakras in verschiedenen Ausprägungen und Farben an der Oberfläche des menschlichen Ätherkörpers. Sie nehmen die gewaltigen Schwingungen der Lebensenergien aus dem göttlichen Kosmos und den seelisch-geistigen Welten auf und verteilen diese je nach dem geistigen Entwicklungsstand des Menschen in mehr oder weniger harmonisch fließende Energieströme. In ihrer Wirkungsweise miteinander verwoben, ergänzen sich die Chakras gegenseitig, ihre Erweckung erfolgt wie das Wachstum von Pflanzenknospen von unten nach oben. Die Chakras, die neben dem Körper auch die seelische und geistige Ebene des Menschen durchdringen, werden mit bestimmten Farbkräften, Elementen und Klangschwingungen verbunden. Häufig werden die Chakras auch als Lotosblüten dargestellt, deren unterschiedliche Farben und Blätter ihre jeweilige Ausstrahlung repräsentieren. Die christliche Kultur hat die feinstofflichen Körperzentren, die im durchgeistigten Körper erscheinen, bei Engeln und Heiligengestalten mit besonderen Schmuckformen und Zeichen charakterisiert. In der hinduistischen Tradition werden sieben Hauptchakras wahrgenommen, die auch in Überlieferungen der christlichen Mystik, in den Mysterienschulungen des Rosenkreuzertums und später der Theosophie in ähnlicher Weise bekannt waren; wenn auch nicht nachgewiesen werden kann, in welchem Umfang diese Kenntnisse verbreitet gewesen sind und die religiöse Praxis wie die geistige Kunst beeinflußt haben.

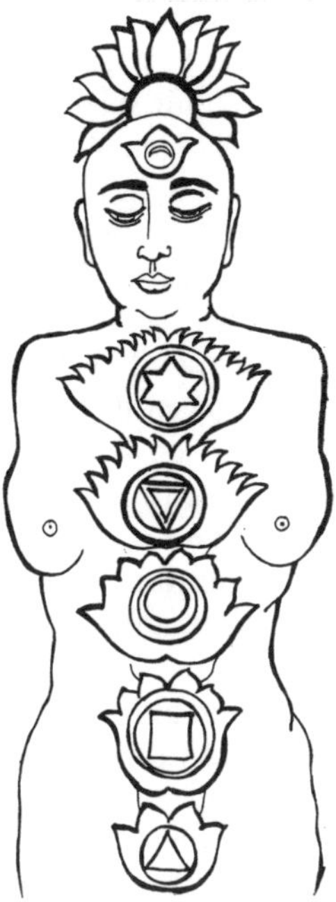

Die Lage der Chakras
nach hinduistischer Tradition

Die Chakras liegen an der Wirbelsäule:
– im unteren Bereich der Wirbelsäule: das Wurzelzentrum (Mûlâdhâra-Chakra), Sitz der vitalen Urenergie und Energiebereich der sogenannten Kundalini-Kraft, der Lebenskraft in Schlangenform[50],
– im Genitalbereich: das Unterleibszentrum (Svadhisthana-Chakra), Sitz der Sexualfunktionen,
– im Bereich des Solarplexus: das Nebelzentrum (Manipûra-Chakra), Zentrum der Umwandlung von grobstofflicher, materieller Energie in feinstoffliche, seelisch-geistige Ebenen,
– auf der Höhe des Herzens: das Herz-Zentrum (Anâhata-Chakra), Bereich der grundlegenden Lebenskraft und der Fähigkeit, reine Liebe zu entwickeln und auszustrahlen,
– auf der Höhe des Kehlkopfes: das Hals-Zentrum (Vishudda-Chakra), Verbindungsbereich der körperlich-materiellen und seelischen Energien zu den geistigen Ebenen,

– als sogenanntes drittes Auge zwischen den Augenbrauen: das Stirn-Zentrum (Ajnâ-Chakra), Entfaltungsbereich der Sinne für das Übersinnliche, für spirituelle Wachheit und Einsicht in die Sphären der geistigen Welt,
– oben auf dem Kopf: das Scheitel-Zentrum (Sahasrâra-Chakra), Öffnungsbereich des Menschen zur Verbindung mit dem Unendlichen, dem kosmischen, göttlichen Universum und seiner unerschöpflichen Energie.

In allen Jahrhunderten haben hellsichtige Menschen immer wieder Einblicke in das Wirken der Chakras gehabt und mit leiblichen und geistigen Augen gesehen, wie diese Zentren aus Licht und Farbe, aus schwingender Energie im geistig erwachten Menschen erglühen und nach außen strahlen. Im Zustand der völligen Konzentration und Hingabe, der in der Meditation erreicht werden kann, werden insbesondere die Hauptzentren des Scheitels, des Kehlkopfes, des Herzens und des Nabels erlebt[51]. Dies sind auffallenderweise innerhalb der christlichen Mystik diejenigen Körperbereiche, die in zahlreichen Wahrnehmungen von Engelgestalten und in ihrer künstlerischen Darstellung durch Strahlung, Flammen oder Schmuck hervorgehoben werden. In der Körpererscheinung der Engel sind aber die »niederen« Chakras[52], die sich auf materielle Energieschwingungen beziehen (Wurzel- und Unterleibszentrum), ohne Bedeutung. Um so intensiver aber ist die Licht- und Strahlungskraft der oberen Chakras.

So wird der Erzengel Michael in zahlreichen Bildern mit einem Gürtel dargestellt, dessen Schnalle im Bereich des Sonnengeflechtes eine blütenähnliche Ausschmückung besitzt. Dieser symbolische Hinweis entspricht der geistigen Aufgabe Michaels, der den Kampf des Lichtes gegen die Dunkelheit anführt und dadurch im Grenzbereich steht. »Laßt eure Lenden umgürtet sein«, schreibt der Evangelist Lukas, »und eure Lichter brennen« (Lukas 12,35). Das Nabelchakra in der Mitte des Körpers, im Grenzbereich zwischen »unten« und »oben«, das die Ströme der aufsteigenden materiellen Energien umwandelnd emporleitet zu den Zentren des Herzens und des Geistes und umgekehrt geistige Ströme den unteren Bereichen zukommen läßt, gleicht somit in seiner Funktion der Aufgabe Michaels, dem »Hüter der Schwelle« zwischen irdischem und geistigem Leben[53].

Engel mit Schild wie eine Nabelchakra.
Nach einem Fresko aus dem Limburger Dom, 13. Jh.

Die Kraft und Ausstrahlung des Herzchakras wird in der christlichen Mystik mit der Liebe Christi und Marias verbunden und in Darstellungen ihres flammenden, das heißt erweckten, leuchtenden Herzens visualisiert, um so den Prozeß der Verinnerlichung, der Kontemplation im Gläubigen anzuregen. Diese Symbolik des Herzens ist aber Christus und Maria vorbehalten und wird in bezug auf Engel kaum genannt oder dargestellt.

Die Ausstrahlung des Herzchakras bei Engeln wird indirekter ausgedrückt, durch Schmuck wie große Mantelschließen oder Broschen, durch die Helligkeit des Gewandes oder besondere Ornamentik. Sie tragen manchmal »auf der Brust ... ein Schild mit dem Namen Gottes«[54].

Mit Schmuck sind auch oftmals Hals (Kehlkopfchakra) und Stirn (drittes Auge) der Engel hervorgehoben, was ihren jeweiligen Auftrag als Himmelsboten betont. Ancilla Domini beschreibt dies in ihrer Schilderung von Engeln aus dem Chor der Kräfte: »Die Engel des dritten Chores, die Kräfte, sind bläulich gewandet und mit Gold umgürtet. Ihr Haupt umschließt ein breiter Goldreif, ein heller Stern strahlt über ihrer Stirn. Sie sind, was ihr Name sagt, verkörperte Kraft.«[55]

Buddha-Kopf
mit Darstellung des höchsten Erleuchtungszentrums
(stilisierte Frisur)

»Das Haupt (oder Kopf) bezeichnet die Einsicht, welche die Engel und Menschen vom Herrn durch das Göttliche Wahre haben«, sagt Swedenborg[56]. In den Schriften der Hildegard von Bingen weist das Rund des Hirnschädels »auf die beherrschende Kraft des Menschen hin; hält und regiert doch das Gehirn den gesamten Organismus«[57]. Als Wurzel zum Geistigen wird das Scheitelchakra oben auf dem Kopf gewöhnlich als letztes, zumeist in einem Akt von mystischem Erleben, geweckt, bei dem der Himmel sich zu dem betreffenden Menschen neigt und dieser vom göttlichen Licht erhellt wird. Mit seiner Entfaltung übertrifft es alle anderen Energiezentren an Glanz und erstrahlt dem geistigen Auge in den unbeschreiblichen Wirkungen des gesamten Farbspektrums. Gleichzeitig setzt eine besondere Ausprägung des Scheitelchakras ein, in dem es beginnt, sich sichtbar nach außen zu wölben.

»Wenn aber der Mensch seine Stellung als König des göttlichen Lichtes verwirklicht hat, der auf alles, was ihn umgibt, verschwenderisch seine Gaben ausstreut«, dann erhält dieses Chakra eine Kraftausstrahlung, »die sich wie ein Dom über dem Haupte als eine wahrhafte Glorienkrone wölbt«[58].

Betonung des Kopfchakras in einem Handkreuz, Äthiopien, 17. Jh.

In der asiatischen Kunst wird diese Manifestation des göttlichen Lichtes bei Menschen, Gottheiten und Engelwesen durch eine besondere Hervorhebung in der Haartracht, durch die Umstrahlung des Hauptes mit einem Flammenkranz oder durch kuppelförmige Kronen dargestellt. Fünfzackige Kronen kennzeichnen in der buddhistischen Ikonographie erleuchtete Götter und Wesen als Souveräne über Zeit und Vergänglichkeit, über die Gesetze der Natur[59].

In der christlichen Kunst kommt diese Besonderheit des Erleuchteten in den goldenen, oft mit wundersamen Ornamenten verzierten Heiligenscheinen zum Ausdruck, die vom Reichtum des ewigen Lebens sprechen. Die großen, nach oben strebenden und mit zahlreichen Symbolen geschmückten Kronen von Gott-Vater, Christus-König, der Himmelskönigin Maria und verschiedenen Heiligen versinnbildlichen die unendliche göttliche Kraft, die aus ihnen strömt und sie erhöht. Die Engel spiegeln dies durch die Strahlenkränze, die ihren Kopf umgeben, und in ihren flammenden Lockenkränzen wider, die oftmals von einem Diadem gehalten werden.

Der Schmuck der Engel entspricht aber nicht nur der Betonung der geistigen Körperzentren, sondern er ist auch ein

Zeichen ihrer Verehrung gegenüber Gott. Hildegard von Bingen schreibt: »Diese Verehrung ist auch der Schmuck der neun Engelchöre, durch die die Satansschar vertrieben ward und stürzte.«[60] Daher sind die Edelsteine des Engelschmuckes in Gold gefaßt, um alles Unreine von den kostbaren Steinen fernzuhalten. Als Symbol ihrer Heiligkeit tragen die Engel verschiedene Edelsteine, die kosmische Strahlungskräfte in sich haben und von besonderer Bedeutung sind. Deutlich wird diese Verbindung auch an zahlreichen Stellen der Bibel[61], so in der Johannes-Offenbarung, wo einem jeden der zwölf Tore des Himmlischen Jerusalem ein Edelstein und ein Engel zugeordnet sind (21,12 und 19).

Hildegard von Bingen, die zahlreiche Hinweise zur geistigen Bedeutung der Edelsteine und ihrer Wirkung auf den Menschen auch in medizinischer Sicht gegeben hat, schreibt: »Denn Gott hat den ersten Engel sozusagen mit den wertvollen Steinen dekoriert, in welchen Luzifer die Gottheit wie in einem Spiegel erglänzen sah und woraus er Erkenntnis schöpfte und in welchem er erkannte, daß Gott (noch) viel Wunderbares zu machen vorhatte. Da überhob sich seine Meinung, weil die Herrlichkeit der Edelsteine, die sich an ihm selbst befanden, auch bei Gott glänzte. So vermutete er, daß er selbst ähnliches und noch mehr vollbringen könnte. Darum wurde sein Glanz ausgelöscht. Aber wie Gott den Adam in verbesserter Form wiederherstellte, so wollte ER auch die Schmuck- und Tugend-Wirkung dieser kostbaren Steine nicht untergehen lassen, sondern daß sie auf Erden erhalten blieben, ehrenreich und segensreich und als Heilmittel.«[62]

Deshalb ist der jeweilige Strahlungsaspekt der Edelsteine auch für den Menschen, der zur gefallenen Schöpfung gehört, mit Heilkräften und Wirkungen verbunden. Zwei Therapeuten, die sich mit den Heilkräften der Edelsteine im Sinne der Hildegard-Medizin beschäftigen, Gottfried Hertzka und Wighard Strehlow, beschreiben die Verbindung von Engeln und den Strahlungskräften von Edelsteinen. Engel sind wie die Edelsteine »Informationsträger, die ihre Botschaft auf die fünf Sinnesorgane übertragen können. So ist es auch verständlich, daß die Hauptanwendungsgebiete der Edelsteine im Bereich der fünf Sinnesorgane liegen. Diese sind ausgesprochen störanfällig durch atmosphärische und kosmische Einflüsse . . . Diesen

Zerstörungskräften ist ein Heer von Gotteskräften (Tugenden) entgegengestellt, die dem Menschen helfen, seine seelischen Abwehrkräfte zu mobilisieren. Durch das Fehlen dieser Kräfte kann sich die menschliche Ganzheit nicht entfalten, weil durch den Mangel die Lebenskraft leidet und dadurch Krankheiten ausgelöst werden können.«[63]

So verbindet sich die Ausstrahlung von Edelsteinen und ihren vielschichtigen Wirkungsfeldern mit Aufgabenbereichen der Engel. Ihre mit Edelsteinen geschmückten Kleider, Mäntel und Flügel sind Ausdruck von Kraft- und Strahlungsfeldern, die dem Menschen Erkenntnis, Klarheit und Heilung bringen.

Als der Prophet Mohammed vom Erzengel Gabriel zu einer nächtlichen Himmelsreise abgeholt wird, erblickt er den Engel mit sechshundert Flügeln, die mit 70000 Körnern aus roten Edelsteinen besetzt sind[64]. Die rote Strahlung eines Edelsteines erzeugt Wärme im Körper und ist damit Sinnbild der Sonnenkräfte, des Feuers. Auch bei Augenleiden ist die rote Strahlung hilfreich[65]. Wir können in der Ausschmückung der Gabrielsflügel ein Symbol der göttlichen Liebesglut sehen, die den Propheten aufweckt und umhüllt. Seine Augen werden von irdischen Sehweisen geheilt und sind nun bereit, sich der himmlischen Schau zu öffnen.

Flammenhaare mit Diadem

Die Wellen der Haare vom Erzengel Gabriel »fallen in langen Flechten herab, seine Stirn schmückt ein Diadem aus Licht«[66], berichtet der Prophet Mohammed aus einer Vision. Franziska aus Rom sagt zur Erscheinung ihres Schutzengels: »Seine Stirn ist immer heiter, seine Haare, ähnlich dem feinsten Golde, fallen in dicken Locken auf seine Schultern.«[67] Der Schutzengel von Ancilla Domini ist »ein großer, sehr schöner Engel mit goldbräunlichem Haar«[68].

Die Beschreibung der Haartrachten von Engeln ist in den vorliegenden mystischen Beschreibungen eher selten, während der Kopfschmuck, die Ausstrahlung des Engelhauptes häufiger Erwähnung finden, so auch in dem Jenseitsbericht »Reise in die Unsterblichkeit«: »Jetzt aber wurde meine Aufmerksamkeit auf einen Mann gelenkt... Um Kopf, Hüfte, Hand-

Erzengel Michael.
Die Darstellung betont den Kopf als höchstes Erleuchtungszentrum.
Nach der Darstellung auf der Chorschranke in Ranworth/Norfolk, spätes 15. Jh.

und Fußgelenke trug er Streifen aus einem mir unbekannten Metall; sie waren mit Edelsteinen besetzt, von denen Lichtstrahlen ausgingen, die sich an Haupt, Rumpf und Gliedern zu sechs Strahlenkronen vereinigten und ihrem Träger eine besondere Kraft zu verleihen schienen.«[69]

In der christlichen Kunst werden die Engel oft mit flammenähnlicher Haarpracht in rötlich-goldenem Schimmer gezeigt, womit ihre höchste Inspiration, ihre Nähe zum Göttlichen ausgedrückt wird. In den Flammen der Haare, Zeugnis der göttlichen Liebesglut, werden die einzelnen Locken zu fließenden Wellen und Strömen aus Licht, die das Gesicht glühend einhüllen oder mit heftigen kleinen Lichtzungen umrahmen, was der Symbolik des Pfingstfestes, den leuchtenden Feuerzungen über den Köpfen der Apostel, entspricht.

In der Bildsprache der Ikonenmalerei verbindet sich die Haargestaltung der Engel mit Assoziationen an Licht-Helme oder Feuer-Kappen. Dies erinnert an das Motiv der Tarnkappen aus Mythen und Märchen, deren Besitz erst den Weg in die unsichtbare Welt ermöglicht und häufig zur Auffindung eines wundersamen Schatzes führt. Fast scheint es, als klinge damit in den Märchen das Motiv des erleuchteten Menschen an, dessen strahlendes Haupt zwar nicht im Äußeren sichtbar ist, aber in der geistigen Welt den Weg öffnet, den Schatz des ewigen Lebens zu finden.

Manchmal wirken die Haare der Engel aber auch eher wie lichte Wolken, die den Kopf umgeben. Das Symbol der Wolke steht in mystischen Anschauungen für die verhüllte, geistige Anwesenheit Gottes[70] und umschreibt somit wiederum die Gottnähe des Engels.

Die Haare der Engel sind in der christlichen Kunst häufig mit einfachen, manchmal mit Edelsteinen geschmückten Goldreifen oder Diademen verziert, die sich in ihrer Schlichtheit von den mächtigen Kronen der Heiligen, Maria, Christus und Gott-Vater unterscheiden[71]. Diese Einfachheit im Haarschmuck weist auf die besondere Stellung im jüdischen und christlichen Glauben hin. Engel erscheinen dem Menschen nicht als Himmelsherrscher und Weltenlenker in unermeßlicher Pracht, sondern als Boten, als Diener Gottes, als seine Knechte. Als Boten eines Königs sind sie aber mit Diademen aus Gold, dem Sinnbild des himmlischen Lichtes, und mit Edelsteinen, Strahlungsträgern göttlicher Kräfte, ausgezeichnet.

Durch die Betonung ihres dienenden Auftrages, ihrer Demut, unterscheiden sich die Engel Gottes von den gefallenen Engelscharen Luzifers, die Gott-gleich, in Hochmut herrschen wollen. Am Ende der Offenbarung, schildert Johannes die demutsvolle Haltung eines Engels: »Und als ich's gehört und gesehen hatte, fiel ich nieder, um anzubeten zu den Füßen des Engels, der mir dies gezeigt hatte. – Und er spricht zu mir: Tu es nicht! Denn ich bin dein Mitknecht und der Mitknecht deiner Brüder, der Propheten, und derer, die bewahren die Worte dieses Buches. Bete Gott an!« (Offenbarung 22,8.9).

Das Kreuz, das immer wieder die Engeldiademe abschließt und erhöht, verweist auf die Sendung der Engel im Namen von Jesus Christus. Das Kreuzzeichen gilt in der christlichen Mystik als wesentliches Kriterium zur Unterscheidung der Geister. Es weist die Reinheit und Lauterkeit ihrer Erscheinung aus, da die luziferischen Geister den Anblick des Kreuzes nicht ertragen können. Der Chronist des heiligen Martin (316–397) berichtet, daß eines Tages der Teufel vor Martin mit einem Königsmantel erschien. »Ein Königsmantel umwallte ihn, er trug ein edelsteinfunkelndes, goldenes Diadem auf dem Haupte, seine Schuhe waren golddurchwirkt.«[72] Der Teufel gibt sich als Christus zu erkennen und versucht Martin zu schmeicheln. Doch Martin erhält eine Geistesoffenbarung und sagt zur Erscheinung: »Ich kann nicht glauben, daß Christus anders gekommen wäre als in jener Haltung und äußeren Gestalt, so wie er gelitten, als mit den Wundmalen des Kreuzes.«[73] Bei diesen Worten verschwand der Teufel sofort wie Rauch. Lidwina von Schiedham (gest. 1433), die in vorhergehenden Abschnitten schon öfter erwähnt wurde, erblickte ihren Schutzengel immer mit dem Zeichen des Kreuzes an der Stirn. Dies gab ihr die Sicherheit, keiner Täuschung zu unterliegen[74].

Ancilla Domini schreibt in ihrem Tagebuch über ihre Erlebnisse mit einem Engel, der kein Kreuz trägt: »Ich werde heute sehr belästigt von einem schönen Engel, der aber kein Kreuz auf seiner Stola hat ... Der Engel ohne Kreuz legt mir recht nahe, daß ich vom Leben gar nichts zu erwarten habe als Herzeleid und Seelenschmerzen; ich solle doch abschließen mit diesem elenden Dasein. Ich war sehr müde und bedrückt, als er mir dies sagte.«[75]

Im Gegensatz zu der Botschaft dieses dunklen Engels, der Beschwernis und Niedergeschlagenheit bringt, stehen die strahlenden Goldkreuze über den leuchtenden Stirnen der Engel Gottes[76]. Ihr Stirnchakra (geistige Sicht) sowie das zentrale Hauptchakra (direkte Verbindung mit Gott) werden vom Kreuz überragt und befinden sich in seinem Schutzbereich. Das erhöhte Kreuz deutet auf die Erlösung aller gebundenen und gefesselten Schöpfung durch den Opfertod von Jesus Christus hin. Dem Gläubigen, der zum kreuztragenden Engel schaut, wird dadurch verkündet:

»Das Kreuz zu Golgatha,
kann dich nicht von dem Bösen,
wo es nicht auch in dir
wird aufgericht', erlösen« (Angelus Silesius[77]).

Die mediale Malerin Gertrud Emde beschreibt in einem Gespräch das Diadem eines Engels, das sie mit geistigen Augen wahrgenommen hat: »Ich habe eine kleine Tuschegrafik gezeichnet, und da ist folgendes passiert. Ungefähr ein Jahr später habe ich dieses Herz als Diadem eines Lichtwesens gesehen. Es kam von ganz ferne als Licht auf mich zu und kam

Gertrud Emde, Kosmisches Herz, 1981

immer näher, strukturierte sich. Es war eine weibliche Gestalt in einem geschmückten Kleid. Man kann es schwer in menschliche Worte fassen, weil das Licht so intensiv war. Die Farben des geschmückten Kleides, des Saumes, des Gürtels, des Ärmelbesatzes, des Kragens leuchteten, schimmerten wie Diamanten, Brillanten, Edelsteine, die ununterbrochen im Lichtspiel sind. Sie wirkten wie Tautropfen in der Morgensonne im Gras, oder in einem anderen Vergleich wie Schneekristalle, wenn die Sonne in einem bestimmten Winkel einstrahlt. Es war ein einziges Funkeln, Strahlen und Leuchten... Und dann war dieses Diadem, dieses Herz, das ich gezeichnet hatte, ein Haarreif. In der Mitte der Stirn war dieses Herz. Es versprühte einen Strahlenkranz von Lichtfuoken.«[78]

Engelattribute

Und ich sah, eine Hand war ausgestreckt zu mir,
sie hielt eine Buchrolle. Er rollte sie vor mir auf.
Sie war innen und außen beschrieben,
und auf ihr waren Klagen,
Seufzer und Wehrufe geschrieben.
Er sagte zu mir: Menschensohn, iß, was du vor dir hast.
Iß diese Rolle und rede zum Haus Israel!
Ich öffnete meinen Mund, und er ließ mich die Rolle essen.

Ezechiel 2

Unter dem Regenbogen

Der Regenbogen, der den Thron Gottes umgibt, ist in der Religion der Babylonier ein Himmelsdamm, auf dem die Sonne ihren täglichen Lauf vollendet. Jeden Abend wird die Sonne von vier Engeln empfangen, die ihr die Krone abnehmen und zur Reinigung und Erneuerung in den Himmel tragen, da ihre Strahlen während des Tagesverlaufes durch den Anblick der menschlichen Vergehen unrein geworden sind[1].

Der Regenbogen ist in der Bibel Sinnbild der Versöhnung Gottes mit dem Menschen: »Meinen Bogen setze ich in die Wolken; er soll das Bundeszeichen sein zwischen mir und der Erde« (1. Mose 9,13). Auf dem Regenbogen als Himmelsbrücke, verbindendes Zeichen zwischen Oben und Unten, zwischen Himmel und Erde, steigen in mystischen Schauungen die Engel auf und nieder[2]. In dem spirituellen Märchen »Die drei Lichter der kleinen Veronika« von Manfred Kyber (1929 veröffentlicht) erblickt die kleine Veronika im wundersamen Garten der Geister die Himmelsbrücke:

»Dort, wo die Brücke begann, waren die Erde und die Steine klar wie aus Glas, und es blühten um sie durchlichtete Lilien und Rosen und tausend andere Blumen, die Veronika nicht alle kannte. Lautlos und ohne Schwere schwebten Gestalten von Menschen und Tieren über die Brücke, und sie waren durchdrungen von jenem Licht, das Blumen und Steine erhellte. Auf der Mitte der Brücke aber, gerade dort, wo sie sich im Glanz verlor, standen lauter weißgekleidete Engel mit silbernen Schwingen.«[3]

Engel kommen und gehen jedoch nicht nur über die Himmelsbrücke. In zahlreichen Abbildungen des Mittelalters stehen sie direkt unter seiner Mitte[4], als Zeichen, daß ihr Haupt vom göttlichen Lichtglanz überstrahlt ist, aber auch als Sinnbild, daß sie in die Sphäre unterhalb des Regenbogens, in den Bereich des Irdischen, eingetaucht sind und mit den Füßen auf der Erde des Menschen stehen. Diese Engel tragen in ihren Händen oder an ihren Gewändern oftmals besondere Attribute, Symbole ihrer Kraftfelder und Aufgaben, die sie für den Menschen wahrnehmen. Gleichzeitig sind diese Attribute auch Sinnbilder geistiger Wahrheiten und »Lehrtafeln für den spirituellen Aspekt der menschlichen Erfahrung«[5]. Sie sind

Symbole, die inneren Bewußtseinszuständen des Menschen entsprechen. Ihre konzentrierte Betrachtung kann die intuitive Schau, die innere Erfahrung des geistig Strebenden wesentlich erweitern. Seit Beginn der Neuzeit ist aber im Abendland das breite Wissen um die Inhalte und die geistig-seelischen Kräfte, die bei der meditativen Betrachtung der Engelattribute geweckt werden können, nach und nach verlorengegangen. Die einzelnen Engelattribute sind zu Accessoires geworden, die meist nur noch einen Hinweis auf den Engelnamen geben, so die Darstellung Michaels mit seinem Schwert.

Lichtschwert und Schutzschild

Was bedeutet ein Schwert in den Händen eines Engels? Was heißt es, wenn der Apostel Paulus schreibt: »Darum laßt uns ablegen die Werke der Finsternis und anlegen die Waffen des Lichts« (Römer 13,12)?

Ein Zeichen von todbringender Kraft im Irdischen, repräsentiert das Symbol des Schwertes im Geistigen umgekehrte Inhalte. Dies wird in einer medialen Schilderung, die der Geist Franchezzo über das Ringen zwischen lichten und dunklen Kräften auf der Erde durchgibt, deutlich: »Da gewahrte ich ein blendendes Licht, gleich einem Stern im Osten in seiner vollen Pracht. Immer weiter kam es herab und nahm stets an Größe zu, bis ich endlich bemerkte, daß es aus einer gewaltigen Schar strahlender Engel aus den himmlischen Sphären bestand. Bei ihrem Nahen sammelten sich alle reinen Geister, die durch die bösen Kräfte vertrieben worden waren, aufs neue und schlossen sich jenen himmlischen Kriegern an. Diese große Flut von Licht, diese mächtige Schar glänzender Geister glitt zur Erde nieder und umgab sie mit einem breiten Streifen herrlichen Lichts. Überall sah ich Lichtstrahlen gleich Speeren hinabsausen und die schwarze Masse an tausend Stellen durchdringen. Wie feurige Schwerter blitzten diese glänzenden Strahlen und hieben überall in die Mauer der dunklen Geister ein, sie in alle Windrichtungen zerstreuend.«[6]

Die Lichtstrahlen, die wie Schwerter und Speere erscheinen, sind nichts anderes als der Ausdruck konzentrierter Liebeskräfte, die das Dunkel und damit auch Unwissenheit, Krankheit und Not erhellen. In diesem Zusammenhang ist es nicht verwunderlich, daß der große Heilengel Michael, der Beschützer vor Besessenheit, Dämonie und Pest, mit einem Schwert dargestellt wird. Sein Schwert versinnbildlicht aber nicht allein die Barmherzigkeit der göttlichen Liebe, sondern den Aspekt der Erleuchtung, der Heilung durch Unterscheidung von hellen und dunklen Kräften in der Seele. Für den Menschen ist die Heilung »durch Unterscheidung der Geister« oftmals ein schmerzhafter Prozeß, der ihn in die Seele schneidet wie ein Schwert, muß er doch von liebgewordenen Vorstellungen und Gewohnheiten Abschied nehmen. Daher bringt das Schwert des Engels auch Kampf, den der Mensch mit seiner Natur führen muß, wenn er ganz und heil werden will. In diesem Sinn spricht der Erzengel Michael bei seiner berühmten Erscheinung im vorderasiatischen Chonae (im 3. Jahrhundert n. Chr.): »An diesem Ort wird jede Krankheit und jede Weichlichkeit der Seele zerstieben, und die Gifte, die Zaubermittel und alle Anstrengung des Bösen werden zunichte. Die Gebundenen werden gelöst, die von unreinen Geistern Besessenen werden geheilt.«[7]

So ist auch das Flammenschwert in den Händen der Hüter des Paradieses, dessen verschlossene Pforte sich im Herzen eines jeden Menschen befindet, Symbol dieses inneren, reinigenden Kampfes um Klarheit, Unterscheidung und Erleuchtung. Vorher können die Engel, Hüter der heiligen Schwelle, den Weg zum Baum des ewigen Lebens, der in der Mitte des Paradiesgartens steht, nicht freigeben. Die Flammengestalt dieses Schwertes bedeutet dem ringenden Menschen, daß sein Kampf in Liebe geführt werden muß, mit innerer Herzensglut, ohne die er zur Annahme und Durchlichtung seiner dunklen Seelenbereiche nicht kommen kann.

»Solltest du schneiden
und kannst es nicht,
solltest du wägen
und wagst es nicht, so rufe ihn:
Michael, gibt Kraft,
dein Fuß tritt auf den Kopf der Schlange
mit kalter Kraft, die nur du geben kannst.
Was du schneidest, ist ja schon tot.«
Die Antwort der Engel, Michaelsfest 1944[8].

Ebenso ist der Schild, den die Engel mit sich führen, kein Ausdruck einer defensiven Haltung, sondern gleicht einer Strahlung, die der Dunkelheit entgegengehalten wird. »Vor allem aber«, schreibt der Apostel Paulus, »greift zum Schild des Glaubens, mit ihm könnt ihr alle feurigen Geschosse des Bösen auslöschen. Nehmt den Helm des Heils und das Schwert des Geistes, das ist das Wort Gottes« (Epheser 6,16–17).

Im Buch der Weisheit lesen wir: »Er rüstet sich mit seinem Eifer und macht die Schöpfung zur Waffe, mit der er die Feinde bestraft. Als Panzer zieht er Gerechtigkeit an, und als Helm setzt er strenges Gericht auf. Als Schild nimmt er unüberwindliche Heiligkeit, und grimmigen Zorn schärft er zum Schwert« (Weisheit Salomos 5,17–20).

Die geistigen Waffen sind den Engeln von Gott gegeben. Der Engelschild wirkt wie ein überdimensionales Chakra, das in wirbelnder Form nach außen strahlt. Der Hinweis, daß die Engelschilder den Namen Gottes tragen[9], bedeutet, daß ihr eigentlicher Schutz in ihrer Zugehörigkeit zu Gott und der Anrufung seines Namens besteht.

»Beschütze alle, die deinen Namen lieben,
damit sie dich rühmen.
Denn du, Herr, segnest den Gerechten.
Wie mit einem Schild deckst du ihn mit deiner Gnade«
(Psalm 5,12–13).

Blumen, Früchte und Zweige

Zu den sinnlich spürbaren Erfahrungen bei Engelerscheinungen gehört der Duft, der sie begleitet. Immer wieder sprechen Berichte aus allen Jahrhunderten von dem wundersamen Engelduft, der eine Erscheinung begleitet oder allein durch seine Verbreitung von der Anwesenheit eines Engels zeugt. Hier eine Beschreibung aus dem 8. Jahrhundert: »...da nahm ich mit einem Mal einen ungemein lieblichen Wohlgeruch wahr. Niemals schien mir je Muskat, Nardenöl, alles, was irgend Wohlgeruch verbreitet, nicht einmal kostbarer Balsam einen derartigen Duft auszuströmen.«[10] Dabei besitzt der Engelduft nicht nur eine angenehme Wirkung auf den Geruchssinn, sondern es gehen von ihm Kräfte aus, die heilend auf die Seele einwirken[11]. Da der Engelduft auch häufig mit dem Geruch von Rosen oder Lilien verglichen wird, hat dieses Erleben das Bild von Engeln mitgeprägt, die Blumen in den Händen tragen oder verstreuen[12].

Dennoch beschreibt das Bild von Engeln mit Blumen nicht nur ihren wunderbaren Geruch, sondern enthält auch Hinweise auf verschiedene geistige Tugenden, die der Engel bringt oder als Sinnbild für die Verdienste eines Menschen in den Händen trägt.

So sprechen im Roman »Die drei Lichter der kleinen Veronika« die Lilien und die Rosen zu dem Mädchen:

»Siehe, wie weiß unsere Blüten sind, sagten die Liliengeister, so rein und so weiß ist das himmlische Hemd, das du tragen wirst.

Schau, wie rot unsere Kelche sind, sagten die Rosenseelen, so rein und so rot ist der Kelch des Grales, nach dem du einmal wieder die Arme ausstrecken wirst.«[13]

Ein Engel in Kindergestalt erscheint der Märtyrerin Dorothea am Platz ihrer Hinrichtung (im Jahre 288). Diesem gibt sie vor ihrem Tod den Auftrag, Theophilus, einem Mann, der sie verhöhnt hat, ein Körbchen mit drei Äpfeln und drei Rosen zu senden. Ein solches Ereignis hatte sie diesem prophezeit, um ihm einen Gruß aus dem Himmelsgarten zu überreichen. Der Kinderengel geht und bringt das Körbchen. Es ist Winterzeit. Als Theophilus den Himmelsgruß erhält, wird er tief erschüttert und bekehrt sich zu Christus. Kurze Zeit darauf wird er ebenfalls hingerichtet[14].

Die drei Äpfel und Rosen weisen in ihrer Zahl auf die Dreifaltigkeit Gottes hin, wobei Äpfel wie Rosen ursprünglich Liebes- und Fruchtbarkeitssymbole sind, die nun, von der Erfüllung der himmlischen Liebe der Märtyrerin sprechen. Das Bild der roten Rosen ist auch ein Hinweis auf das vergossene Blut von Dorothea, das sie zur Nachfolgerin Christi macht. Gleichzeitig sind die Rosen ein Bild der Wunden Christi, die nach mystischer Anschauung am Kreuze erblüht sind.

Blumen als sichtbarer Ausdruck geistiger Tugenden erscheinen immer wieder im Werk der zeitgenössischen medialen Malerin Gertrud Emde. Sie beschreibt die geistigen Verdienste einer Seele mit Früchten, Blüten und Schmuck. Ähnlich schildert der schon mehrfach erwähnte Geist Josef die Symbolik der Blumen aus den jenseitigen Sphären. In seiner Sprache, die aus einer anderen Zeit zu stammen scheint, entwirft er detaillierte Bilder, wie die Seelen Verstorbener von Engeln angeleitet werden, Gutes zu tun und den Menschen auf der Erde zu helfen: Sie werden an einen wunderschönen Ort geführt, der mit goldenen Glockenblumen gefüllt ist. Der ganze Raum erstrahlt in ihrem Glanz. Von den Führerengeln werden die Seelen der Verstorbenen angeleitet, mit den Händen über die Glockenblumen zu streichen. Von ihnen geht dann ein zartes Läuten zur Erde, um den Wesen, die gerade geboren wurden, Frieden zu bringen[15].

Weiter vergleicht Josef verschiedene Himmelssphären mit Blumen. So werden die Menschen, die in ihrem irdischen Leben sehr viel Liebe gegeben haben und anderen Geborgenheit und Ruhe schenkten, in eine Sphäre der roten Rosen geführt, wo ihre Seelen, in der gleichen Farbe wie die Rosen gekleidet, weiterwirken dürfen. Menschen, die in der Stille, Meditation und im Gebet gelebt haben, werden in den liliengleichen Bereich der Andacht und Treue geführt. Dort wachsen Lilien, in deren Farbe sie gekleidet werden. Mit den Händen schütteln sie dann den Lilienstaub zur Erde, damit er dort Kerne bilden kann und die Gebete und die Treue zu Gott unter den Menschen bleiben. Diejenigen, die andere Menschen glücklich machten, kommen in die Sphäre der Treue, der Veilchen, während die Menschen, die in ihrem Leben demütig schweigen konnten, in einer Sphäre wie von blauen Kornblumen ihr Werk weiter vertiefen. Andere, die sich oft einsam fühlten, aber dennoch im Verborgenen geistig gewirkt haben, leben in der Sphäre, die den Anemonen gleicht, um dort Segen weiterzugeben[16].

In der griechischen Apokalypse des Baruch, einem Werk aus dem 2. Jahrhundert n. Chr., darf der Seher Baruch im fünften und letzten Himmel die Schutzengel beobachten, die zur Himmelspforte kommen, um dem Erzengel Michael Blumen zu bringen als Sinnbild der guten Taten ihrer Schutzbefohlenen. Michael schüttet die Blumen in eine große Schale, die er Gott überreichen wird. Den Schutzengeln gibt er je nach der Anzahl der guten Taten heilendes und stärkendes Öl für die Menschen mit[17].

Die Symbolik der Lilien und Rosen ist in der christlichen Mystik vielschichtig und hat im Laufe der Jahrhunderte in Verbindung mit Tugenden der Seele manche wechselnde Interpretation erfahren. Insbesondere in der christlichen Kunst werden die Blumen des Paradiesgartens, die Engel in den Händen tragen, häufig auch auf die Tugenden von Maria bezogen[18]. In diesem Sinn wird das Gebet des Rosenkranzes als Aneinanderreihung von geistigen Rosen verstanden. Im Zusammenhang mit dem Bild des rosengleichen Gebets entsteht eine Verbindung zur besonderen Form des Herzensgebetes[19]. Dies bedeutet, daß sich bei einer längeren Einübung in diese kontemplative Gebetsweise das Herz zu intensiver Gebetskraft öffnet, wobei Assoziationen zwischen dem Öffnen des Herzchakras, dem Zentrum der nach außen strahlenden Liebe und einer erblühenden Rose, ebenfalls Sinnbild der Liebe, naheliegen.

In verschiedenen Marienerscheinungen und Darstellungen wird Maria mit einem Kranz oder einer Krone von Rosen um ihr Haupt gesehen, wie auch Engel, die zu ihr gehören, oftmals einen Rosenkranz auf dem Kopf tragen. »Die Verbundenheit des Weiblichen mit der Pflanze«, schreibt E. Neumann in seinen Studien über »Die große Mutter«, »läßt sich bis in die differenzierten Schichten der Symbolik des Geistes hinein verfolgen. Die Ganzheit des Seelischen als Blüte, Lotos, Lilie und Rose . . . tritt als Symbol blütenhafter Entfaltung höchster geistig-seelischer Entwicklungen auf.«[20]

In der Marienerscheinung von La Salette in Frankreich (1846), die zwei Hirtenkinder erlebten, wird der Rosenschmuck der Mutter Gottes von dem Hirtenmädchen Melanie genau beschrieben. Wegen seiner detaillierten Schilderung geistiger Erscheinungsformen soll dieser Bericht hier ausführlich wiedergegeben werden: »Die Krone aus Rosen, die sie auf dem Kopf trug, war so schön und leuchtend, daß man sich davon keine Vorstellung machen kann. Die verschiedenfarbigen Rosen waren nicht irdisch; es war ein Blumenstrauß, der das Haupt der Allerseligsten Jungfrau in Form einer Krone umgab; doch diese Rosen waren lebendig, sie kamen und gingen. Und dann noch: Aus dem Inneren jeder Rose drang ein solch schönes Licht hervor, das entzückte und die Rosen in unerhörtem Glanz erstrahlen ließ. Aus der Rosenkrone leuchteten Zweige wie aus Gold und eine Reihe anderer Blumen, geschmückt mit Brillanten. Das ganze sah aus wie ein funkelndes Diadem, das ganz von allein stärker als unsere Sonne erstrahlte[21] ... Die Schuhe (Schuhe muß man dazu sagen) waren weiß, aber aus einem silbrigen Weiß und leuchtend, sie waren von Rosen umrankt. Diese Rosen waren von verwirrender Schönheit, und aus jedem Roseninnern züngelte eine Flamme aus Licht hervor, sehr schön und angenehm anzusehen. Auf den Schuhen war eine Verzierung aus Gold, aber nicht aus irdischem Gold, sondern aus dem Gold des Paradieses. Der Anblick der Heiligen Jungfrau selbst war ein vollendetes Paradies.«[22]

Seit dem frühen Mittelalter ist der Lilienstab zum besonderen Attribut des Erzengels Gabriel in der Verkündigungsszene geworden. Ursprünglich ein stilisiertes Symbol des weiblichen Lebensbaumes[23], mit dem Gabriel das neue Leben ankündigt, wandelte sich dieses Zeichen zu einem Lilienstab, der an seiner Spitze symmetrisch geordnet drei Blüten trägt. Diese gelten im Mittelalter als Sinnbild der Heiligen Dreifaltigkeit. Eine Lilie, die Gottvater repräsentiert, ist meist ganz geöffnet. Die Blüte, die für den Sohn steht, zeigt sich knospenhaft, und die dritte ist noch vollkommen geschlossen, ein Hinweis auf den Heiligen Geist, der erst später über der Menschheit ausgegossen wird. Dabei gilt die Lilie in der Frühzeit des Mittelalters keineswegs als Zeichen jungfräulicher Reinheit, zu dem sie später theologisch stilisiert wurde, sondern als Sinnbild der Liebeslust und Zeugung. Gegen Ende des Mittelalters aber sind die tiefen symbolischen Bezüge des Lilienzweiges verdrängt. Er bleibt zwar Attribut des Erzengels Gabriel, das aber in späteren Jahrhunderten mehr und mehr zum dekorativen Element wird[24].

Das Motiv des Engels, der dem Menschen einen grünenden Zweig oder einen Palmzweig bringt, stammt aus der Frühzeit des Christentums und ist durch Visionen leidender und sterbender Märtyrer bekannt geworden. So erhält die junge Märtyrerin Perpetua in der Vision vor ihrem Tod von einem Engel als Siegeszeichen einen grünenden Zweig überreicht, als Sinnbild, daß sie das ewige Leben errungen hat und ein neuer Frühling in ihrem Leben beginnt[25].

Schriftrollen und Bücher

Engel, die in ihren Händen Bücher halten oder Schriftrollen enthüllen, tragen Worte Gottes, die dem Menschen gegeben werden. »Und ich sah«, schreibt der Prophet Ezechiel, »eine Hand war ausgestreckt zu mir; sie hielt eine Buchrolle. Er rollte sie vor mir auf. Sie war innen und außen beschrieben, und auf ihr waren Klagen, Seufzer und Wehrufe geschrieben. Er sagte zu mir: Menschensohn, iß, was du vor dir hast. Iß diese Rolle und rede zum Haus Israel! Ich öffnete meinen Mund, und er ließ mich die Rolle essen« (Ezechiel 2,8–3,2).

Dem Evangelisten Johannes wird in seiner Offenbarung eine ähnliche Vision zuteil, indem er ein Buch, das ein Engel in den Händen hält, auf göttliche Anweisung hin ergreift und ißt. Danach muß er noch einmal weissagen (vgl. 10,8–11). Das Aufessen des himmlischen Buches, die damit vollzogene Verinnerlichung der heiligen Worte, gibt dem Propheten erst Kraft und die Fähigkeit, die göttlichen Anweisungen auszusprechen.

Swedenborg schreibt, daß es in den himmlischen Sphären ein reiches Schrifttum gibt, wobei Schriftform und Inhalt in den verschiedenen Sphären unterschiedlich sind. Dabei weist Swedenborg auf die verborgene geistige Bedeutung der Buchstaben und Schriftzeichen hin, deren tiefer Sinn den Menschen verlorengegangen ist. »Einst wurde mir aus dem Himmel auch ein kleines Blatt zugesandt, auf dem nur wenige Worte in hebräischer Schrift standen. Es hieß, jeder Buchstabe berge Geheimnisse in sich, und zwar in seinen Einbiegungen und Krümmungen, und daher auch in den entsprechenden Lauten[26] ... Diese Schrift, die aus Buchstaben von himmlischen Formen entsteht, ist im innersten Himmel im Gebrauch, dessen Engel alle anderen an Weisheit übertreffen. Durch diese Buchstaben werden Gefühle ausgedrückt, aus denen Gedanken hervorgehen und der Ordnung nach aufeinander folgen, je nach dem Gegenstand, von dem die Rede ist. So schließen diese Schriften Geheimnisse in sich, die durch das Denken nicht erschöpft werden können.«[27]

In dem Gemälde »Gloria in Excelsis Deo« der mystischen Malerin Maria Magdalena Hafenscheer (gemalt 1951) wird

Gertrud Emde, Eine himmlische Rankenerzählung, 1980

Geistiges Wappenschild (Verschlüsselung einer göttlichen Wahrheit). Nach dem Bild »Gloria in Excelsis Deo« von Maria Magdalena Hafenscheer

den betenden Menschen von lobenden und preisenden Engeln am strahlenden Himmel ein Wappenschild gezeigt. Dieses Schild trägt nach den Angaben der Malerin eine verschlüsselte göttliche Wahrheit in himmlischer Zahlenschrift[28]. Ihr Sinn lautet: »Christus, unser Heiland und Erlöser, ist Gott.«

Neben den Schriftrollen und Büchern mit himmlischem Inhalt wird auch immer wieder von Engeln berichtet, die das Lebensbuch eines Menschen in den Händen halten. Daß die Taten eines Menschen in ihrer Gesamtheit geistig aufbewahrt und ihm nach seinem Tod noch einmal wie ein Spiegel vor Augen geführt werden, wird bereits an verschiedenen Stellen des Alten Testaments geschildert[29]. In der Johannesoffenbarung erhalten wir weitere Hinweise zu dem »Buch des Lebens«, nach dem jeder Mensch seinen Werken gemäß gerichtet wird (vgl. Offenbarung 5,1–4; 20,12–15). Von seiner Bekehrung zum Christentum berichtet der römische Schauspieler Genesius vor seiner Hinrichtung (im Jahre 286): Ich sah »den Himmel offen und eine leuchtende Schar von Engeln auf mich niedersteigen. Sie lasen in einem offenen Buch all meine Sünden, die ich seit meiner Kindheit begangen. Als sie geendet hatten, tauchten sie dasselbe in das Taufwasser und zeigten mir die Blätter gewaschen und weiß wie Schnee.«[30]

Als sich die schon mehrfach genannte Ordensfrau Maria Diomira Sorgen machte, ob sie im himmlischen Lebensbuch eingetragen sei, erschienen ihr zwei Engel, »von denen der eine ein sehr schönes Buch in den Händen hielt und es öffnete, der andere mich darin eine Stelle lesen ließ, die er mir zeigte. Ich las und fand dort meinen Namen. Die Engel bedeuteten mir, es sei das Buch des Lebens, und durch die göttliche Güte stehe auch mein Name darin geschrieben; sie ließen mich den unschätzbaren Wert einer so großen Gnade erkennen.«[31]

Kelche und Gefäße

Die Symbolik der Kelche und Schalen, die von Engeln getragen werden, ist vielschichtig, da der jeweilige Inhalt diesen einen ganz unterschiedlichen Bedeutungscharakter verleiht. Kelche, Schalen, Becher und Gefäße gehören zu einem Symbolkreis, in dem eine besondere Funktion des Enthaltens dominiert. E. Neumann führt aus, daß sich das Sinnbild der durch ihren Inhalt nährenden Gefäße aus der Urerfahrung der Nahrung spendenden mütterlichen Brust entwickelt hat. »Dadurch, daß die Symbole dieser Reihe ihrer Natur und Form nach in ebendem Maße offen sind, ist die Natur des Gebens, Spendens und Darreichens betont. Der Wandlungscharakter dieser Symbole bezieht sich auf die Ernährung eines schon geborenen, im Kindheitsstadium befindlichen oder bereits selbständigen Ich«[32], was sinnbildlich in bezug auf die geistig heranwachsende Menschenseele gesehen werden kann, die von den Engeln genährt und unterstützt wird.

In der koptischen Engellehre gehört zu den zahlreichen Attributen des Erzengels Michael ein Perlengefäß, gefüllt mit dem Wein aus dem Weinstock der Wahrheit[33]. Michael wird als Verwalter des Abendmahlskelches gesehen.

In Verbindung mit Engeln werden in der christlichen Mystik Kelche und Schalen häufig als kleine Gefäße gesehen, in denen das Opferblut von Jesus Christus aufbewahrt wird. Als Symbol der Eucharistie schöpfen Engel in einem spätmittelalterlichen Gemälde[34] das Blut von Christus aus einem mystischen Brunnen, in den das Blut des leidenden Heilands hineinfließt. Die Engel mit Flügeln in Regenbogen-Farben schütten das erlösende Blut in die bereitgehaltenen Kelche von zahlreichen Gläubigen, die aus allen Richtungen herbeiströmen. In diesem Bild klingt die Vorstellung des mystischen Leibes von Jesus Christus an, dessen Lebenskräfte den Menschen ernähren und ihm ewiges Heil zukommen lassen. Das Blut und die Liebe von Christus als Gnadenstrom aus einem Quellbrunnen ist ein vielgeschautes Andachtsmotiv, so auch in den Visionen der Mechthild von Hackeborn (1241–1299), die im »Buch vom strömenden Lob« aufgezeichnet sind. Jesus führt sie in einer geistigen Schau zum Born der Barmherzigkeit, neben dem eine silberne Schale steht. Engel treten hinzu und reichen allen Bewohnern des Himmels und der Erde einen Trank aus dieser Schale[35]. Auch in diesem Bild klingt die Symbolik der Gefäße mit stärkendem und ernährendem Gehalt, auf geistige Ebenen übertragen, an. In Schauungen dieser Art wird durch das Bild der Schale die vermittelnde Tätigkeit der Engel zwischen göttlicher Gnade und den Menschen betont.

In der Offenbarung des Johannes kommen sieben Engel, um den Zorn Gottes in sieben Schalen auf die Erde zu schütten, die zur Läuterung der Menschen beitragen: »Es öffnete sich der himmlische Tempel, das Zelt des Zeugnisses im Himmel. Und die sieben Engel mit den sieben Plagen traten heraus; sie waren in reines, glänzendes Leinen gekleidet und trugen um ihre Brust einen Gürtel aus Gold. Und eines der vier Lebewesen reichte den sieben Engeln sieben goldene Schalen; sie waren gefüllt mit dem Zorn Gottes, der in alle Ewigkeit lebt. Und der Tempel füllte sich mit dem Rauch der Herrlichkeit und der Macht Gottes. Niemand konnte den Tempel betreten, bis die sieben Plagen aus der Hand der sieben Engel zu ihrem Ende gekommen waren« (Offenbarung 15,5–8).

Engel tragen nicht nur Gottes Willen zu den Menschen; sie tragen auch die Gebete und Anliegen der Menschen vor Gottes Thron. Der Erzengel Raphael sagt im Buch Tobit: »Ich bin Raphael, einer von den sieben heiligen Engeln, die das Gebet der Heiligen emportragen und mit ihm vor die Majestät des heiligen Gottes treten« (Tobit 12,15). Die Gebete sind dabei Opfergaben, geistige Geschenke und Almosen, die in zahlreichen mystischen Schauungen durch Engel in Schalen zum himmlischen Altar gebracht werden[36]. Zu diesem Aspekt gehört auch die Darstellung von Engeln mit Weihrauchgefäßen, denn das andächtige Gebet eines Gläubigen, sein Gotteslob entspricht dem aufsteigenden Weihrauch. Gleichzeitig ist das Weihrauchgefäß ein Hinweis auf die schon beschriebene Eigenschaft der Engel, einen wundersamen Duft, der auch dem Weihrauch ähnlich sein kann, zu verbreiten. Der Weihrauchduft symbolisiert das »sich der Brust des Menschen entringende, die Gottheit anbetende Gefühl«[37].

In der hinduistischen Tradition stellt der dickbäuchige Ton- und Kupferkrug ein geistiges Symbol und Meditationsbild, ein sogenanntes Yantra, dar. Als geistiges Gefäß enthält es den

Engel mit Weihrauchfaß.
Nach einem Glasfenster im Freiburger Münster

Nektar der Unsterblichkeit. Seine kugelförmige Gestalt steht in Analogie zur Symbolik des Universums. Das Wasser, das hineingefüllt wird, repräsentiert die kosmischen Elementarkräfte[38]. Ebenso gehört der Krug zu den Meditationssymbolen des tibetanischen Buddhismus und ist Attribut der Glücksgöttin Atamangaladevi, ebenfalls mit dem Nektar eines langen Lebens gefüllt[39].

In bezug auf die Engel enthält in der christlichen Mystik das Bild eines Gefäßes, eines Kruges, oftmals Hinweise auf geistige Salben und Öle und auf das Wasser des ewigen Lebens, das dem Menschen Heilung bringt oder ihn in einer besonderen Situation stärkt[40]. Heilendes Öl gehört in der Frühzeit des byzantinischen Christentums zu den Attributen des Erzengels Michael, wobei einem Gemisch aus Wasser und dem Öl der Lampen, die vor Michaelsikonen angezündet waren, besondere Heilkräfte zugeschrieben wurde. In einer Michaelskirche in Byzanz floß zur Zeit des Kaisers Michael aus einer wundertätigen Ikone des Erzengels eine ölige Substanz, die dem Kranken, der sie zu sich nahm, Gesundung schenkte[41].

Öle als »vollkommene Pflanzensubstanz«[42] haben immer einen besonderen kultischen Rang eingenommen, was sich in der Salbung von Priestern und Königen zeigt, wie auch bei der letzten Ölung der Sterbenden bei ihrem Hinübergehen in die geistige Welt. Der natürliche Entstehungsprozeß von Öl in der Pflanze und seine besonderen Wirkungen auf die menschliche Haut machen die Verbindung zu Engeln verständlich. »Im großen ganzen haben die fetten Öle auf der Haut zunächst die Wirkung, daß sie unsere ganze Wesenheit im Organismus zusammenfassen und dabei die verhärtenden und isolierenden Erdenkräfte und vor allem die untersinnlichen Kräfte aus den elektromagnetischen Feldern abschwächen. Wie wir durch das Ich unsere geistig-seelische Persönlichkeit zusammenfassen und befestigen, so hilft das Öl durch die Konsolidierung des Wärmeorganismus diesem Ich zu einem besseren, ordnenden Eingreifen in die biologischen Prozesse.«[43] Mit dem geistigen Öl bringen Engel daher auch der Menschenseele Schutz, Umhüllung, Wärme. All dies sind Wirkungen, die aus dem Bereich der liebenden, fürsorglichen Gottheit kommen.

Während des Gebetes um Hilfe erlebte eine Freundin von mir im Zustand völliger Erschöpfung einen Engel: »Ich lag erschöpft auf meinem Sofa und bat Jesus Christus um Heilung. Als ich die Augen schloß, fühlte ich mich in ein dunkelrotes Licht getaucht. Ein kleiner Engel, ganz in Licht gehüllt, tauchte plötzlich auf und flog über mich hinweg. In den Händen hielt er ein recht großes Gefäß, fast wie ein Wasserkübel. Mit einer heftigen Bewegung schüttete er im Flug den Inhalt des Gefäßes über mich aus, der wie helles, klares Wasser aussah. Dann war der Engel verschwunden. Kurze Zeit später war ich wieder gesund.«[44]

Das Symbol des Gefäßes gilt aber auch als Bild für die Seele des Menschen, die ganz leer und rein werden soll, um mit göttlichem Geist gefüllt zu werden[45]. Mit diesem Motiv klingt die mystische Vorstellung der geistigen Wiedergeburt an, die sich vorbildhaft in Maria, dem reinen Gefäß für das Göttliche, vollzogen hat[46].

In den Aufzeichnungen von Gitta Mallasz sprechen die Engel am 24. November 1944:

»Zersprungene Krüge,
schadhafte Gefäße und leere Töpfe
werden verworfen und zerbrochen.
Das ist der Lärm,
den eure Ohren hören.

Seid neue Gefäße!
Goldene Kelche!
Kelche aus durchsichtigem Gold,
die aufnehmen die göttliche Liebe,
wo ewiges Leben atmet!

Aber auch der fehlerlose Kelch
ist nur ausgestrahltes Abbild.«[47]

Kronen

Die Krone symbolisiert, wie schon an anderer Stelle ausgeführt, das strahlende Oberhauptzentrum, das den erleuchteten Menschen in der Fülle des göttlichen Lichtes auszeichnet. Auf zahlreichen Darstellungen des späten Mittelalters wird die Krone zu einem wichtigen Attribut in Engelhänden. Sie wird Märtyrern und Heiligen als Zeichen der Vollendung, als sogenannte »Überwinderkrone« überreicht. »Habe Mut, geliebte Braut Jesu Christi«, hört die sechzehnjährige Christin Regina (gest. 251), während sie gefoltert wird, »deine Unschuld und Geduld haben dir eine Krone zubereitet, die du bald empfangen wirst.«[48]

Auf zahlreichen Marienbildern schweben Engel über dem Haupt der Gottesmutter und halten über sie eine reich geschmückte Krone. Diese kennzeichnet Maria nach ihrer Aufnahme in den Himmel als »Himmelskönigin«[49], als »Königin der Engel«. Maria wird in zahlreichen Schauungen und Visionen der Mystik als Königin der Engel gesehen, der die Engelscharen wie ein himmlischer Hofstaat dienen. Als Himmelskönigin, so schreibt der italienische Bischof Alphonsus Liguori (gest. 1787) in einer frommen Betrachtung, »empfängt sie die strahlende Sternenkrone aus der Hand der drei göttlichen Personen, und durch den unendlichen Raum des Himmels erschallt eine Stimme, die ruft: Hört es, ihr Kreaturen alle, im Himmel und auf Erden: ›Maria ist eure Königin.‹«[50]

Himmlische Klänge

All diese Reihen (der Engelchöre) tönen,
wie du hörst, in jeglicher Art von Musik
und künden in wundersamen Harmonien die Wunder,
die Gott in heiligen Seelen wirkt –
ein Hochgesang der Verherrlichung Gottes.

Hildegard von Bingen

Musik und Gesang

Engel werden oftmals in Verbindung mit wunderbaren Klängen erlebt. Bereits in der griechischen Mythologie ist der Gesang das Charisma der Sirenen, die als geflügelte Geistwesen wahrgenommen werden. In Platons »Staat« wird jede der acht kreisenden Himmelssphären durch eine Sirene und ihren besonderen Ton repräsentiert, ergibt sich in ihrem gemeinsamen Erklingen das Klangbild der Welten, die Harmonie der Schöpfung[1].

Im tantrischen Hinduismus besitzt jede einzelne Gottheit ihre entsprechende Klangsilbe (Mantra), die dem geistig Strebenden nur nach einer Einweihung kundgetan wird, da diese Klangsilben starke innere Kräfte wecken. In den Mantras ist die Lehre enthalten, daß die gesamte Schöpfung ihre Entsprechung in Tonschwingungen hat. Die Mantras sind in diesem Kontext »Gedankenformen« der göttlichen Wesen und kosmischen Kräfte. Daher gelten die Farben und Formen der Schöpfung als zu Materie verdichteter Klang, steht der Klang über der Form und ist die Welt ein »Gewebe aus Lauten«[2]. Der visionäre Weltenbaum im Tantrismus setzt sich aus »einem verschlungenen Netzwerk von Sanskrit-Buchstaben zusammen, welche die sich ausbreitenden Resonanzschwingungen der kosmischen Energie symbolisieren. Das gesamte physikalische Universum wird mit seinen fünf Elementen (Erde, Wasser, Feuer, Luft, Äther) durch eine Reihe von Klangkombinationen an den verschiedenen Teilen des Weltenbaumes dargestellt. Sein Keim ist das sich selbst erschaffende Ursprungsprinzip; seine Pfahlwurzeln entsprechen der kosmischen ›Ordnungszuweisung‹ und Schwingung . . ., die aus den unveränderlichen Prinzipien des Männlichen und Weiblichen hervorgehen.«[3]

Sehen wir diese Ausführungen in Analogie zum biblischen Lebensbaum in der Mitte des Paradieses, aus dem Ströme in alle Weltengegenden fließen, so können wir uns vorstellen, daß diese Ströme auch verschiedene Klangströme sind, die das Leben der Schöpfung aktivieren. Dieses Bild wird in bezug auf

Melozzo da Forli, Lautenspielender Engel, 15. Jahrhundert

die Engel durch die Beschreibung der Hildegard von Bingen erweitert, die zu den sphärischen Klängen der Engelchöre schreibt: »All diese Reihen tönen, wie du hörst, in jeglicher Art von Musik und künden in wundersamen Harmonien die Wunder, die Gott in heiligen Seelen wirkt – ein Hochgesang der Verherrlichung Gottes.«[4]

Rudolf Steiner hat dem spirituellen Tonerleben verschiedene Studien gewidmet. Im Hinblick auf den Gesang und die Musik der Engel und ihre Wirkung auf den Menschen sagt er, daß jeder Ton (wie auch die visuelle Engelerscheinung) einem Fenster der sinnlichen Welt entspricht, durch das der Wahrnehmende in die spirituelle Welt eindringen kann[5]. In dieser Sicht ist der Engel auch ein himmlischer Klangkörper, der nicht nur durch seine ausgesprochenen Worte, sondern durch den Rhythmus, die Melodie seiner Stimme, durch die Harmonie und Klangfarbe seiner besonderen Schwingung die Seele des Menschen berührt und dort geistige Energien freisetzt. In zahlreichen Berichten und Visionen werden als besondere Empfindungen, die der Engelgesang, die Engelmusik auslösen, Herzenssehnsucht, Trost und Beflügelung des inneren Gotteslobes genannt[6]. Es ist die Sehnsucht nach der Ganzheit, nach Rückkehr zur Einheit in Gott, die in den Tiefen der Psyche durch die kosmischen und himmlischen Klänge angestimmt wird. Gleichzeitig löst der Engelgesang, die Engelmusik eine umfassende existentielle Freude aus, fast einen ekstatischen Zustand[7], wie in der folgenden Vision aus dem 13. Jahrhundert von Mechthild von Hackeborn: »Sie sah auch die seligste Jungfrau zur Rechten ihres Sohnes ein goldenes Gürtelband, voll goldener Zymbeln hängend, durch alle Ordnungen der Engel und Chöre der Heiligen schlingen. Jeder von ihnen rührte an die Zymbeln und gab einen wundersamen Klang und lobte Gott für alle Gaben und Gnaden, die er überschwenglich jener Seele verliehen hatte. Und die Seele lobte aus allen ihren Kräften Gott für das Verliehene.«[8]

Die heilenden Kräfte der Engelmusik, das Eintauchen in die dazu gehörenden Klang- und Farbstrahlen ist ein Gebiet, das gerade in der neueren Literatur zum Themenbereich der Engel und Fragen geistiger Heilweisen hervorgehoben wird[9]. In diesen Schriften wird als besonderes heilendes Element für Körper, Seele und Geist die Harmonie der himmlischen Musik genannt, die dem Menschen das Empfinden der Einswerdung mit den Kräften der göttlichen Liebe und Schönheit vermittelt.

Heilung und Heiligung schenkt dem Menschen auch das bewußte spirituelle Hinhören auf die Musik der Engel im Wirken der Naturkräfte. In der phantastischen Geschichte »Song of the Kingdom« von Andy Stone wird der Dialog eines jungen Musikers mit seinem Meister Oban geschildert, der ihm vermitteln möchte, in den Klang der Welten hineinzuhören: »Ich möchte nicht, daß du schon an diese Musik (der Instrumente) denkst. Überall um dich herum ist Musik, die mußt du zuerst hören: Die Musik des Baches, die Musik des Waldes ... Die Musik des Waldes kannst du nicht ganz so leicht hören. Sie ist die ganze Zeit über da, ob der Wind weht oder nicht. Es ist der Geist des Waldes, das Lied vom Leben in den Bäumen. Es ist ein Lied vom Leben. Jedes Ding hat ein solches Lied in sich, eine Musik, die es durch sein Dasein erzeugt. Der Bach hat sein Lied, ob er fließt oder zugefroren ist. Der Wind hat sein Lied, auch wenn sich kein Lüftchen regt.«[10]

Nicht nur mit ihrer Stimme, sondern schon durch ihre Tätigkeit erzeugen die Engel der Natur ein Klangbild, ein vielfältiges Lied der Schöpfung. Mit dieser Wahrnehmung erweitert sich die Vorstellung vom Gotteslob, das in unserer Kultur nur noch mit Gottesdiensten in Verbindung gebracht wird. Das Aufgabenfeld eines Engels ist schon Klang in sich, wie auch das Leben und der Schicksalsweg eines jeden Menschen ein Lied darstellen, ein einmaliges Tonbild[11].

Einen Engelgesang am Morgen, der dem Bild der erwachenden Natur entspricht, erlebte vor einigen Jahren eine Freundin von mir. Sie schreibt: »An einem frostigen Morgen im Dezember ging ich über die Straße. Es war gerade zu der Zeit, wo die Sonne aufgeht. Ihre noch rosafarbenen Strahlen beleuchteten den untergehenden Mond, dessen Scheibe noch groß und hell am Horizont stand. Da erblickte ich einen großen Engel, der vor dem Mond flog. Der Engel sang mit gewaltiger und mächtiger Frauenstimme einen Lobpreis auf Gott und seine Schöpfung im beginnenden Morgen. Wenn ich heute daran zurückdenke, kann ich mich kaum an die Gestalt des Engels erinnern. Sein Gesang und die Schönheit seiner Stimme sind mir aber bis heute jederzeit gegenwärtig.«[12]

Gustave Doré,
Darstellung Dantes und Beatrices unter dem Reigen der Engel

Mit dem Hinweis auf den Gesang der Engel hat sich die christliche Musik bis in das beginnende Mittelalter hinein an Gesangsformen orientiert, die ohne instrumentale Begleitung das Gotteslob ausdrücken. Mit großer Strenge wurden alle Musikinstrumente aus dem Gottesdienst verbannt, obwohl der jüdische Gottesdienst im Tempel eine Anzahl von Musikinstrumenten kannte, die die Interpretation der Psalmen begleiteten. Erst im Mittelalter wurden im Gottesdienst Musikinstrumente mit dem Hinweis auf die Sphärenklänge des Kosmos, von Sonne, Mond und Sternen, integriert[13]. Die Kirchenväter deuteten den Gesang, das Tönen der himmlischen Heerscharen nun als Nachklang der Lieder aus den ewigen Sphären. Jetzt galt die instrumentale Begleitung im Gottesdienst als das Hörbarmachen der himmlischen Sphärenklänge[14]. Seit dem Einzug der Instrumente in das sakrale Geschehen werden in der christlichen Kunst des Mittelalters auch Engel mit Musikinstrumenten abgebildet, die oftmals Maria oder Christus wie in eine Klangwolke einhüllen[15] oder einen wundersamen Reigen um die heiligen Gestalten bilden.

Tanz und Rhythmus

»Wer den Reigen tanzt, wohnt in Gott«, schreibt der persische Dichter Rumi (1207–1273)[16]. Der ganze Kosmos ist in ständiger Bewegung, die Himmelskörper ziehen in schwingenden Bahnen am Firmament. Ursprünglich galt der Tanz als Geschenk der Götter und war eine der elementarsten Ausdrucksformen des religiösen Lebensgefühls. Durch den Tanz fühlte sich der Mensch eins werden mit den göttlichen Allkräften. In der ursprünglichen Einheit von Tanz und Religion, von Körper und Geist, von Rhythmus und Idee, von Ich und Welt erlebten die tanzenden Menschen ihren Gottesdienst ganzheitlich, mit allen Sinnen[17]. »Es muß eine Periode der Weltgeschichte gegeben haben«, schreibt die Ethnologin Lily Grove, »da jede Handlung im Leben, jedes Spiel, jedes Bankett, jeder Tanz ein Tanz zu Ehren der Götter gewesen ist.«[18]

Diese Erfahrung der Ganzheit und Einswerdung, der Eingebundenheit in die Kräfte des Anbetens und göttlichen Lobpreisens durch die Sprache des eigenen Körpers ist eine Erfahrung, die auch von zeitgenössischen Tänzern immer wieder beschrieben wird[19]. Die Tänzerin Ruth St. Denis beschreibt dies folgendermaßen: »Ich stehe auf einem Hügel hinter unserm alten Farmhaus in New Jersey und hebe meine Arme in einer unbewußten Geste der Einheit gegen die ruhende, silberne Pracht des Mondes. Zur gleichen Zeit lausche ich dem Wispern einer schwachen Brise, die sanft über die Spitzen der hohen Pinien streicht. Ich beginne mich zu bewegen. Es ist mein erstes Tanzbedürfnis, das mich in den kosmischen Rhythmus einfügen will. Mit einer Bewegung tiefer Freude, als freies Wesen in einer Welt unendlicher Tiefe und Schönheit gebe ich mich den unsichtbaren Pulsationen des Universums hin.«[20]

Der religiöse Tanz beinhaltet eine besondere Sprache, die energetische Zustände ausdrückt und zugleich den Körper unmittelbar anspricht, ohne Zwischenschaltung des Bewußtseins[21]. Daher lassen sich seine Formen auch nicht allein auf die bloße Nachahmung geistig-kosmischer Abläufe reduzieren, sondern ermöglichen durch das Sich-Öffnen der Tänzer auch Zustände von Ekstase und Trance, in denen geistige Wesenheiten und Engel am Tanz direkt teilnehmen, mit und durch den Menschkörper tanzen[22].

Das Bild von tanzenden Engeln in gemeinschaftlichem Reigen wird uns aus zahlreichen Bildern der christlichen Kunst übermittelt. Es sind aber aus dem christlichen Bereich kaum Visionen und mystische Beschreibungen zugänglich, die tanzende Engel schildern oder von Menschen berichten, die mit Engeln getanzt hätten oder ihre Anwesenheit dabei in ekstatischer Weise spürten. Einzelne Stellen aus dem Alten Testament, in denen die Engel mit den Sternen gleichgesetzt werden[23], können als Hinweise auf den kosmischen Reigen der Engel interpretiert werden. Es sind vor allem mythologische Vorstellungen der Antike, die in das eher verschwommene Bild des Christentums vom Engeltanz und Engelreigen Eingang gefunden haben[24]. Dies gilt besonders für das Gedankengut der griechischen Kultur, deren Götterwelten im Tanz die Ordnung des Universums erneuerten und fortzeugten. Nach Platon tanzen die »Fixsterne einen wahrhaft göttlichen Tanz, da sie die Ordnung nicht verlassen, die ihnen der allzeugende Vater zugewiesen hat.«[25] Der Reigentanz als Abglanz himmlischer Bewegungsabläufe lebte vorerst auch im christlichen Kult weiter, obwohl die kirchlichen Amtsträger den kultischen Tanz weithin ablehnten und an zahlreichen Stellen zu unterdrücken suchten, da sie seine Wurzeln als heidnisch verdammten[26]. Dennoch konnten sich regional einige sakrale Tanzformen erhalten, so der Brauch in der griechisch-orthodoxen Kirche, bei einer Hochzeit einen Reigen um den Altar zu vollführen.

Das Phänomen, daß tanzende Engel in den Erlebnissen christlicher Mystiker (im Gegensatz zu anderen Religionen wie zum Beispiel dem Hinduismus) so wenig erwähnt werden, obwohl die Beteiligung der Engel am sakralen Geschehen, ihre besondere Stärke im Gotteslob in fast allen Jahrhunderten hervorgehoben wird, hängt mit den veränderten Schwerpunkten der christlichen Kultur im Abendland zusammen: »Das Gefühl für den ursprünglich religiösen Sinn des Tanzes, für das ekstatische Erlebnis von Geist, Seele, Sinnen und Körper ist verloren. Das Absolute, das Religiöse wird mit anderen, mit Disziplinen der Geist- und Wortkultur erfaßt.«[27] Wenn der Tanz als ursprünglich heidnisch bekämpft wurde und Formen ekstatischer Tanz- und Tranceformen Ausdruck dämonischer Kräfte sind, dann wird verständlich, warum die tanzenden Engel zwar im himmlischen Reigen gemalt, aber nicht mehr als konkretes Gegenüber in Visionen geschildert werden, zumal in den Zeiten der Inquisition die Weitergabe einer solchen Erfahrung durchaus gefährlich sein konnte, weil sie die Betreffenden in den Verdacht von Erfahrungen mit Dämonen und Hexen stellte[28]. Die Verdrängung des tanzenden Engels ist ein weiterer Bestandteil der kulturhistorischen Unterdrückung des sinnlich wahrnehmbaren Engelkörpers und des Frauenkörpers im Christentum, was schon an anderer Stelle ausgeführt wurde. So finden sich zwar in zahlreichen Sagen und Legenden noch Beschreibungen der Reigentänze von Elfen und Naturgeistwesen. Aber das, was für die Naturwesen gilt, rückt bei den Engeln immer ferner. Diese Verdrängung eines sehr bedeutsamen Aspektes sinnlicher religiöser Erfahrung hat sicher dazu beigetragen, der Gestalt des Engels mehr und mehr die Lebendigkeit zu nehmen, die im Mittelalter noch für die Menschen spürbar war.

Dennoch hat sich das energetische Moment der Engelerscheinung, das allein schon durch das lebendige Strahlungsfeld der Aura Schwingung und Bewegung vermittelt und in der Seele des Menschen verbreitet, auch in der abendländischen Kultur nicht vollständig unterdrücken lassen. Es hat sich in der darstellenden Kunst im Rhythmus der Engelgewänder und oftmals heftigen Bewegung ihrer Flügel und Haare erhalten, wobei die Wolkenfelder, die die Engel manchmal umgeben, diesen Eindruck verstärken.

Erzengel Gabriel in einer Verkündigungsszene.
Klosterkirche zu Moldovita, Rumänien, 16. Jh.

Bei näherer Betrachtung der Verkündigungsszenen wirkt der Erzengel Gabriel öfter wie ein Himmelstänzer, der gerade in seinem Tanz anhält, um die Botschaft an Maria zu richten, dessen Gewänder aber seine geistige Bewegung noch nachschwingen. Besonders in der Zeichensprache der Ikonen aus dem Mittelmeerraum ist die Erinnerung an die tanzenden Engel, die heftige Dynamik ihrer Körpersprache, wenn auch oftmals unbewußt, erhalten geblieben. Dies liegt vielleicht auch daran, daß sich in den Kulturen des Mittelmeerraumes die Sinnlichkeit stärker erhalten konnte.

Zum Engeltanz und zum ekstatischen Tanz mit den Engeln gehört auch das Element des Rhythmus, der die Kräfte des Körpers, der Seele und des Geistes aktiviert. In zahlreichen außereuropäischen Kulturen ist das Wissen um die geistige Dimension des Rhythmus gerade auch in bezug auf Musik, Gesang und Tanz wesentlich stärker erhalten geblieben. Der ekstatische Tanz und Rhythmus sind wichtige Elemente in der Herstellung der Verbindung zur geistigen Welt und bis in die Gegenwart ein bedeutender kultureller Faktor. Die »Welt der Rhythmen ist eine Vermittlerwelt. Sie vermittelt die seelisch-geistigen Kräfte an das Irdisch-Körperliche. Der Weg vom Geistigen in die Offenbarung eines Körperlichen geht immer über einen Rhythmus, und auch der Weg der Wieder-Vergeistigung irdischer Substanz geht über Rhythmen. Zwischen der physischen Welt und der seelisch-geistigen Welt liegt also die von Rhythmen durchzogene Lebenswelt.«[29]

Es übersteigt den Rahmen dieser Ausführungen, im einzelnen auf die Formen kultisch-rhythmischer Tänze in Lateinamerika, Afrika und Asien im Zusammenhang mit Manifestationen von Engeln einzugehen[30]. Sehr schönes Bildmaterial dazu ist im Band »Engel« von Peter Lamborn Wilson zusammengetragen, der zu diesem Bereich eine gute Einführung bildet.

Ergänzende Aspekte zum Rhythmus im Engeltanz und im Engelwirken zeigen sich bereits bei einem kurzen Blick auf die Bedeutung des Rhythmus in zahlreichen schwarzafrikanischen Kulturen, in deren Tradition gerade dieses Element ein wichtiges Verbindungsglied zur geistigen Welt darstellt. Der senegalesische Poet und Politiker Leopold Sedar Senghor schreibt dazu: »Der Rhythmus ist die Architektur des Seins, die innere Dynamik, die ihm Form gibt, ist der reine Ausdruck der Lebenskraft. Der Rhythmus ist der Schock, der die Vibration erzeugt, er ist die Kraft, die durch die Sinne hindurch uns an der Wurzel des Wesens packt. Der Rhythmus drückt sich durch die stofflichsten Mittel aus ... durch Akzente in Dichtung und Musik, durch Bewegung im Tanz. Indem er das tut, weist er alles ins Geistige. In dem Maße, in dem sich der Rhythmus sinnlich verkörpert, erleuchtet er den Geist ... Der Rhythmus erst gibt dem Wort die wirksame Fülle ... es ist das Wort Gottes, daß heißt, das rhythmische Wort, das die Welt erschuf.«[31]

In der Tradition der Shona-Kultur im heutigen Zimbabwe wurde bei religiösen Zeremonien nicht nur die höchste Gottheit durch den Rhythmus bestimmter Trommeln angerufen, sondern auch die geistigen Vermittler zwischen Gott und dem Menschen, die ihrer Beschreibung nach als Engelwesen interpretiert werden können. Diese Wesen taten sich den Menschen nur kund, wenn der Rhythmus der Trommeln, die von Frauen gespielt wurden, ganz genau in einer bestimmten Reihenfolge ertönte[32]. In diesem Zusammenhang ist es ebenfalls von großer Bedeutung, daß nicht allein Ton und Klang, sondern auch die Bewegung der Musiker und die »leeren« Räume zwischen den Tönen in Verbindung zu geistigen Aussagen, zu geistigen Wesenheiten stehen. Der Wiener Ethnologe Gerhard Kubik schreibt: »Beim Klatschen afrikanischer Frauen in Tanzania und in den Bewegungsbildern des nankasa-Trommelspiels bei den Baganda von Uganda fiel mir zuerst das Vorhandensein ›leerer‹, nicht klingender, aber stark akzentuierter Bewegungsphasen auf. In die Luft schlagen und andere Formen von Leerschlag können im Bewegungsverhalten afrikanischer Musiker von so großer Wichtigkeit sein, daß ein Verständnis der Musik durch Aufzeichnung der hörbaren Aspekte allein nicht möglich ist.«[33]

Darin können wir bei der Betrachtung von Rhythmus und Engelmanifestation durch Gesang, Musik und Tanz ein bedeutsames Phänomen erkennen. Es geht um die »Stimme der Stille« zwischen den Tönen, um die Besonderheiten des jeweiligen Rhythmus und seiner ihm innewohnenden Bewegungsabläufe. Hier gilt es im Rahmen der westlichen christlichen Kultur noch zahlreiche Ansätze aufzuarbeiten, die im außereuropäischen Bereich in ihrer geistigen Bedeutung erkannt worden sind.

Gerade in den Hunderten von afrikanischen Erweckungskirchen, die in den letzten Jahrzehnten entstanden sind, kann immer wieder die innige Verbindung von Tanz und Musik mit Gotteslob und Heilungen beobachtet werden. Nächtelang wird gebetet und mit den Engeln getanzt, wie zum Beispiel in der »Kirche der Cherubim und Seraphim« an der afrikanischen Westküste, die ihre Satzungen und Zielsetzungen direkt von Engeln erhalten hat.

Wie aber wird der Rhythmus der Engel in Sprache und Gesang, Musik und Tanz in der christlichen Kultur erlebt, wo so wenig Überlieferungen und Aufzeichnungen darüber vorhanden sind? Erlebnisse dieser Art gibt es, sie werden aber nicht in der Gemeinschaft und im kollektiven Ausdruck geschildert wie in den sakralen Handlungen anderer Völker. Sie werden ganz individuell, im Inneren des Herzens versteckt erfahren. Es nehmen zwar nach christlichem Verständnis Engel am Gottesdienst und am Leben der Menschen teil, aber das Wissen und das Interesse um die Möglichkeiten der Anteilnahme am Empfinden der Engel durch Musik und Tanz sind weitgehend verlorengegangen.

Eine der wenigen Aussagen über einen tanzenden Engel steht in den Aufzeichnungen von Gitta Mallasz. Hier gibt ein Engel seine tanzende Freude über die positive Wandlung einer ihm anvertrauten Menschenseele kund:

»Er ist mein!
Ich lasse ihn keinen Augenblick mehr!
Ich lache vor Freude, ich tanze wie wild.
Er ist doch nach Gottes Bild geformt.«[34]

Engelwirken in der Kunst

Da kam ein leuchtender Jüngling,
der nahm den Farbtopf und begann, an der Ikone zu malen.
...
Der Abt fragte ihn:
Wie und von wem wurde diese Ikone gemalt?
Ein Engel, sagte er, hat sie gemalt.
Und siehe, hier steht er, um mich zu holen.

Aus der Legende vom Mönch Alimpi

Ikonenmalerei

Engel sind in ihren zahlreichen Erscheinungsformen nicht nur Gegenstand bildnerischer Darstellung. Ihnen wird von Gläubigen auch ein bedeutsamer Anteil an der Inspiration sowie am Gestaltungsprozeß von Kunstwerken zugeschrieben. Immer wieder berichten Künstler und Künstlerinnen in allen Jahrhunderten, wie ihnen göttliche Kräfte in der personalen Gestalt von Engeln beim Entstehungsprozeß von Kunstwerken zur Seite standen. Das Werk eines Malers wie Fra Angelico wird durch seinen spezifischen Namen, den ihm spätere Generationen geben, in direkte Beziehung zu den Kräften gesetzt, die sein Werk mitgestaltet haben. Daß es sich hier nicht allein um ein Phänomen des spirituellen Mittelalters oder außereuropäischer Kulturen handelt, zeigt ein Blick auf die Arbeiten von zeitgenössischen Künstlerinnen, die sich in direkter Verbindung zu »ihrer Engelführung« wissen. Auch Marc Chagall hatte in seiner Jugend ein wegweisendes Erlebnis mit einem Engel, das sein bildnerisches Werk nachhaltig inspirierte. In seinen biographischen Aufzeichnungen notiert er:

»Plötzlich öffnete sich die Zimmerdecke, und ein geflügeltes Wesen stieg herab, erfüllte das Zimmer mit Rauschen und Getöse, mit Bewegung, mit Bildern. Ein Rauschen von schleppenden Flügeln. Ich denke: ein Engel! Ich wage nicht, die Augen zu öffnen: Es ist zu klar, zu lichtvoll. Nachdem er alles durchzogen hat, erhebt er sich durch einen Spalt in der Decke und trägt alles Licht und all die blaue Luft mit sich fort. Aufs neue wird es dunkel, ich wache auf.«[1]

Bei einer Untersuchung der »Engelspuren« in der Kunst erweitern sich die Interpretationsmöglichkeiten von Kunstwerken. Sie erscheinen unter diesem Aspekt als Manifestationen göttlicher Energien, die in sichtbare Formen umgesetzt sind. Als visuell wahrnehmbare Materialisation geistiger Schwingungen besitzen solche Kunstwerke eine besondere Ausstrahlung, die im Betrachter starke seelische und geistige Wirkungen auslösen können. Diese spirituelle Dimension ist in der Kunst des Buddhismus und Hinduismus, des Islam und der orthodoxen Kirche ein wichtiger Bestandteil kontemplativer Übungen und Prozesse. Im westlichen Christentum hingegen ist dieser Aspekt mit dem Ende der Barockzeit mehr und mehr in den Hintergrund gedrängt worden.

Um das Wirken der Engel in der Ikonenmalerei zu verstehen, ist es wichtig, einen Blick auf die Entstehungsbedingungen und Herstellungsprozesse von Ikonen zu werfen. Ihren Gesetzmäßigkeiten liegen Strukturen zugrunde, die eine Öffnung zu geistigen Wesenheiten und deren Mitwirkung bei der künstlerischen Arbeit intentional miteinbeziehen.

Der Schöpfungsprozeß eines religiösen Kultbildes, einer Ikone, folgt innerhalb der Tradition der christlichen Orthodoxie strengen Regeln und vollzieht sich als Form eines Gottesdienstes unter Fasten und Beten. Die Berufung zum Ikonenmaler ist kein Ergebnis individueller Neigung, sondern kommt von Gott, im engeren Sinne durch Vertreter der Kirche[2]. Dabei handelt es sich vorwiegend um Mönche, deren Lebenswandel in der göttlichen Ordnung als Voraussetzung für eine heiligmäßige Handhabung der Ikonenmalerei und der Beachtung ihrer traditionellen Formensprache gilt. So wird verlangt: »Es ziemt dem Maler, friedlich, demütig und fromm zu sein. Kein Trinker oder Totschläger.«[3] Neben der Frömmigkeit des Ikonenmalers wird dem Akt der Ikonenherstellung größte Aufmerksamkeit gewidmet. Diese beginnt mit der Segnung und Heiligung des Malmaterials, der Beigabe von Reliquien und geweihtem Weihwasser zu den Farben, damit das Material bereits eine Durchgeistigung erfährt. Nach der Fertigstellung wird das Bild durch einen Priester oder Bischof geweiht. Erst dann gilt es als Träger göttlicher Formen und Energien. Danach erfolgt der bedeutsamste Akt: die Beschriftung der Ikone, die das Bild erst zum wahren Abbild eines göttlichen Urbildes macht.

Ähnliche Akte der religiösen Bildherstellungen finden sich in zahlreichen Kulturen. So werden die Schöpfer von sogenannten Yantras, Bildern konzentrierter göttlicher Symbole, im tantrischen Hinduismus angeleitet, während der umfangreichen geistigen Übungen vor dem Malen auch zu beten: »O Herr, zeige mir in Träumen, wie das Werk auszuführen ist, das ich im Geist trage.«[4]

Der Künstler ist in diesem Gestaltungsprozeß nur wichtig als Vermittler zwischen göttlichen Kräften und ihrer Materialisation auf dem Bildträger. Dieser Form der schöpferischen Tätigkeit ist jede Art von Herausstellung der eigenen Individualität fremd, zumal dies die geistige Ausstrahlung des Werkes zerstören würde. Unter diesem Aspekt gibt es keine Kunst um der Kunst willen, kein Streben nach Innovation und persönlicher Anerkennung, wie es heute im allgemeinen üblich ist.

Die mystische Schönheit und die geistigen Kräfte, die durch die Ikonen als »Fenster zur Ewigkeit« strahlen, sind bereits in einigen Werken der byzantinischen Frühzeit von solcher Intensität, daß ihnen heilende Kräfte und Wundertätigkeit zugeschrieben werden. Zu den berühmtesten Ikonen zählen die sogenannten Acheiropotai, von denen es heißt, sie seien nicht von Menschenhand geschaffen, sondern übernatürlichen Ursprungs[5]. Diese mystische Vorstellungsweise geht unter anderem auf das antike Weltbild zurück, nach dem alle irdischen Dinge ihr Urbild im Himmel haben (Platon). Schon in den griechischen Mythen der Antike kannte man »Diiapte«, Götterbilder, die vom Himmel gefallen sind. Nun kehren diese Vorstellungen im Rahmen der Ikonenverehrung wieder. Während aber die Autoren zeitgenössischer Untersuchungen zur Ikonenmalerei das Phänomen der nicht von Menschenhand geschaffenen Bilder vor allem durch soziale und gesellschaftspolitische Komponenten erklären[6], können bei Anerkennung mystischer Phänomene in Ikonen dieser Art unschwer auch Werke medialer Malerei erkannt werden, in denen sich geistige Wesenheiten wie Engel durch die Hand des Malers manifestieren. Biographien verschiedener Ikonenmaler, die heiliggesprochen wurden und deren Lebensschilderungen reich an Visionen und göttlichen Offenbarungen waren, legen diese Vermutung nahe. Was Madhu Khanna über spirituelle Maler der Yantra-Kunst schreibt, gilt auch für die Ikonenmalerei:

»Die Zeichnung mag jedoch vollkommen in ihren Proportionen, fehlerlos in ihrer Strichführung und Farbgebung, sie kann peinlich genau nach allen Regeln ... ausgeführt sein, ... und doch nicht die wirkliche Bedeutung widerspiegeln, wenn der Gestalter nicht seine innere Lebensverbindung zu kosmischen Kräften auf die Figur übertragen kann. Bis er Wesen und Substanz des kosmischen Bandes in den Tiefen seiner Psyche ›erfühlen‹ kann, bis er zur Vermittlung der Realität fähig ist, die er intuitiv erkannt hat und von der er selbst ein Teil ist, wird das, was er zeichnet, sein Teilhaben am Transzendenten nicht widerspiegeln können.«[7]

Ein Engel malt die Ikone des Mönches Alimpi fertig.
Nach einem russischen Holzschnitt, 19. Jh.

Einer der berühmtesten, namentlich bekannten Ikonenmaler ist der Mönch Alimpi (gest. 1114), der als Mitbegründer der russischen Ikonenmalerei gilt, die er von griechischen Künstlern gelernt hatte. Von seinen Werken sind mehrere wundersame Entstehungsgeschichten überliefert, die den Beistand der Engel bei seiner Ikonenmalerei ausführlich schildern. In einer Legende wird Alimpi als »Gefäß Gottes, als »Aufenthalt des Heiligen Geistes« charakterisiert: »Solche Menschen leben auf Erden wie Engel und freuen sich im Himmel mit ihnen ewiglich.«[8] An seinem Lebensende wird der Mönch von einer schweren Krankheit ans Bett gefesselt und kann einen wichtigen Auftrag, das Bild der Gottesmutter zu malen, nicht mehr vollenden. Die Überlieferung berichtet: Da »kam ein leuchtender Jüngling, der nahm den Farbtopf und begann, an der Ikone zu malen. Alimpi aber glaubte, der Auftraggeber sei zornig auf ihn und hätte einen anderen Maler geschickt, da der Jüngling zwar wie ein Mensch wirkte, aber die Schnelligkeit seiner Arbeit erwies ihn als einen Engel.«[9] Der Engel stellt die Ikone bis zum Abend fertig und bringt sie dann in die Kirche, wo der Auftraggeber sie zu seiner großen Verwunderung entdeckt. Mit dem Abt des Klosters geht er zu Alimpi: »Da sahen sie, daß er im Sterben lag. Der Abt fragte ihn: Wie und von wem wurde diese Ikone gemalt?... Ein Engel, sagte er, hat sie gemalt. Und siehe, hier steht er, um mich zu holen. Nach diesen Worten gab er seinen Geist auf.«[10]

Legenden um wundertätige Ikonen ranken sich nicht nur um ihren Entstehungsprozeß durch Engelshand und ihre Wirkungen auf die Gläubigen. Aus der Geschichte der koptischen Engelverehrung wird von einem Bild des hochverehrten Erzengels Michael berichtet. Auf Olivenholz gemalt, wuchsen an jedem Zwölften eines Monats Früchte und Zweige aus ihm hervor, Zeichen für die lebendigen, heilbringenden Kräfte, die diesem Abbild des Heiligen innewohnten[11].

Ornament-, Web- und Stickkunst

Während die Ikone als Bildwerk dem Gläubigen die Möglichkeit gibt, sich auf Aspekte Gottes in konkreter Form einzustimmen und zu konzentrieren, lebt im Ornament die Tendenz zur Abstraktion, die Möglichkeit, »in der Aufeinanderfolge vom Grob- zum Feinstofflichen ... ein Bindeglied zwischen Form und Formlosigkeit, zwischen sichtbarer und unsichtbarer Energie« darzustellen[12]. Als visualisierte Energieströme stellen gerade archetypische Formenelemente und Ornamentstrukturen wie Kreis und Spirale eine »Urschrift der Menschheit« dar[13]. Blicken wir unter diesem Aspekt auf die beschriebenen Aufgaben der Engel, die Schöpfung mit Energien zu durchpulsen, zu »durchweben«, in einem kosmischen Tanz den harmonischen Klang der Sphären nachzuschwingen, können Urformen und Ornamente auch als Nachzeichnungen, Nachbildungen von verschiedenen Engelenergien, Engelspuren gedeutet werden.

»Die Gnade strömt durch uns,
und wir ermüden nie.
Die Gnade, die wir geben,
ist das Leben, das wir leben.«
(Gitta Mallasz, Chor der Engel am 14. April 1944)[14]

Die den Urformen und zahlreichen Ornamenten innewohnende Tendenz, den Geist des Menschen zur Ruhe zu bringen, ihn zur Konzentration anzuleiten, macht sie in den verschiedensten Kulturen der Erde zu einem Element spiritueller Rituale wie beispielsweise in den religiös motivierten Sandbildern der Navajo-Indianer und der australischen Ureinwohner, in den Ornamenten der Kelten, den kreisenden Tanzformen des Sufi-Ordens und in Formen der islamischen Kalligraphie. Um die Seele nach innen zu kehren, zum Mittelpunkt des Seins, werden diese Urbilder nicht nur einfach nachgebildet, sondern der Gestaltende taucht – durch religiöse Übungen geöffnet – nur zu bestimmten, geheiligten Zeiten in ihre Schwingungsebenen ein und durchlebt im Rhythmus der Gestaltung seine zunehmende Vertiefung, seine Rückführung zur göttlichen Ganzheit. In diesem Prozeß ist nicht mehr der Mensch der Gestaltende, sondern arbeiten die göttlichen Energien durch ihn als Gefäß.

In der christlichen Kunst kann der Einfluß von Engeln beispielsweise in der ornamentalen Sprache der frühmittelalterlichen Buchmalerei gesehen werden. Allerdings gibt es dazu, wie bei zahlreichen anderen Bildwerken mit spiritueller

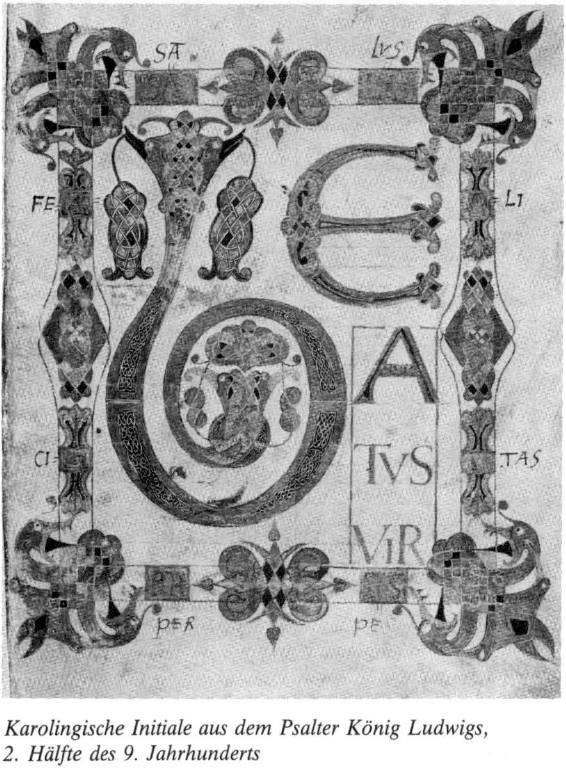

Karolingische Initiale aus dem Psalter König Ludwigs, 2. Hälfte des 9. Jahrhunderts

Seitenaltar mit spätgotischer Madonna der Pfarrkirche St. Benedikt in Postmünster, 1760

Dimension auch, kaum Dokumente und Erlebnisberichte von denjenigen Personen, die sie gestaltet haben, so daß wir nur von der rhythmischen Symbolsprache dieser Bilder auf »Spuren des Engelwirkens« schließen können.

In der mittelalterlichen Buchmalerei, die zumeist die Heilige Schrift oder religiöse Texte zum Gegenstand hat, werden die Buchstaben nicht einfach als Chiffren für Laute und Worte benutzt, sondern noch im Bewußtsein der den Lauten innewohnenden Kraftfelder und geistigen Schwingungsebenen, was sich in der linearen Rhythmik und ornamentalen Dynamik einzelner hervorgehobener Buchstaben ausdrückt. Im spirituellen Umfeld einer Klostergemeinschaft entstanden, als erweiterte Form der Kontemplation, als Dienst am göttlichen Wort, geben die Buchmalereien noch ein visuelles Zeugnis von einem lebendigen Bewußtsein der Klangdynamik heiliger Worte, die eine Verbindung zur geistigen Welt herstellen. Die gezeichneten und gemalten Worte werden »engelsgleich«, weil sie wie diese Tore zum Himmel darstellen.

Ein weiteres Beispiel für die Umsetzung geistiger Energieströme in der christlichen Kunst sind die böhmisch-oberpfälzischen Akanthusaltäre der Barockzeit. Diese geschnitzten Altäre enthalten in ihrer Mitte meist die gemalte Darstellung einer heiligen Gestalt, die von einem gewaltigen, aura-ähnlichen Holzrahmen eingehüllt ist. In ihrer linearen und ornamentalen Ausgestaltung gleicht er einer musikalischen Umkleidung, einem Schwingungsfeld von goldenem Glanz und lebendiger Farbenpracht. Oft blicken Engelsköpfe aus einzelnen Ebenen heraus, halten und stützen Engel breite Strömungsformen. Es scheint fast, als würden in diesen Altären Gesang, Musik und Tanz der Engel in einer Ebene miteinander verwoben, als würden all diese Elemente sich zu einem sichtbaren Flügelfeld um heilige Szenen miteinander verbinden[15].

Ähnliche Gestaltungsprinzipien finden sich in den äthiopischen Kreuzen, deren einfache Gestalt häufig von Urformen wie Spiralen oder von komplizierten ornamentalen Strukturen umgeben ist, die dem Kreuz eine reiche, symbolhafte Aura verleihen. Manche Kreuze gleichen durch ihre Silhouette auch mehrflügeligen Engeln, die in ihrem innersten Bereich das Kreuz tragen. Diese besonderen Kunstwerke wirken wie »Engelabdrücke«, die in Bronze und Silber festgehalten sind[16].

Kreuz mit Flügel- und Schwingungsform aus Messing. Äthiopien, 18. Jh.

Der Blick auf das Wirken Gottes und der Engel im menschlichen Leben, im Schicksal der Welt hat in mystischen Betrachtungen, aber auch in Mythen und Märchen immer wieder das Bild der weiblichen geistigen Wesenheit belebt, die den Faden des Schicksals spinnt (siehe die Märchen Dornröschen oder Die drei Spinnerinnen der Gebrüder Grimm), die das Kleid oder den Teppich des Lebens webt und mit Ornamenten und Bildern bestickt. Diese lebendiggebliebene Erinnerung an die spinnenden und webenden Schicksalsfrauen geht weit in das Weltbild der frühen matriarchalischen Gesellschaften zurück. In ihm lebt die Erinnerung an die »Große Mutter«, die weibliche Gottheit weiter: »Auch das Urmysterium des Webens und Spinnens ist in der Projektion auf die das Leben webende und den Schicksalsfaden spinnende Große Mutter erfahren worden, ob diese nun die eine große Spinnerin ist oder, wie so häufig, in mondhafter Dreiheit erscheint. Nicht zufällig sprechen wir von den ›Geweben‹ des Körpers und seinen ›Bändern‹, denn das Gewebte, welches das große Weibliche im Großen am ›sausenden Webstuhl der Zeit‹, im Kleinen im Uterus des Weiblichen selber verfertigt, ist das Leben

Ausschnitt des Marien-Teppichs, Freiburg, um 1400

und das Schicksal ... So sind die Großen Göttinnen in Ägypten ebenso wie bei den Griechen, den Germanen und den amerikanischen Maya Weberinnen, und weil die ›Wirklichkeit‹ das von den Großen Weberinnen Gewirkte ist, gehören alle Tätigkeiten, wie Flechten, Weben, Knüpfen, Knoten usw., zum schicksalsbestimmenden Tun des Weiblichen.«[17]

Während die Ikonenmalerei eine männliche Domäne ist, sind das Spinnen, Weben und Sticken traditionell weibliche Tätigkeiten. Sie verweisen auf einen Bereich, dessen spirituelle Dimension für die christliche Kunst bisher noch wenig Beachtung gefunden hat. Im Mittelalter sind es vor allem Frauenklöster, die sich der Herstellung gewebter und bestickter Bildteppiche und Wandbehänge mit religiösen Themen widmen, Meßgewänder ornamental verzieren und damit ein visuelles Umfeld zu den kultischen Handlungen schaffen und die geistig-seelischen Kräfte, die den Innenraum beim Gottesdienst mit den Engeln durchweben, sichtbar machen.

Daß die Arbeit an diesen Werken bis zum ausgehenden Mittelalter bewußt in Verbindung mit »durchwirkenden« göttlichen Kräften gesehen wird, macht der Text eines Schriftbandes auf einem Marienteppich (Freiburg, um 1400) deutlich, das aus dem Mund des Heiligen Geist hervorkommt: »Ich wirke mit«, was den biblischen Ausspruch: »Alles dies wirkt ein und derselbe Geist« (1. Korinther 12,11) abwandelt[18]. Blicken wir auf die zahlreichen Blütenformen und wolkenartigen Elemente, die diesen Marienteppich mit musizierenden Engeln und Spruchbändern auf dem Untergrund durchwirken, so erscheinen sehr starke Anklänge an die graphischen Darstellungen verschiedener mediativer Gedankenformen, die Anfang dieses Jahrhunderts von Leadbeater und Besant[19] veröffentlicht wurden. Beispielsweise die blaue, blütenförmige Form der Anbetung und Selbstlosigkeit, die an das Märchen »Die blaue Blume« von Novalis denken läßt. Auf dem mittelalterlichen Bildteppich entsprießt diese blütenartige Gedankenform mit zahlreichen anderen einem geschwungenen Zweig, der aus dem Heiligenschein der göttlichen Dreifaltigkeit wächst[20].

Mit dieser Beschreibung wird nur ansatzweise auf ein reiches Forschungsgebiet hingewiesen, das bisher kaum bearbeitet wurde und die Symbolforschung auch in bezug auf elementare Formen und zahlreiche Ornamente um eine neue Dimension erweitern könnte. Leadbeater und Besant schreiben dazu: Die Form der Andacht läßt beim ersten Anblick »an eine sich öffnende Blumenknospe denken, während andere (Gedanken-)Formen gewisse Ähnlichkeit mit Muscheln, Blättern oder Bäumen haben. Es steht jedoch fest, daß es keine Nachahmungen von Formen aus der Pflanzen- oder Tierwelt sind und sein können. Die Erklärung für diese Ähnlichkeit liegt wahrscheinlich sehr viel tiefer, ... denn wenn wir durch gewisse Gedanken eine Form hervorbringen, die uns einen Vorgang in der Natur wiederholt hat, so können wir zum mindesten vermuten, daß die Naturkräfte sich in ähnlicher Weise äußern wie die Gedanken. Da das ganze Weltall selbst eine von GOTT ins Leben gerufene Gedankenform ist, so ist es wohl möglich, daß winzige Teilchen davon auch die Gedankenformen kleinerer Wesenheiten sind, die sich am selben Werke beteiligen; und so mögen wir uns vielleicht dem Verständnis dessen nähern, was mit den 330 Millionen Devas der Hindu gemeint ist.«[21]

Von Engeln inspiriert: Zeitgenössische Künstlerinnen

Das bewußt erlebte Einwirken von geistigen Wesenheiten und Engeln auf die Bildgestaltung ist ein Phänomen, das in der zeitgenössischen Kunst häufiger erlebt und angesprochen wird, als man bei der Lektüre von aktuellen Kunstzeitschriften und bei Gängen durch Galerien und Museen annehmen mag. Neben der »offiziellen« Kunst, die auf dem Kunstmarkt angeboten und der breiten Öffentlichkeit vorgestellt wird, hat sich auch im deutschsprachigen Raum eine lebendige und sehr vielseitige Kunstszene entwickelt, die gleichsam »im Untergrund« und oftmals unter schwierigen Bedingungen neue Wege in der spirituellen Malerei geht. Dabei übersteigt es den Rahmen dieser Ausführungen, einen detaillierten Bericht über diese vielseitigen Entwicklungsströme zu geben. An dieser Stelle wird auf Künstlerinnen hingewiesen, deren Arbeiten direkt im Zusammenhang mit Engelmotiven, mit der konkret erlebten Hilfe von Engeln entstehen. Während sich im Bereich der spirituellen Malerei das Gleichgewicht von männlichen und weiblichen Künstlern die Waage hält, sind es in bezug auf Engeldarstellungen im deutschsprachigen Raum überwiegend Frauen, die in dieser Richtung arbeiten. Dabei haben diese oftmals doppelte Vorbehalte zu überwinden, einmal gegenüber ihren Motiven, denen die Ernsthaftigkeit abgesprochen wird, zum anderen, weil sie Frauen sind.

Die in Wuppertal lebende Malerin Sulamith Wülfing (geb. am 11. Januar 1901) gehört zu den bekanntesten Vertreterinnen einer von Engeln inspirierten, visionären Kunst. Schon in frühester Kindheit sah sie neben anderen geistigen Wesenheiten auch Engel, die sie bereits mit vier Jahren zu zeichnen begann. Ihre frühzeitig erkannte Begabung führte zum Kunststudium, wobei sich sehr früh ihr eigener Stil zeigte, den sie, unbeirrt von den Verfolgungen der Nazis oder wechselnden Strömungen des sogenannten »Zeitgeistes«, beibehalten hat. Kennzeichnend für den ästhetischen und kunstvollen Stil Sulamith Wülfings ist die Einbindung durchscheinender Engel, Menschengestalten, geistiger Wesen, wie Zwerge, Elfen und Feen, in florale und ornamentale Motive, die einen starken symbolischen Charakter haben. Die auffallende Kindlichkeit ihrer Engel, ihre oft mädchenhaften Züge mit großen fragenden Augen erinnern an Engelbeschreibungen aus Märchen (wie in Schneeweißchen und Rosenrot) und an verschiedene visionäre Berichte von Schutzengeln in Kindergestalt[22]. Dabei entstehen Anklänge an das Bild der »reinen Seele«, des im Geiste wiedergeborenen Menschen, als dessen Symbol die Gestalt eines Kindes gilt[23]. Auch wenn Sulamith Wülfings Bilder märchenhaft erscheinen: »Ihre Bilder sind eine realistische Widerspiegelung der Welt, in der sie lebt, sie hat ihr ganzes Leben lang die Engel und Elfen ihrer Bilder gesehen.«[24]

Als im Februar 1968 die Malmystikerin Maria Magdalena Hafenscheer (geb. 1892) in Wien starb, hinterließ sie ein Werk von 28 Ölgemälden, die zwischen 1948 und 1966 entstanden waren und erst nach ihrem Tod der Öffentlichkeit vorgestellt wurden. Frau Hafenscheer besaß weder eine Fachausbildung, noch war sie Berufsmalerin. Sie folgte in ihrer künstlerischen Arbeit allein der Führung jenseitiger Helfer, die Schutzgeister und verstorbene Maler waren. Zu Beginn eines jeden Bildes, das sie erst nach Verrichtung ihrer häuslichen Pflichten anfangen durfte, wußte sie nicht, was auf der Leinwand entstehen würde. Die Bilder waren oft, trotz umfangreicher Details, in staunenswert kurzer Zeit beendet. Die Werke, die in ihrer reichen Symbolik in einem ausgezeichnet dokumentierten Band von A. Novotny vorgestellt werden, können auf den ersten Blick naiv und kindhaft erscheinen. Bei näherer Betrachtung enthüllen sie jedoch eine Tiefgründigkeit und Komplexität, die wegen ihrer visionären Aussagekraft in Zukunft sicher stärker beachtet werden. Auf zahlreichen Bildern finden sich Engeldarstellungen, die jeweils mit besonderen Attributen geschmückt sind und in ihrem geistigen Aufgabenbereich vorgestellt werden. Zu ihrer Arbeitsweise schreibt Frau Hafenscheer:

»Diese Bilder mit der kraftvollen Symbolik sind nicht mein Werk oder meine Idee . . . Diese Bilder entstanden, weil Gott es so wollte. Er, der Allgütige, will den Menschen unsagbar viel geben, und ich durfte in tiefster Demut sein Werkzeug sein . . . Ich weiß es und fühle es nur allzudeutlich, von wo mir

Sulamith Wülfing, Warten, 1956

die größte Hilfe kommt, nur durch die Güte und Gnade Gottes und seine Führung, der auch meine geistigen Helfer unterstehen.«[25]

Fritzi Libora Reif, Seele mit hohem Engel, 1985

Ebenfalls durch jenseitige Führung, durch die Inspiration ihres jenseitigen Seelengefährten, arbeitet die über achtzigjährige Österreicherin Fritzi Libora-Reif. In den vergangenen Jahrzehnten hat sie unzählige, durch mediale Handführung angeleitete Farbzeichnungen geschaffen, die als Motiv vorwiegend die Seele des Menschen in Verbindung mit seinem Schutzengel zeigen, sogenannte »Seelenbilder«. Auf diesen Zeichnungen erscheint die Seele des Menschen wie eine abstrahierte Gestalt, die aus verschiedenen Früchten, Blumen und Perlen besteht, je nach Anlage, Verdienst und der Bereitschaft eines Menschen, die dienende Liebe zu leben. Eingebettet ist die Menschenseele in eine Art geistige Gebärmutter, die wie ein Tropfen die Hülle des irdischen Lebens darstellt und sich erst mit dem Tod nach oben, zur feinen Spitze hin, öffnet (siehe Farbtafel). Neben diesen Seelenbildern hat sich Frau Libora-Reif der Darstellung geistiger Blüten und Wesenheiten gewidmet, wie Naturengel, Elfen, Zwerge. Der größte Teil ihrer Arbeiten befindet sich in Privatsammlungen. Ihr Werk ist leider nur durch einige Drucke dem breiteren Publikum zugänglich[26].

Der bei München lebenden Malerin und Heilerin Gertrud Emde werden bei der Gestaltung ihrer medialen Bilder die Hände direkt von Engeln geführt. Völlig unerwartet begann diese Entwicklung 1979. In dem sehr kurzen Zeitraum von wenigen Tagen entstanden durch Frau Emde, die vorher in keiner Weise malen konnte, plötzlich feinste, formvollendete Zeichnungen und ornamentale Gemälde, wurde sie zum »Malmedium«. Zu den Bildern, die seitdem entstehen, erhält Frau Emde durch vollautomatisches Schreiben auch Erklärungen über den Symbolgehalt und die geistige Dimension der Motive. Die tiefreligiöse Malerin betrachtet ihre Gabe als ein himmlisches Geschenk, eine göttliche Gnade, die ihr die Verpflichtung gibt, Zeugnis für eine gottgelenkte geistige Welt zu geben[27]. Zu ihrer Entwicklung sagt sie in einem Gespräch:

»Später habe ich dann beim Malen mehr wahrgenommen und gehört. Es war eine ganz feine Stimme in meinem Inneren: Nimm diese Farbe, nimm jenen Pinsel. – Wenn ich male, ist bis heute eine ganz leichte, zarte Handführung. Ich weiß am Anfang niemals, was daraus wird. Es fängt meistens in der Mitte an und entwickelt sich aus der Mitte heraus, die Farben werden mir ebenfalls gesagt, die Form entwickelt sich von alleine ... Ich spüre zwei unterschiedliche Wesenheiten, die mir Dinge durchgeben, die ich zu Papier bringen soll. Eine ist streng und lehrerhaft, und entsprechend entstehen auch geometrische, abstraktere, strengere Formengebilde. Eine andere Inspiratorin oder Wesenheit ist so, daß sie sehr, sehr liebevoll ist. Ich bin immer glücklich, ich komme in eine harmonische Schwingung, in eine so innige Verbindung, daß ich in Liebe bade ... Ich weiß genau, es ist eine weibliche Wesenheit an meiner Seite. Ihre Schwingung geht in die meine über oder beeinflußt die meine, daß ich dann eben fähig bin, als Kanal in der Form zu wirken ... Später habe ich diese Lichtwesen auch gesehen. Es war mir völlig klar, das sind Engel! Wesenheiten eben, die wir als Engel bezeichnen würden.«[28]

Die Farbgemälde von Gertrud Emde offenbaren eine intensive Ausstrahlung, die durch das Beifügen von Gold und Silber noch wertvoller erscheint. Sie wirken in ihren ornamentalen Formen wie Spitze oder Damast, der mit Edelsteinen und Perlen bestickt ist. Je nach Lichteinfall schimmern die Bilder in anderen Tönen, zeigen andere Farbnuancen[29]. Dazu die Botschaft eines Engels: »Mit den Bildern möchte ich Dir dieses Licht, dieses Leben, dieses Funkeln, die Leuchtkraft und Ausstrahlung zeigen, veranschaulichen. Alles ist Leben, alles ist Schwingung. Du bist nicht in der Lage, dieses Licht, diesen Glanz der Farben allein auf dem Blatt wiederzugeben. Ich lasse für Dich diese Kristalle so funkeln, damit Du Dich daran erfreust, Du sollst Zeugnis ablegen vom himmlischen Reich, Du sollst von unserem VATER erzählen, vom Leben nach dem Tode ... Wir haben Gold und Silber gewählt, um auf das Blatt die Ausstrahlung, das Funkeln des Lichtes, das Leuchten unserer Welt zu übertragen.«[30]

Die Engelbilder, die ich seit einigen Jahren male, verkörpern einen weiteren Aspekt der Engelwelt. In ihnen geht es um das konkrete Gegenüber, die Gestalt des persönlich erfahrbaren Engels in seinem jeweiligen Farb- und Schwingungsfeld. Inhalt meiner künstlerischen Arbeit ist es, dem Betrachter durch das Bild innere Ruhe und Frieden zu vermitteln, mit dem dargestellten Engel zu sagen: »Du bist begleitet und beschützt.« Daneben widme ich zahlreiche Bilder dem Aspekt der ersten Hierarchie, dem Loben und Preisen, der Versenkung in Gott, sowie der Himmelskönigin Maria, die von Engeln umgeben ist. Diejenigen Menschen, die durch meine Bilder angesprochen werden und für sich auswählen, berichten oft von der innigen Vertrautheit, die sie zu dem Bild entwikkeln, von Gesprächen, die sie mit dem Engel führen. Oftmals höre ich die Sätze: »Dieser Engel wurde für mich gemalt.« Daher ist es mir kaum möglich, für eine Ausstellung Bilder, die ich hergegeben habe, noch einmal zu bekommen, da sie einen festen Platz im Leben anderer Menschen gefunden haben.

Nachwort

Als ich begann, mich mit den Engeln inhaltlich auseinanderzusetzen, und Wege suchte, zeitgenössische Engelbilder zu malen, merkte ich bei meinen Ausstellungen, daß große Offenheit und ein tiefes Interesse bei den Besuchern bestand. Aber ich sah auch, daß eine rein visuelle Aussage zu den Engeln nicht ausreichte, diese auch immer direkt verständlich zu machen. Wer wußte überhaupt noch, was sich hinter dem Begriff »Seraphim und Cherubim« verbarg, wer konnte sich unter einer »Hierarchie« etwas vorstellen, ohne bereits zahlreiche Bücher gelesen zu haben? Deshalb begann ich, zu meinen Ausstellungen erst kleine, dann auf Grund der positiven Resonanz immer ausführlichere Vorträge zum Wirken der Engel zu halten. Die Beschäftigung mit den Engeln begann mich mehr und mehr auszufüllen und ist nun, ohne daß ich dies vorher beabsichtigt hatte, zum wichtigsten Teil meiner Arbeit geworden.

Bei Ausstellungen und Vorträgen mache ich immer wieder die Erfahrung, daß zahlreiche Besucher der verschiedenen Konfessionen, Altersgruppen und sozialen Schichten Engelbegegnungen haben, die sie zum Teil seit Jahrzehnten begleiten. Unter unserer rational ausgerichteten Kultur verbirgt sich auch in der Gegenwart eine reiche mystische Erfahrungswelt, die aber von den Betreffenden zumeist in Stille und Verborgenheit erlebt und höchstens im engsten Familien- und Freundeskreis weitergegeben wird. Die Gespräche mit diesen »Engelfreunden« haben meine Arbeit wunderbar bereichert, und ich danke ihnen dafür.

Mit welchen Möglichkeiten aber kann denjenigen, die erst einmal einen Zugang zu den Engeln finden möchten, außer mit einem Vortrag und durch Bilder, ein weiterführender Einstieg vermittelt werden? Mit diesen Fragen entwickelte ich Konzepte von Kursen und Wochenendseminaren zur spirituellen Malerei, um durch den sinnlichen Umgang mit Form und Farbe die Spuren der Engel nachzuzeichnen, sich ihnen im Rahmen der christlichen Spiritualität anzunähern. Die Erfahrungen, die mit den Teilnehmern der Kurse in meinem Atelier gemacht wurden, ermutigen dazu, das unmittelbare sinnliche Erleben bei der Hinwendung zu den Engeln mit einzubeziehen. Meine Arbeit befindet sich dabei im Zusammenhang mit einer zunehmenden spirituellen Rückbesinnung, die mit der »Rückkehr der Engel« auch noch andere Bereiche neu erschließt und die im Sinne eines ganzheitlichen Verständnisses von Körper, Seele und Geist in Kunst, Musik und Tanz einen neuen Zugang zu den verschütteten Ebenen unserer christlichen Kultur geben wird.

»Zwei Augen hat die Seel':
eins schauet in die Zeit,
das and're richtet sich
hin in die Ewigkeit.«

Angelus Silesius

Anmerkungen

Vorwort

1 Josef Quint (Hrsg.), Meister Eckehart, Deutsche Predigten und Traktate, München 1979, S. 166.
2 Erich Neumann, Die Große Mutter, Eine Phänomenologie der weiblichen Gestaltungen des Unbewußten, Zürich 1974, S. 19.
3 Vgl. dazu die umfangreiche Bibliographie in Gerhard Adler, Erinnerung an die Engel, Wiederentdeckte Erfahrungen, Freiburg 1986, S. 170–178.

Im Licht der göttlichen Sonne

1 Hildegard von Bingen, Gott sehen, Zürich 1985, S. 35ff.
2 Vgl. Ingried Riedel, Formen, Symbole, Stuttgart 1984, S. 92ff.
3 Jakob Lorber, Die geistige Sonne, Bd. I, Bietigheim ohne Jahresangabe, S. 312.
4 Vgl. Lama A. Govinda, Grundlagen tibetischer Mystik, Weilheim 1982, S. 8ff.
5 Hildegard von Bingen, a.a.O., 1985, S. 41.
6 Vgl. auch Dionysius Areopagita, Über die Hierarchien der Engel und der Kirche, München 1953.
7 Vgl. Aniela Jaffe', Bildende Kunst als Symbol, in: C. G. Jung, Der Mensch und seine Symbole, Freiburg 1985, S. 232–273.
8 Vgl. Lama Govinda, a.a.O., 1982, S. 97ff.
9 Zitiert in Matthäus Ziegler, Engel und Dämon im Licht der Bibel, Zürich 1957, S. 31.
10 Zitiert in Heinz Kühn, Das Reich des lebendigen Lichtes, Berlin 1947, S. 236; vgl. auch: P. Gall Morel, Offenbarungen der Schwester Mechthild von Magdeburg oder Das Fließende Licht der Gottheit, Darmstadt 1980.
11 Emanuel Swedenborg, Ausgewählte religiöse Schriften, Marburg 1949, S. 186.
12 Vgl. Jakob Böhme, Die Morgenröte bricht an, Freiburg 1983, S. 52–54.
13 Gitta Mallasz, Die Antwort der Engel, Zürich 1984, S. 360.
14 Vgl. Mechthild von Magdeburg, zitiert in Heinz Kühn, a.a.O., S. 237.
15 Vgl. Otto Reichel Verlag (Hrsg.), Die Dritte Zeit, Buschhofen 1962, S. 310.
16 Vgl. Hildegard von Bingen, Scivias, Salzburg 1981, S. 145.
17 Rudolf Steiner, Das Wesen der Farben, Dornach 1980, S. 219.
18 Uwe Steffen, Drachenkampf, Der Mythos vom Bösen, Symbole, Stuttgart 1984, S. 55.
19 Vgl. C. W. Leadbeater, Die Chakras, Freiburg 1984, S. 60ff.
20 Arthur Avalon (Sir John Woodroffe), Die Schlangenkraft, Weilheim/Obb. 1961, S. 20.
21 Vgl. C. W. Leadbeater, a.a.O., S. 60f.
22 Vgl. U. Steffen, a.a.O., S. 73–112.

23 Bruder Leo, zitiert in Ferdinand Holböck, Vereint mit den Engeln und Heiligen. Heilige, die besondere Beziehungen zu Engeln hatten, Stein am Rhein 1984, S. 248.
24 Vgl. H. Kühn, a.a.O., S. 235–237.
25 P. Germano di Stanislao, Leben der Jungfrau und Dienerin Gottes Gemma Galgani, übersetzt und bearbeitet von P. Leo Schlegel, Saarlouis 1920, S. 99.
26 Vgl. exemplarisch zur Herz-Jesu-Verehrung: Heilige Margareta Maria Alacoque. Leben und Offenbarungen von ihr selbst geschrieben und ergänzt durch Zeitgenossen, Freiburg 1974.
27 U. Steffen, a.a.O., S. 56.
28 Vgl. Dagobert Frey, Dämonie des Blickes, in: Abhandlungen der Geistes- und Sozialwissenschaftlichen Klasse, Wiesbaden 1953, S. 265.
29 Vgl. H. Kühn, a.a.O., S. 23f.; vgl. Alfons Rosenberg, Engel und Dämonen, Gestaltwandel eines Urbildes, München 1986, S. 83ff.
30 Vgl. Matthäus Ziegler, a.a.O., S. 64ff.
31 Vgl. A. Rosenberg, a.a.O., 1986, S. 14–21.
32 Vgl. M. Ziegler, a.a.O., S. 64.
33 Vgl. Peter Lamborn Wilson, Engel, Stuttgart 1981, S. 33 (mit Bildtafel).
34 Vgl. Arthur Edward Waite, Der Bilderschlüssel zum Tarot, Waakirchen 1978, S. 51.
35 Teresa von Avila, zitiert bei F. Holböck, a.a.O., S. 337.
36 Mechthild von Magdeburg, zitiert in: H. Kühn, a.a.O., S. 235.
37 Vgl. Hans Wolfgang Schuhmann, Buddhistische Bilderwelt, Köln 1986, S. 73.
38 Vgl. ergänzend Lama A. Govinda, a.a.O., S. 35–40.
39 Vgl. H. W. Schuhmann, a.a.O., S. 74.
40 Vgl. Ingrid Riedel, a.a.O., S. 113–132.
41 Vgl. Ernst-August Müller/Dietrich Rapp, Die Strömung – Bild des Ätherischen, in: J. Bockemühl (Hrsg.), Erscheinungsformen des Ätherischen, Wege zum Erfahren des Lebendigen in Natur und Mensch, Stuttgart 1985, S. 93.
42 E. Müller, D. Rapp, a.a.O., S. 93.
43 Vgl. Friedrich Ritter von Lama, Ein Büchlein von den Engeln, Nach den Mitteilungen von Ancilla Domini, Wels, Austria 1978, S. 44ff.
44 Vgl. Geistige Loge (Hrsg.), Wirken der Engel, Band III der Botschaften aus dem Jenseits, Zürich 1951, S. 46ff.
45 Vgl. Mechthild von Magdeburg, zitiert in H. Kühn, a.a.O., S. 235f.
46 Galater 4,8–11; Hebräer 1,1–14.
47 Vgl. dazu Rudolf zur Lippe, Naturbeherrschung am Menschen, Frankfurt 1974.
48 Hans Christian Andersen, Märchen, München 1938, S. 338f.
49 Vgl. A. Rosenberg, a.a.O., 1986, S. 147ff.
50 Jakob Lorber, Das große Evangelium des Johannes, Bd. 4, Bietigheim 1984, Kp. 105.
51 Vgl. Walter Lutz, Grundfragen des Lebens, Bietigheim 1979, S. 52.
52 Vgl. Emanuel Swedenborg, Himmel und Hölle, Nach Gehörtem und Gesehenem, Zürich 1977.
53 Vgl. Geistige Loge (Hrsg.), a.a.O., S. 28.
54 Vgl. White Eagle, Naturgeister und Engel, Forstinning 1983, S. 16.

Erscheinungsebenen

1 Vgl. Johannes Steiner, Visionen der Theres Neumann, München 1974, S. 10f.
2 Vgl. J. Steiner, a.a.O., 1974, S. 23f.
3 Lama A. Govinda, a.a.O., S. 101.
4 Vgl. dazu die zahlreichen Engelbegegnungen im AT und NT, u. a. zusammengefaßt bei Holböck, a.a.O.
5 E. Swedenborg, a.a.O., 1977, S. 156.
6 Vgl. G. Mallasz, Die Engel erlebt, Zürich 1985, S. 17.
7 Vgl. H. C. Moolenburgh, Engel als Beschützer und Helfer der Menschheit, Freiburg 1985, S. 25–28.
8 Vgl. George Thomson, Frühe Geschichte Griechenlands und der Ägäis, Berlin 1960, S. 371ff.
9 Platon zitiert bei G. Thomson, a.a.O., S. 395.
10 Vgl. Hans-Werner Schroeder, Engel und Mensch, Die Wirklichkeit der Hierarchien, Stuttgart 1981, S. 61–68.
11 Yeats zitiert in G. Thomson, a.a.O., S. 391.
12 Zitiert bei H. W. Schroeder, a.a.O., S. 66.
13 Nora Chadwick, Poetry and Prophecy, Cambridge 1942, zitiert ohne Seitenangabe in P. Wilson, a.a.O., S. 100.
14 Vgl. Josef Dirnbeck (Hrsg.), Blüh auf, gefror'ner Christ!, aus den Versen und Liedern des Angelus Silesius, Freiburg 1984, S. 100ff.
15 Zitiert bei G. Thomson, a.a.O., S. 394.
16 G. Mallasz, a.a.O., 1984, S. 9.
17 G. Mallasz, a.a.O., 1984, S. 12.
18 Vgl. Lama Govinda, a.a.O., S. 139.
19 G. Mallasz, a.a.O., 1985, S. 166f.
20 Vgl. M. Ziegler, a.a.O., S. 68ff.
21 Vgl. Georges Tavard, Die Engel, Handbuch der Dogmengeschichte, Freiburg 1968, S. 24.
22 Vgl. G. Tavard, a.a.O., S. 57.
23 K. Ware, E. Jungclaussen, Hinführung zum Herzensgebet, Freiburg 1982, S. 33.
24 Zitiert in F. Holböck, a.a.O., S. 337.
25 G. Mallasz, a.a.O., 1985, S. 29.
26 G. Mallasz, a.a.O., 1985, S. 29.
27 Vgl. Schutzengel der Maria Diomira, beschrieben in Kp. Raum und Richtung.
28 Vgl. Helen Wambach, Das Leben vor dem Leben, München 1980.
29 Zitiert in H. Kühn, a.a.O., S. 263.
30 Georg Ott, Legende von den lieben Heiligen Gottes, Regensburg 1861, S. 120.
31 Vgl. P. Wilson, a.a.O., S. 135f.
32 G. Ott, a.a.O., S. 304.
33 Vgl. die Abbildungen in Walter Nigg, Karl Gröning, Bleibt ihr Engel, Berlin 1981, S. 136ff.
34 G. Ott, a.a.O., S. 328.
35 Vgl. H. Kühn, a.a.O., S. 256f.

36 Zitiert in P. Wilson, a.a.O., S. 136.
37 Vgl. G. Ott, a.a.O., S. 328.
38 Vgl. G. Mallasz, a.a.O., 1984, S. 60.
39 Vgl. Bruno Bettelheim, Kinder brauchen Märchen, München 1981, S. 272.
40 A. Brunot, Licht vom Tabor, Mirijam, die kleine Araberin, Stein am Rhein 1983, S. 62f.
41 A. Brunot, a.a.O., S. 63.
42 Vgl. Ancilla Domini, in F. Ritter von Lama, a.a.O., S. 43.
43 E. Swedenborg, a.a.O., 1977, S. 126f.
44 Vgl. Lama Govinda, a.a.O., S. 130ff.
45 Vgl. Georg Ott, Legende von den lieben Heiligen Gottes, Regensburg, 1861, S. 362.
46 Vgl. A. Rosenberg, a.a.O., 1986, S. 111–113.
47 R. Laurentin, Die Geheimnisse eines alten Gesichtes, Das authentische Leben der Katharina Labouré, Salzburg 1967, S. 65.
48 Vgl. F. Holböck, a.a.O., S. 292.
49 Zitiert in Übersetzung der lateinischen Quellen bei Holböck, a.a.O., S. 275.
50 Zitiert bei Holböck, a.a.O., S. 390, aus J. Fr. Villepélée, Die Torheit des Kreuzes. Die Hl. Gemma Galgani: Die Versenkung in das Mysterium, Hauteville 1978, II. Band, S. 141–157.
51 E. Swedenborg, a.a.O., 1977, S. 102.
52 Zitiert bei Holböck, a.a.O., S. 124.
53 Vgl. E. Swedenborg, a.a.O., 1977, S. 496.
54 Zitiert bei Holböck, a.a.O., S. 402.
55 Vgl. P. Fr. Haas, Leben der Dienerin Gottes Schwester Maria Diomira von der Menschwerdung, Kapuzinerin im Kloster von Fanano, von ihr selbst geschrieben, Regensburg 1891, S. 73.
56 Vgl. Morton D. Paley, William Blake, Stuttgart 1978, Text, S. 7–85, Bildtafel 83.
57 Vgl. im allgemeinen dazu Johann Wolfgang Goethe, Das Märchen, mit einem Aufsatz von Rudolf Steiner, Goethes Geistesart, Rastatt 1982.
58 Zitiert in Holböck, a.a.O., S. 317.
59 G. Ott, a.a.O., S. 575.
60 G. Ott, a.a.O., S. 742.
61 Vgl. Johannes W. Schneider, Michael und seine Verehrung im Abendland, Dornach 1981, S. 54ff.
62 Vgl. E. Swedenborg, a.a.O., 1977, S. 476.
63 Vgl. A. Rosenberg, a.a.O., 1986, S. 98.
64 Vgl. Matthäus 16,18.
65 Vgl. J. Schneider, a.a.O., S. 55.
66 Vgl. J. Schneider, a.a.O., S. 55.
67 Vgl. Caspar D. G. Müller, Die Engellehre in der koptischen Kirche, Wiesbaden, Untersuchungen zur Geschichte der Volksfrömmigkeit in Ägypten, Wiesbaden 1959, S. 11.
68 Zitiert bei Holböck, a.a.O., S. 366.
69 Mechthild von Hackeborn, Das Buch vom strömenden Lob, Einsiedeln 1986, S. 52.
70 Vgl. im allgemeinen dazu auch Erik Peterson, Das Buch von den Engeln,

Stellung und Bedeutung der Heiligen Engel im Kultus, Leipzig 1934.
71 Vgl. Geistige Loge, a.a.O., S. 40f.
72 Vgl. White Eagle, a.a.O., S. 41.
73 Vgl. Holböck, a.a.O., S. 369.
74 Vgl. Holböck, a.a.O., S. 283.
75 Jakob Lorber, Johannes, Das große Evangelium, empfangen vom Herrn durch Jakob Lorber, Bd. 2, Bietigheim 1982, S. 84.
76 Ancilla Domini, zitiert in F. Ritter von Lama, S. 60.
77 Mechthild von Hackeborn, a.a.O., S. 79.
78 Vgl. Dr. H. C. Moolenburgh, Engel als Beschützer und Helfer des Menschen, Freiburg 1985, S. 27.
79 Vgl. Swedenborg, a.a.O., 1977, S. 497.
80 Vgl. Karl Dvorak, Wissenschaft der Entsprechungen, Geheimsprache Gottes, Schrift Nr. 52/Teil 2, Das Geheimnis der Zahlen, die Entsprechung der Zahlen und Zeichen, unveröffentl. Manuskript, Graz 1986, S. 9.
81 Vgl. Karl A. Nowotny, Beiträge zur Geschichte des Weltbildes, Farben und Weltenrichtungen, Wiener Beiträge zur Kulturgeschichte und Linguistik, Bd. XVII, Wien 1970, S. 28–54.
82 Vgl. C. Müller, a.a.O.
83 Vgl. E. Swedenborg, a.a.O., 1977, S. 100f.
84 Vgl. H. Schuhmann, a.a.O., S. 88–114; vgl. auch Lama A. Govinda, a.a.O., S. 132.

Engelzeiten

1 Vgl. A. Rosenberg, a.a.O., 1986, S. 27.
2 Vgl. F. Holböck, a.a.O., S. 150–160.
3 E. Swedenborg, a.a.O., 1977, S. 107f.
4 Vgl. dazu die Aufgliederung der Kapitel nach der Entsprechung zu Tageszeiten von Jakob Lorber, Die Geistige Sonne, Band I, Bietigheim 1975.
5 Vgl. G. Ott, a.a.O., S. 362.
6 R. J. Lees, Reise in die Unsterblichkeit, Bd. I, München 1977, S. 183.
7 Rudolf Steiner, Was tut der Engel in unserem Astralleib? Wie finde ich den Christus?, Dornach 1981, S. 15.
8 Rudolf Steiner, a.a.O., 1981, S. 27.
9 Vgl. dazu R. J. Lees, a.a.O., 1977 Bd. I, S. 183–199.
10 F. Ritter von Lama, a.a.O., S. 25.
11 Vgl. H. Kühn, a.a.O., S. 263.
12 Vgl. P. Wilson, a.a.O., S. 135ff.
13 Johanne Ladner, Vater-Briefe (empfangen durch den Herrn), Bd. I, Bietigheim ohne Jahresangabe, S. 88.
14 Vgl. Helmut Brenske, Ikonen, München 1979, S. 29.
15 Vgl. A. Rosenberg, a.a.O., 1986, S. 126.
16 Vgl. dazu Cäcilia Baij, Mein Leben für Dich, Jestetten 1975, S. 190ff.; vgl. Anna Katherina Emmerich, Das bittere Leiden unseres Herrn Jesu Christi, Aschaffenburg 1983; vgl. Johannes Steiner, Visionen der Therese Neumann, Bd. I, München 1974, S. 214–219.

17 G. Mallasz, a.a.O., 1985, S. 191.
18 Vgl. Ernst Thomas Reimbold, Die Brücke als Symbol, in: E. T. Reimbold (Hrsg.), Symbolon, Jahrbuch für Symbolforschung, Bd. I, Köln 1972, S. 55–78.
19 Vgl. A. Rosenberg, a.a.O., 1986, S. 97.
20 Vgl. A. Rosenberg, a.a.O., 1986, S. 92–103.
21 Vgl. A. Rosenberg, a.a.O., 1986, S. 101–102.
22 G. Ott, a.a.O., S. 328.
23 Vgl. G. Tavard, a.a.O., S. 58.
24 Vgl. A. Rosenberg, a.a.O., 1986, S. 109.
25 Lothar Heiser, Engel im Glauben der Orthodoxie, Trier 1976, S. 91.
26 Vgl. A. Rosenberg, a.a.O., S. 109.
27 Vgl. M. Ziegler, a.a.O., S. 70.
28 Vgl. Wolfgang Teichert, Gärten, Symbole, Stuttgart 1986, S. 12ff.
29 Vgl. Rudolf Graber, Die Familie als häusliches Heiligtum, München 1980, S. 79.
30 E. Neumann, a.a.O., S. 247.
31 Vgl. Christa Mulack, Maria, Die geheime Göttin im Christentum, Symbole, Stuttgart 1985, S. 219ff.
32 Vgl. Hans-Werner Schroeder, a.a.O., S. 76ff.
33 G. Mallasz, a.a.O., 1985, S. 360.

Engelgestalten

1 Zitiert in M. Ziegler, a.a.O., S. 84.
2 Vgl. dazu G. Tavard, a.a.O.
3 Vgl. L. Heiser, a.a.O., S. 225.
4 Vgl. L. Heiser, a.a.O., S. 223.
5 Vgl. exemplarisch dazu die Biographie von Gemma Galgani, in: L. Schlegel, a.a.O.
6 Vgl. im allgemeinen dazu C. Mulack, a.a.O., S. 32–87.
7 Zitiert in F. Holböck, a.a.O., S. 394.
8 Vgl. Johannes 3,1–9.
9 Vgl. exemplarisch Daniel 10,8.
10 Vgl. dazu Klaus Theweleit, Männerphantasien, Bd. I und II, Frankfurt 1978.
11 L. Heiser, a.a.O., S. 223.
12 L. Heiser, a.a.O., S. 254.
13 Vgl. A. Rosenberg, a.a.O., S. 86.
14 Vgl. zu diesem Problem J. Steiner, a.a.O., Bd. I, S. 22–25.
15 H. C. Moolenburgh, a.a.O., S. 28.
16 Vgl. Gerhard Gollwitzer, Die durchsichtige Welt, Ein Swedenborg Brevier, Pfullingen 1953, S. 53ff.
17 Vgl. M. Khanna, a.a.O., S. 118ff.
18 Siva Samhita, 2,1–5, Text zitiert und übersetzt von Jeanne Varenne, in: Yoga and the Hindu Tradition, S. 155.
19 E. Swedenborg, a.a.O., 1977, S. 56f.
20 Vgl. E. Swedenborg, a.a.O., 1977, S. 57.

21 E. Swedenborg, a.a.O., 1977, S. 42f.
22 Zitiert in Karl Dvorak, Wissenschaft der Entsprechungen, Geheimsprache Gottes, 4. Teil, »Der Mensch – ein Gleichnis«, unveröffentlichtes Manuskript, Graz 1986, S. 9.
23 Vgl. E. Swedenborg, a.a.O., 1977, S. 71.
24 Vgl. K. Dvorak, a.a.O., 4. Teil, S. 12ff.
25 Vgl. K. Dvorak, a.a.O., 4. Teil, S. 14.
26 Vgl. in H. Egger, Verkündigung, Verlag St. Gabriel 1987, exemplarisch Bildtafel 14, 19, 47.
27 Vgl. in H. Egger, a.a.O., exemplarisch Bildtafel 18 und 46.
28 Vgl. in H. Egger, a.a.O., exemplarisch Bildtafel 39 und 42.
29 Vgl. A. Rosenberg, a.a.O., 1986, S. 54.
30 Vgl. Bildtafel in H. Egger, a.a.O., S. 31.
31 Vgl. G. Gollwitzer, a.a.O., S. 66f.
32 H. von Bingen, a.a.O., 1981, S. 144f.
33 Zitiert in F. Ritter von Lama, a.a.O., S. 14.
34 Vgl. exemplarisch Jakob Böhme, a.a.O., S. 42.
35 Vgl. W. Lutz, a.a.O., S. 322f.
36 Vgl. I. Dirnbeck (Hrsg.), a.a.O., S. 93.
37 Jakob Lorber, Robert Blum, Bd. 2, Bietigheim o. Jahresang., Kp. 278, 4ff.
38 Vgl. K. Dvorak, a.a.O., 4. Teil, S. 15ff.
39 A. Rosenberg, Christliche Bildmeditation, Weilheim 1955, S. 185ff.
40 Vgl. Friedrich Nötscher, Das Angesicht Gottes schauen, 1942, S. 5 und 55f.
41 G. Ott, a.a.O., S. 362.
42 Zitiert in M. Ziegler, a.a.O., S. 84.
43 H. v. Bingen, Scivias, III, Bd. 2, Schau, PL 197/586A.
44 Zitiert in H. Schipperges, Welt und Mensch, Das Buch »De operatione Dei«, Salzburg 1962, S. 264.
45 Vgl. Jose und Miriam Argüelles, Das große Mandala-Buch, Freiburg, 1974, S. 23ff.
46 J. Lorber, Die geistige Sonne, Bd. 1, Bietigheim 1975, S. 475.
47 Vgl. Dagobert Frey, Dämonie des Blickes, in: Akademie der Wissenschaften und der Literatur, Abhandlungen der Geistes- und Sozialwissenschaftlichen Klasse, Jahrgang 1953, Wiesbaden, S. 243–298.
48 Vgl. A. Rosenberg, a.a.O., 1986, S. 73ff.
49 Vgl. A. Rosenberg, a.a.O., 1955, S. 237.
50 Vgl. zur Flamme auf der Stirn M. Winowska, Anrecht auf Barmherzigkeit, Schwester Faustinas Ikone, Freiburg Schweiz 1972, S. 163; vgl. zu Stern auf der Stirn, F. Ritter von Lama, a.a.O., S. 43.
51 Vgl. im allgemeinen dazu Ch. Mulack, a.a.O., S. 197–237.
52 Vgl. H. Schuhmann, a.a.O., S. 150.
53 Vgl. G. Mallasz, a.a.O., 1984, S. 9ff.
54 Zitiert in F. Holböck, a.a.O., S. 392.
55 Zitiert in F. Holböck, a.a.O., S. 393.
56 G. Mallasz, a.a.O., 1984, S. 9.
57 G. Mallasz, a.a.O., 1985, S. 64.
58 Zitiert in F. Holböck, a.a.O., S. 232.

59 Zitiert in F. Holböck, a.a.O., S. 233.
60 Vgl. exemplarisch in F. Ritter von Lama, a.a.O., S. 37.
61 Engelbegegnungen, unveröffentl. Manuskript der Verfasserin.
62 Zitiert in F. Holböck, a.a.O., S. 408.
63 H. von Bingen, a.a.O., 1985, S. 51.
64 Vgl. exemplarisch dazu in F. Holböck, a.a.O., S. 416.
65 Ancilla Domini, in F. Ritter von Lama, a.a.O., S. 61.
66 G. Ott, a.a.O., S. 362f.
67 Ancilla Domini, in F. Ritter von Lama, a.a.O., S. 21.
68 Vgl. zur Darstellung von Engeln in anderen Kulturen mit zahlreichen Abbildungen: A. Rosenberg, a.a.O., 1986, S. 10–46, und P. Wilson, a.a.O.
69 Margarete Held-Zurlinden, Erlebnisse einer Seele, Insbruck 1984, S. 42.
70 Vgl. Claus Westermann, Gottes Engel brauchen keine Flügel, Stuttgart 1980.
71 Vgl. Franchezzo, Ein Wanderer im Land der Geister, Bietigheim, ohne Jahresangabe, S. 304.
72 Vgl. H. von Bingen, a.a.O., 1981, S. 144.
73 W. Lutz, a.a.O., S. 170.
74 Interview mit der Malerin G. Emde im Febr. 1988 von der Verfasserin.
75 Vgl. in C. W. Leadbeater, Annie Besant, Gedankenformen, Freiburg 1987, Abbild 12 und 38.
76 C. W. Leadbeater, A. Besant, a.a.O., 1987, S. 72.
77 C. W. Leadbeater, A. Besant, a.a.O., 1987, S. 43.
78 Vgl. exemplarisch Druck von W. Woloschina, Erzengel Michael, J. Ch. Mellinger Verlag, Stuttgart, Nr. 20921.
79 Vgl. exemplarisch Druck von Le Maître de Flémalle, Musée de Dijon, Editions Abbaye D'Encalcat, 81110 Dourgne (Tarn), Nr. 503.
80 Genannt ohne genauere Angabe in P. Wilson, a.a.O., S. 141f.
81 P. Wilson, a.a.O., S. 142.
82 R. Steiner, a.a.O., 1980, S. 224.
83 Vgl. Hedy Brusius, Die Magie der Edelsteine, Ihre kosmische Bedeutung, Wirk- und Strahlkraft, Genf 1986, S. 134f.
84 Vgl. exemplarisch Abbildungen in Berghaus-Verlag, Engel, a.a.O., S. 19 und 46.
85 Vgl. W. Teichert, a.a.O., S. 86f.; vgl. Gemälde Maria mit Kind, unbekannter spanischer Meister, ca. 1450, Städelsches Kunstinstitut Frankfurt.
86 Vgl. K. Blossfeldt, Urformen der Kunst, Dortmund 1986, S. 27.
87 Vgl. Abbildung in W. Nigg, K. Gröning, a.a.O., S. 76.
88 Vgl. Therese vom Kinde Jesu, Selbstbiographische Schriften, Einsiedeln 1964, S. 3–9.
89 Vgl. Abbildung in W. Nigg, K. Gröning, a.a.O., S. 60.
90 Vgl. Verkündigung an Maria, Teil eines Altärchens, um 1300, abgebildet in Rainer Budde, Köln und seine Maler, 1300–1500, Köln 1986, Farbtafel 1.

Lichtgewänder

1 Hermas, zitiert in der Übersetzung bei F. Holböck, a.a.O., S. 122.
2 Zitiert bei H. C. Moolenburgh, a.a.O., S. 52.

3 Ivo Helory (1252–1303), zitiert bei F. Holböck, a.a.O., S. 269.
4 J. Lorber, Die geistige Sonne, Bd. II, a.a.O., S. 9.
5 Lidwina von Schiedam (gest. 1433), zitiert bei Holböck, a.a.O., S. 300.
6 E. Swedenborg, a.a.O., 1977, S. 118 und 119.
7 Franchezzo, a.a.O., S. 295.
8 Franchezzo, a.a.O., S. 297.
9 Ancilla Domini, zitiert in F. Ritter von Lama, a.a.O., S. 37.
10 Ancilla Domini, zitiert in F. Ritter von Lama, a.a.O., S. 26.
11 Vgl. exemplarisch zu Kleider wie Lichtströme, Verkündigung, serbische Ikone, abgebild. in K. Weitzmann, M. Chatzidakis, S. Radojcic, Die Ikonen, Herrsching 1980, S. 171, sowie Schutzengel, Ikone, Russische Altgläubigenwerkstätte um 1800, Ikonenmuseum (8871) Schloß Autenried, Postkarte Nr. 207; vgl. exemplarisch Kleider wie Wasserströme, Abbild. Dreifaltigkeit, Russische Ikone, Ende des 15. Jh., Museum Zagorsk, in Berghaus-Verlag, Ikonen, S. 47.
12 Vgl. exemplarisch Abbildung Das Wunder von Chonae, Russische Ikone, 17. Jh., in Berghaus-Verlag, Ikonen, a.a.O., S. 71.
13 Vgl. exemplarisch Abbildung Engel, 14. Jh., Patriarchat Pec, Aries-Verlag, Postkarte Nr. 536, Abbildung Ausschnitt aus der Verkündigung (Meister Leonhard von Brixen, um 1459), St. Georgen in Taisten (Pustertal), STB Verlag, Postkarte Nr. 60.
14 Vgl. exemplarisch zu herzförmigen Kleidern Abbildung, Die Erzengel Raphael und Gabriel als Seelenführer, Meister von Lluca (um 1200), in: W. Nigg, K. Gröning, a.a.O., S. 140.
15 Mechthild von Hackeborn, zitiert in: G. Ott, a.a.O., S. 545.
16 Vgl. exemplarisch zu Engel-Mänteln, H. Egger, a.a.O., Bildtafeln 28–35.
17 Vgl. zum Mantel von Michael, Kärtner Meister, Michael als Seelenwäger, Gemäldegalerie Köln, in: Berghaus-Verlag, Engel, a.a.O., S. 51.
18 Vgl. exemplarisch: Erzengel Gabriel in Verkündigungsszene, Meister des Marienlebens (1460), in: R. Budde, a.a.O., Farbtafel 16.
19 Vgl. ausführlich dazu Walter Felicetti-Liebenfels, Geschichte der byzantinischen Ikonenmalerei, Olten 1956, S. 8.
20 Vgl. Erik Peterson, Das Buch von den Engeln, Stellung und Bedeutung der heiligen Engel im Kultus, Leipzig 1934.
21 Hildegard von Bingen, a.a.O., 1981, S. 195.
22 Vgl. Engelbeschreibungen der Franziska aus Rom, zitiert in H. Kühn, a.a.O., S. 256, vgl. Ancilla Domini in F. Ritter von Lama, a.a.O., S. 44f.
23 Vgl. Johannes Crysostomos in: E. Peterson, a.a.O., S. 78.
24 Vgl. exemplarisch dazu Ausschnitt aus einem Fresko, Kampf der Engel mit dem Drachen, in der Kirche San Pietro al Monte bei Civate (Comer See), um 1100, in W. Nigg, K. Gröning, a.a.O., S. 125.
25 R. Steiner, a.a.O., 1980, S. 33.
26 Vgl. Ingrid Riedel, Farben, Symbole, Stuttgart 1983, S. 7–13.
27 R. Steiner, a.a.O., 1980, S. 54.
28 Franziska aus Rom, zitiert in G. Ott, a.a.O., S. 363.
29 Vgl. E. Swedenborg, a.a.O., 1977, S. 120.
30 R. J. Lees, a.a.O., Bd. II, S. 320.
31 W. Eagle, a.a.O., 1983, S. 42.
32 Vgl. G. Haupt, Die Farbensymbolik in der sakralen Kunst des abendländi-

schen Mittelalters, Diss. Leipzig 1940, Dresden 1941, S. 76ff.
33 R. Steiner, a.a.O., 1980, S. 34f.
34 Vgl. exemplarisch Abbildung Verkündigung, Robert Campin, um 1424, in H. Egger, a.a.O., Tafel 28.
35 Vgl. G. Haupt, a.a.O., S. 65ff.
36 Vgl. G. Haupt, a.a.O., S. 66f.
37 Vgl. G. Ott, a.a.O., S. 363.
38 Private Aufzeichnung der Verfasserin.
39 Vgl. G. Haupt, a.a.O., S. 84ff.
40 Vgl. Walter Felicetti-Liebenfels, Geschichte der russischen Ikonenmalerei, Graz 1972, S. 4.
41 Vgl. Abbildung in W. Nigg, K. Gröning, a.a.O., S. 128.
42 Ancilla Domini, zitiert in F. Ritter von Lama, a.a.O., S. 21.
43 Vgl. A. Rosenberg, a.a.O., 1986, S. 64.
44 Vgl. G. Haupt, a.a.O., S. 103.
45 Vgl. exemplarisch Abbildung Virgin and Child with SS. Raphael and Michael, Pietro Vannucci (c. 1445/50–1523), National Gallery, London, The Medici Society Ltd., London, P.C. 2045.
46 Vgl. Max Heindel, Die Weltanschauung der Rosenkreuzer, Darmstadt 1973, S. 253.
47 Vgl. R. Steiner, a.a.O., 1980, S. 35.
48 Perpetua, zitiert in G. Ott, a.a.O., S. 238.
49 Wichtige Literatur zu den Chakra-Systemen: Jose und Miriam Argüelles, Das große Mandala-Buch, Freiburg 1972, S. 73ff.; Arthur Avalon (Sir John Woodroffe), Die Schlangenkraft, Die Entfaltung der schöpferischen Kräfte im Menschen, Weilheim 1961; Lama A. Govinda, Grundlagen tibetischer Mystik, Weilheim, München 1982; C. W. Leadbeater, Die Chakras, Freiburg 1984, Marie-Luise Stangl, Die Welt der Chakren, Düsseldorf 1984.
50 Vgl. im allgemeinen dazu A. Avalon, a.a.O.
51 Vgl. Lama A. Govinda, a.a.O., S. 201f.
52 Vgl. C. W. Leadbeater, a.a.O., S. 8.
53 Vgl. ergänzend dazu C. Müller, a.a.O., S. 18.
54 Ancilla Domini, zitiert in F. Ritter von Lama, a.a.O., S. 49.
55 Ancilla Domini, zitiert in F. Ritter von Lama, a.a.O., S. 43.
56 Emanuel Swedenborg, zitiert von Karl Dvorak, a.a.O., 4. Teil, S. 17.
57 H. von Bingen, a.a.O., 1985, S. 51.
58 C. W. Leadbeater, a.a.O., S. 12.
59 Vgl. H. W. Schuhmann, a.a.O., S. 88f.
60 Hildegard von Bingen, a.a.O., 1985, S. 141.
61 Vgl. auch Ezechiel (1,4–5,13; 1,26; 28,13–15), Jesaja (54,11.12), Tobias (13,20), Daniel (10,6), Offenbarung (21,18–21).
62 Hildegard von Bingen, zitiert in Gottfried Hertzka, Wighard Strehlow, Die Edelsteinmedizin der heiligen Hildegard, S. 152.
63 G. Hertzka, W. Strehlow, a.a.O., S. 157.
64 Vgl. P. Wilson, a.a.O., S. 136.
65 Vgl. H. Brusius, a.a.O., S. 129.
66 Mohammed zitiert in Peter L. Wilson, a.a.O., S. 136.
67 Franziska von Rom, zitiert in G. Ott, a.a.O., S. 363.
68 Ancilla Domini, zitiert in F. Ritter von Lama, a.a.O., S. 23.

69 Robert James Lees, a.a.O., Bd. I, S. 99.
70 Vgl. Otto Reichl Verlag (Hrsg.), Die Dritte Zeit, Buschhofen, Bietigheim 1962, S. 300.
71 Vgl. exemplarisch Abbildung der Mitteltafel des Altarbildes: Die Anbetung des Lammes von Jan van Eyck, in, Chefs-d'oeuvre de l'art, Grands Peintres, Du gothique à la Renaissance, Milan 1981, S. 42.
72 Martin von Tours, zitiert in F. Holböck, a.a.O., S. 140.
73 Martin von Tours, zitiert in F. Holböck, a.a.O., S. 141.
74 Vgl. Lidwina von Schiedam, in F. Holböck, a.a.O., S. 300.
75 Ancilla Domini, zitiert in F. Ritter von Lama, a.a.O., S. 99.
76 Vgl. zur Kreuzsymbolik im allgemeinen Karl Groß, Menschenhand und Gotteshand in Antike und Christentum, Stuttgart 1985, S. 186f., vgl. A. Rosenberg, a.a.O., 1955, S. 54–113.
77 I. Dirnbeck, a.a.O., S. 71.
78 Gertrud Emde in einem Interview durch die Verfasserin.

Engelattribute

1 Vgl. M. Ziegler, a.a.O., S. 33.
2 Vgl. R. Steiner, a.a.O., S. 217–232.
3 Manfred Kyber, Die drei Lichter der kleinen Veronika, München 1984, S. 29.
4 Vgl. Gemälde von Rogier van der Weyden, in W. Nigg, K. Gröning, a.a.O., S. 128f.
5 Madhu Khanna, S. 12.
6 Franchezzo, a.a.O., S. 313.
7 Zitiert in Johannes Peter Rohland, Der Erzengel Michael, Arzt und Feldherr, zwei Aspekte des vor- und frühbyzantinischen Michaelskult, Leiden 1977, S. 5.
8 G. Mallasz, a.a.O., 1984, S. 360.
9 Vgl. Ancilla Domini, in F. Ritter von Lama, a.a.O., S. 49.
10 zitiert in H. Kühn, a.a.O., S. 260.
11 Vgl. R. Lees, Bd. I., a.a.O., S. 95.
12 Vgl. die Vision von Gemma Galgani im Kp. Engelgestalten.
13 M. Kyber, a.a.O., S. 30.
14 Vgl. bei G. Ott, a.a.O., S. 198.
15 Vgl. Verlag Geistige Loge, a.a.O., S. 168.
16 Vgl. Verlag Geistige Loge, a.a.O., S. 86.
17 Vgl. J. P. Rohland, a.a.O., S. 23.
18 Vgl. W. Teichert, a.a.O., S. 85–94.
19 Vgl. Barbara Kloss, Der mystische Rosenkranz, Jestetten 1983.
20 E. Neumann, a.a.O., S. 248.
21 Paul Gouin, Melanie, die Hirtin von La Salette, Stein am Rhein (CH), 1982, S. 84f.
22 P. Gouin, a.a.O., S. 86f.
23 Vgl. E. Neumann, a.a.O., S. 240f.
24 Vgl. A. Rosenberg, Engel und Dämonen, a.a.O., S. 114f.
25 Vgl. G. Ott, a.a.O., S. 327.

26 E. Swedenborg, a.a.O., 1977, S. 164.
27 E. Swedenborg, a.a.O., 1977, S. 165.
28 Die prophetischen Bilder von Maria Magdalena Hafenscheer, a.a.O., S. 96f.
29 Vgl. Psalm 69,29 oder auch Daniel 7,10.
30 Zitiert in G. Ott, a.a.O., S. 1510.
31 Maria Diomira, zitiert in F. Holböck, a.a.O., S. 367.
32 E. Neumann, a.a.O., S. 57f.
33 Vgl. D. Müller, a.a.O., S. 29.
34 Vgl. Mistr Studne Zivota, Studne zivota, in: Narodni Galerie V Praze, Prag 1984, S. 104/105.
35 Vgl. Mechthild von Hackeborn, a.a.O., S. 52.
36 Vgl. Verlag Geistige Loge, a.a.O., S. 17, vgl. auch Fr. Hadwig (Hrsg.), Eine Schule zum Licht, Stundenbuch der Meisterbotschaften von Saint Germain, Berlin 1959, S. 8.
37 Margarethe Hauschka, Rhythmische Massage nach Dr. Ita Wegmann, Menschenkundliche Grundlagen, Nürnberg 1984, S. 117.
38 Madhu Khanna, a.a.O., S. 17.
39 Vgl. H. Schuhmann, a.a.O., S. 162.
40 Vgl. G. Ott, a.a.O., S. 328, vgl. Verlag Geistige Loge, a.a.O., S. 72.
41 Vgl. J. Rohland, a.a.O., S. 86 und S. 91.
42 M. Hauschka, a.a.O., S. 116.
43 M. Hauschka, a.a.O., S. 117.
44 Aus unveröffentl. Manuskript der Verfasserin.
45 Vgl. Johannes 7,38.
46 Vgl. dazu Adolf Weiss, Die Madonna Platytera, Entwurf für ein Christentum als Bildoffenbarung anhand der Geschichte des Madonnenthemas, Königstein 1985.
47 G. Mallasz, a.a.O., 1984, S. 408.
48 Zitiert in G. Ott, a.a.O., S. 1586.
49 Vgl. Ch. Mulack, a.a.O., S. 197–237.
50 Zitiert in G. Ott, a.a.O., S. 1411.

Himmlische Klänge

1 Vgl. A. Rosenberg, a.a.O., 1986, S. 9.
2 Madhu Khanna, a.a.O., S. 36.
3 Madhu Khanna, a.a.O., S. 36.
4 Hildegard von Bingen, Scivias, a.a.O., S. 145.
5 R. Steiner, a.a.O., 1980, S. 104.
6 Vgl. H. Kühn, a.a.O., S. 262.
7 Vgl. H. Kühn, a.a.O., S. 262.
8 Mechthild von Hackeborn, a.a.O., S. 38.
9 Vgl. White Eagle, a.a.O., S. 40f.
10 Zitiert in Steven Halpern, Klang als heilende Kraft, Freiburg 1985, S. 233.
11 Zitiert in S. Halpern, a.a.O., S. 233f.
12 Engelbegegnungen heute, unveröffentl. Manuskript der Verfasserin.
13 Vgl. Peterson, a.a.O., S. 62ff.

14 Vgl. A. Rosenberg, a.a.O., 1986, S. 10f.
15 Vgl. Himmelfahrt Mariae, Sienesischer Meister um 1430, abgebildet in Erich Steingräber, Die Alte Pinakothek München, München 1985, S. 8.
16 Zitiert in Helmut Günther, Helmut Schäfer, Vom Schamanentanz zum Rumba, Stuttgart 1959, S. 17.
17 Vgl. H. Günther, H. Schäfer, a.a.O., S. 8.
18 Zitiert in Renato Berger, African Dance, Wilhelmshaven 1984, S. 55.
19 Vgl. Kaye Hoffmann, Von Göttern besessen, München 1986.
20 Zitiert in R. Berger, a.a.O., S. 54.
21 Vgl. K. Hoffmann, a.a.O., S. 13.
22 Vgl. P. L. Wilson, a.a.O., S. 165ff.
23 Vgl. A. Rosenberg, a.a.O., 1986, S. 73.
24 Vgl. K. Groß, a.a.O., S. 66ff.
25 Zitiert in A. Rosenberg, a.a.O., 1986, S. 73.
26 Vgl. K. Groß, a.a.O., S. 71f.
27 H. Günther, H. Schäfer, a.a.O.
28 Vgl. Hans Peter Dürr, Traumzeit, Über die Grenze zwischen Wildnis und Zivilisation, Frankfurt 1979.
29 M. Hauschka, a.a.O., S. 119.
30 Vgl. K. Hoffmann, a.a.O.
31 Zitiert in Janheinz Jahn, Muntu, Düsseldorf 1958, S. 158.
32 Vgl. Olof Axelsson, African Music and European Christian Mission, University of Uppsala 1971, S. 14ff.
33 Gerhard Kubik, Transkription afrikanischer Musik vom Stummfilm: Methoden und Probleme, in: Artur Simon (Hrsg.), Musik in Afrika, Berlin 1983, S. 203.
34 G. Mallasz, a.a.O., 1984, S. 152.

Engelwirken in der Kunst

1 Marc Chagall zitiert von Ingrid Riedel, Chagalls Engel, in DU (Zeitschrift für Kunst und Kultur), Zürich, 12/1986, S. 60.
2 Vgl. Hilde Zaloscer, Vom Mumienbildnis zur Ikone, Wiesbaden 1969, S. 30.
3 Zitiert in H. Zaloscer, a.a.O., S. 30.
4 M. Khanna, a.a.O., S. 156.
5 Vgl. H. Brenske, a.a.O., S. 156, vgl. auch mit besonderen Hinweisen zu wundertätigen Ikonen (mit Abbildungen), Paul Huber, Athos, Wundertätige Ikonen, Bern, Stuttgart 1966.
6 Vgl. H. Zaloscer, a.a.O., S. 39, vgl. auch G. Tavard, a.a.O., S. 55, vgl. Walter Felicetti-Liebenfels, Geschichte der byzantinischen Ikonenmalerei, Lausanne 1956, S. 19ff.
7 M. Khanna, a.a.O., S. 136.
8 Konrad Onasch (Hrsg.), Altrussische Heiligenleben, Wien 1978, S. 125.
9 K. Onasch, a.a.O., S. 130f.
10 K. Onasch, a.a.O., S. 131.
11 Vgl. C. D. Müller, a.a.O., S. 31f.
12 M. Khanna, a.a.O., S. 141.

13 Vgl. dazu I. Riedel, Formen, a.a.O.
14 G. Mallasz, a.a.O., 1984, S. 259.
15 Vgl. Wolf-Dieter Hamperl, P. Aquilas Rohner, Böhmisch-oberpfälzische Akanthusaltäre, München 1984.
16 Vgl. Heinz Skrobucha, Äthiopische Kreuze, Greven 1983.
17 E. Neumann, a.a.O., S. 216.
18 Vgl. Jutta Eißengarthen, Mittelalterliche Textilien aus Kloster Adelshausen im Augustiner Museum Freiburg, Freiburg 1985, S. 50–56.
19 Vgl. C. W. Leadbeater, A. Besant, Gedankenformen, a.a.O., u. a. Bildtafel 37.
20 Vgl. Leadbeater, Besant, a.a.O., Bildtafel 16.
21 Leadbeater, Besant, a.a.O., S. 49f.
22 Vgl. dazu exemplarisch die Vision der Katharina Labouré, zitiert in F. Holböck, a.a.O., S. 373.
23 Vgl. im allgemeinen dazu Paul Schwarzenau, Das göttliche Kind, a.a.O.
24 Michael Folz in: David Larkin (Hrsg.), Die phantastische Kunst der Sulamith Wülfing, Amsterdam 1978, S. 2.
25 Maria Magdalena Hafenscheer, Rückblick und Schlußwort, in: A. Novotny, a.a.O., S. 264.
26 Vgl. Postkartenserie Libora-Reif, Emde-Verlag, Ottobrunn, weitere Angaben zu Libora-Reif in Paoloa Giovetti, Arte Medianica, Rom 1982.
27 Vgl. P. Giovetti, a.a.O., vgl. Günther Emde, Möglichkeiten und Gefahren der Medialität, Ottobrunn 1983, S. 21ff.
28 Interview der Verfasserin mit G. Emde, Febr. 1988.
29 Vgl. Drucke und Postkartenserie Gertrud Emde, Emde Verlag, Ottobrunn.
30 Zitiert aus übersetztem Teilmanuskript, Privatdruck aus P. Giovetti, a.a.O., ohne Seitenangabe.

Bildnachweis

Farbtafeln:

Seite 48: Hans Memling, »Die Verkündigung«, Metropolitan Museum of Art, New York, aus dem Buch »Bleibt ihr Engel« von Walter Nigg und Karl Gröning, Propyläen Verlag, Berlin 1978
Seite 64: Gebr. van Eyck, »Verkündigungsengel«, linker Flügel des Altars in St. Baron, Gent, Artothek, Kunstdia-Archiv Jürgen Hinrichs
Seite 144: Ikone »Der Schutzengel«, Zentralrussisches Altgläubigenatelier, um 1800, Ikonenmuseum Schloß Autenried
Seite 176: Gertrud Emde, »Eine himmlische Rankenerzählung«, 1980, G. Emde Verlag, Ottobrunn
Seite 184: Melozzo da Forli, »Lautenspielender Engel«, 15. Jh., Pinakothek, Vatikan, Rom, Scalafoto, Florenz
Seite 208: Jutta Ströter-Bender, »Zwei Engel fassen einen Schöpfergedanken«, Foto Walter Kranl, Offenbach, Rechte bei Dr. Jutta Ströter-Bender

Umschlag:

Die Gestalt eines Engels, Ausschnitt aus dem Bild »Die Auferstehung Christi« von Krista Zmrtvýchvstání, Nationalgalerie, Prag, Foto von Paul Prokop, aus dem Buch »Mistr Vysebrodského Cyklu« von Jaroslav Pešina, S. 57

Schwarzweiß-Abbildungen:

Seite 12: Gustave Doré, »Paradiso, 31. Gesang, Vers 1–3«, aus: »du. Die Zeitschrift für Kunst und Kultur«, Heft 12/1986, S. 25
Seite 15: Hildegard von Bingen, »Die Chöre der Engel«, Otto Müller Verlag, Salzburg
Seite 25: »Stigmatisierung des Heiligen Franziskus durch einen Seraph«, Louvre, Paris, aus dem Buch »Du Gothique à la Renaissance. Grands Peintres. Chefs-d'œvres de l'art, S. 14
Seite 59: »Daniel in der Löwengrube wird von Schutzengeln beschützt«, British Library, London, aus dem Buch »Engel« von Peter Lamborn Wilson, Verlag W. Kohlhammer, Stuttgart, S. 50
Seite 67: »Die Heilige Elisabeth mit Engeln«, Städelsches Kunstinstitut, Frankfurt am Main
Seite 70: William Blake, »Maria Magdalena am Grab«, Yale Center for British Art, Mr. and Mrs. Paul Mallon-Sammlung, aus dem Buch »William Blake« von Morton D. Paley, Verlag W. Kohlhammer, Stuttgart, S. 83
Seite 110: William Blake, »Gott antwortet Hiob aus dem Wetter«, Schottische Nationalgalerie, Rechte bei der University Library, Edinburgh, aus dem Buch »Engel« von Peter Lamborn Wilson, Verlag W. Kohlhammer, Stuttgart, S. 38

Seite 130: »Der Heilige Michael nimmt die Seele des Reichen«, Metallstich aus einer Werkstatt auf Athos, aus dem Buch »Engel. Betrachtungen in Bildern und Texten«, Berghaus Verlag, Ramerding, S. 19
Seite 134: William Blake, »Die Engel schweben über dem Leichnam Jesu im Grab«, Victoria and Albert Museum, London, aus dem Buch »William Blake« von Morton D. Paley, Verlag W. Kohlhammer, Stuttgart, S. 84
Seite 142: St. Angelo in Formis, »Erzengel Michael«, Verlag A. Egger, Köln
Seite 143: Meister des Marienlebens, »Der Erzengel Gabriel«, Ausschnitt aus der Verkündigung, Marienaltar, Rheinisches Bildarchiv Köln, aus dem Buch »Köln und seine Maler. 1300–1500«, von Rainer Budde, DuMont Buchverlag, Köln, Abb. 16
Seite 146: Guariento, »Himmlische Heerscharen«, Museo Civico, Padua, aus: »du. Die Zeitschrift für Kunst und Kultur«, Heft 12/1985, S. 35
Seite 165: Gertrud Emde, »Kosmisches Herz«, 1981, G. Emde Verlag, Ottobrunn
Seite 187: Gustave Doré, »Darstellung Dantes und Beatrices unter dem Reigen der Engel«, aus dem Buch »Engel« von Peter Lamborn Wilson, Verlag W. Kohlhammer, Stuttgart, S. 161
Seite 201: Karolingische Initiale aus dem Psalter König Ludwigs, aus dem Buch »Peinture carolingienne«, Chêne Verlag, Paris, S. 67
Seite 202: Seitenaltar mit spätgotischer Madonna der Pfarrkirche St. Benedikt in Postmünster, aus dem Buch »Böhmisch-oberpfälzische Akanthusalaltäre« von Wolf-Dieter Hamperl und P. Aquilas Rohner, Verlag Schnell & Steiner, München/Zürich, S. 63
Seite 205: Ausschnitt des Marien-Teppichs, Augustinermuseum, Freiburg im Breisgau, aus dem Buch »Mittelalterliche Textilien« von Jutta Eißengarthen, Adelhausenstiftung Freiburg im Breisgau, S. 51
Seite 209: Sulamith Wülfing, »Warten«, 1956, aus dem Buch »Die phantastische Kunst der Sulamith Wülfing«, herausgegeben von David Larkin, Einführung von Michael Folz, Sulamith Wülfing BV, Amsterdam, Abb. 12
Seite 210: Fritzi Libora Reif, »Seele mit hohem Engel«, 1985, G. Emde Verlag, Ottobrunn

Alle Zeichnungen stammen von Dr. Jutta Ströter-Bender. Die Rechte liegen bei ihr.

In der Buchreihe *Symbole* sind bisher erschienen

Verena Kast · Paare
Beziehungsphantasien oder
Wie Götter sich in Menschen spiegeln

Ulrich Mann · Schöpfungsmythen
Vom Ursprung und Sinn der Welt

Gerhard Marcel Martin · Weltuntergang
Gefahr und Sinn apokalyptischer Visionen

Christa Mulack · Maria
Die geheime Göttin im Christentum

John A. Philipps · Eva
Von der Göttin zur Dämonin

Ingrid Riedel · Bilder
In Therapie, Kunst und Religion

Ingrid Riedel · Farben
In Religion, Gesellschaft, Kunst und Psychotherapie

Ingrid Riedel · Formen
Kreis, Kreuz, Dreieck, Quadrat, Spirale

Paul Schwarzenau · Das göttliche Kind
Der Mythos vom Neubeginn

Uwe Steffen · Drachenkampf
Der Mythos vom Bösen

Uwe Steffen · Jona und der Fisch
Der Mythos von Tod und Wiedergeburt

Uwe Steffen · Taufe
Ursprung und Sinn des christlichen Einweihungsritus

Wolfgang Teichert · Gärten
Paradiesische Kulturen

Hildegunde Wöller
Ein Traum von Christus
In der Seele geboren, im Geist erkannt
270 Seiten, gebunden
ISBN 3-7831-0869-1

Hildegunde Wöller entwirft hier ein ungewohntes Christusbild. Auf dem Hintergrund des Mythos vom Helden und der mythischen Gestalt der Sophia erzählt die Autorin die Geschichte von Jesus, dem Christus, unter Fragestellungen von heute. Die Autorin entwirft hier ein Christusbild, das über die traditionellen Engführungen hinausweist. Glaube an Christus ist zu wenig, es geht um die Erfahrung des Christus in jedem einzelnen und um die Erkenntnis, zu welcher der Heilige Geist befähigt.
Die Geschichten des Neuen Testaments geben zuletzt auch Hinweise auf das Verstehen der Gegenwart und Zukunft. Was heute als Bewußtseinsveränderung oder Paradigmawechsel bezeichnet wird, stellt die Autorin in den Zusammenhang mit dem Wachsen des Reiches Gottes. Christus, sagt sie, ist »Symbol einer Menschheit, die im Werden ist«.

Das himmlische Erntefest
Geschichten zum Träumen
160 Seiten, kartoniert
ISBN 3-7831-0830-6

Legendenhafte Geschichten, die zwischen Himmel und Erde spielen, Erzählungen von Gott und von Engeln und solchen Menschen, die auf sie hören.
Der Band enthält Texte von Konrad Fischer, Gerda Fiedler, Marie Luise Kaschnitz, Elsa Sophia von Kamphoevener, Werner Reiser und Waltraud Wagner-König. Von den 17 Geschichten sind die Hälfte bisher unveröffentlicht.
Die Geschichten eignen sich zum Lesen an stillen Herbsttagen und Winterabenden, aber auch zum Vorlesen im Familienkreis, bei Weihnachtsfeiern und ähnlichen Anlässen. Die Erzählungen sind in so schlichter Sprache geschrieben, daß Kinder und Erwachsene von ihnen angesprochen werden.

Kreuz Verlag